MW01708249

René Latourelle, s.j.

Quête de sens et don du sens

René Latourelle

Quête de sens et don du sens

NOVALIS

Quête de sens et don du sens
est publié par Novalis.

Éditique: Gilles Lépine.

Couverture: Katherine Sapon.

Les textes bibliques sont tirés de la Bible TOB.
© Société biblique française & Éditions du Cerf, Paris, 1988.
Avec l'autorisation de la Société biblique canadienne.

© 1995: Novalis, Université Saint-Paul, Ottawa.
Dépôts légaux: 4e trimestre 1995
Bibliothèque nationale du Canada
Bibliothèque nationale du Québec

Novalis, C.P. 990, Outremont (Québec) H2V 4S7

ISBN: 2-89088-749-9

Imprimé au Canada

Données de catalogage avant publication (Canada)

Latourelle, René, 1918-

Quête de sens et don du sens

ISBN 2-89088-749-9

1. Vie – Aspect religieux – Eglise catholique. 2. Vie – Philosophie. 3. Jésus-Christ – Enseignements. 4. Révélation. I. Titre.

BT696.L39 1995 241'.691 C95-941368-5

NOVALIS

Du même auteur

Étude sur les écrits de Jean de Brébeuf, 2 vol., Bellarmin, Montréal, 1952-1953.

Brébeuf, Fides, Montréal et Paris, 1958.

Théologie de la Révélation, Desclée de Brouwer, Bruges-Bruxelles-Paris, 1963, 1969³. Paru en français, anglais, italien, espagnol, portugais.

Théologie, Science du Salut, Desclée de Brouwer, Bruges-Bruxelles-Paris, 1968. Paru en français, italien, anglais, espagnol, portugais, chinois.

Le Christ et l'Église, signes du salut, Desclée et Cie, Tournai-Paris et Bellarmin, Montréal, 1971. Paru en français, anglais, espagnol, italien.

Le témoignage chrétien, Desclée et Cie, Tournai-Paris, et Bellarmin, Montréal, 1971. Paru en français, italien, croate.

Nuova immagine della Facoltà di teologia, Éditions de l'Université Grégorienne, Rome, 1974.

L'accès à Jésus par les Évangiles. Histoire et herméneutique, Desclée et Cie, Tournai-Paris, et Bellarmin, Montréal, 1978. Paru en français, anglais, espagnol, italien, portugais.

L'homme et ses problèmes dans la lumière du Christ, Desclée et Cie, Tournai-Paris, et Bellarmin, Montréal, 1981. Paru en français, anglais, espagnol, italien.

Miracles de Jésus et théologie du miracle, Cerf, Paris, et Bellarmin, Montréal, 1986. Paru en français, anglais, italien, espagnol.

Jean de Brébeuf, Bellarmin, Montréal, 1993.

De la morosité à l'espérance, Bellarmin, Montréal, 1994.

Du prodige au miracle, Bellarmin, Montréal, 1995.

Collectifs

Problèmes et perspectives de théologie fondamentale (avec G. O'Collins), Bellarmin, Montréal, et Desclée et Cie, Paris-Tournai, 1982. Éditions française, italienne, anglaise, espagnole, allemande, portugaise.

Vatican II. Bilan et perspectives, vingt-cinq ans après, 3 vol., Bellarmin, Montréal, et Cerf, Paris, 1988. Éditions française, italienne, anglaise, espagnole.

Dictionnaire de théologie fondamentale (avec R. Fisichella), Bellarmin, Montréal, et Cerf, Paris, 1993. Éditions française, italienne, espagnole, anglaise, portugaise.

Liste des sigles

Vatican II et documents postconciliaires

AA	*Apostolicam Actuositatem*
AG	*Ad Gentes*
CL	*Christifideles Laici*
DA	*Dialogue et Annonce*
DV	*Dei Verbum*
EN	*Evangelii Nuntiandi*
GE	*Gravissimum Educationis*
GS	*Gaudium et Spes*
LG	*Lumen Gentium*
PC	*Perfectae Caritatis*
PO	*Presbyterorum Ordinis*
RM	*Redemptoris Missio*
SC	*Sacrosanctum Concilium*
UR	*Unitatis Redintegratio*

Introduction

La société occidentale actuelle présente un trait d'originalité unique dans l'histoire de l'humanité. Jusqu'ici, en effet, un certain nombre de valeurs, humaines et chrétiennes, parvenaient à subsister. Notre siècle les a toutes rejetées. Il se glorifie même de les avoir abolies: une opération qu'il qualifie de conquête de la liberté. Il a établi le règne du *non-sens*. Les seules idoles en place sont l'argent, le pouvoir et un hédonisme universel.

Et pourtant ce monde, *apparemment dépourvu de sens*, ne parvient pas à étouffer, comme un appel désespéré, la question du sens ultime de la vie. La prolifération des sectes, comme aussi la masse croissante des adeptes du Nouvel Âge, témoignent à leur façon de cette *quête de sens*. L'éclipse de Dieu, la mort de Dieu raréfie l'oxygène dont l'homme a besoin pour respirer: ou bien il s'éteint par asphyxie, et c'est le suicide, ou bien il cherche par en haut l'air qui lui manque. Nous sommes convaincu que les hommes et les femmes d'aujourd'hui, qu'ils le confessent ou non, attendent ce qui donnerait un sens authentique à toutes choses, à eux-mêmes d'abord et, plus profondément, à l'existence tout court.

L'homme contemporain peut se tourner dans toutes les directions, interroger toutes les propositions de salut historiquement offertes à l'humanité, il ne pourra jamais écarter ce point de concentration de sens que représente le Christ, car le Christ n'est pas seulement irruption de Dieu dans l'histoire, mais encore irruption *massive de sens* qui révèle l'homme à lui-même, qui le déchiffre, l'interprète et le transfigure. Seul le Christ effectue l'exégèse de l'homme et de ses problèmes, non comme une idéologie nouvelle, mais comme une Personne qui révèle et se révèle «par toute sa présence et par la manifestation qu'il fait de lui-même» (DV 4): par sa vie, ses œuvres, ses miracles, ses mystères, sa passion, sa mort et sa résurrection.

La réponse à la question du sens, elle est en Jésus Christ. Il faut ici relire Pascal: «Non seulement nous ne connaissons Dieu que par Jésus Christ, mais nous ne nous connaissons nous-mêmes que par Jésus Christ. [...] Hors de Jésus Christ nous ne savons ce que c'est ni que notre vie, ni que notre mort, ni que Dieu, ni que nous-mêmes.»

Cette réponse à la question du sens n'est pas le fruit d'une recherche de l'homme, par voie de raisonnement, mais *d'une révélation et d'un don* qui nous sont offerts et qu'il faut accueillir par la foi. Le Christ, en effet, n'apporte pas seulement la révélation: il est *en personne* Révélation et Don de sens, Plénitude de sens, étant lui-même Parole de Dieu, l'Infini du sens.

Si la révélation est révélation du mystère *personnel* de Dieu, on comprend qu'elle prenne la forme d'un *témoignage* ou d'une *confidence*. Le christianisme est la religion du témoignage, car il est révélation de *personnes*, et le témoignage est la seule voie de communication entre les personnes. De fait, tout l'Évangile nous apparaît comme une confidence d'amour dans laquelle le Christ découvre progressivement le mystère de sa personne, le mystère de la vie des personnes divines et le mystère de notre condition filiale. Les apôtres à leur tour témoignent de tout ce que le Christ a dit et fait, mais avant tout de leur intimité avec lui. Et c'est aussi pourquoi, à travers les siècles, il faut des saints et des saintes, des martyrs qui témoignent du salut qui a d'abord illuminé et transformé leur vie. C'est par l'engagement de leur vie, en réponse au témoignage-confidence de Dieu, que les hommes et les femmes d'aujourd'hui rendent le Christ visible et crédible, comme au temps de son pèlerinage terrestre. On ne conclut pas au salut: il est présent, vivant, agissant, face à chacun. Le témoignage comme engagement des personnes et de la communauté ecclésiale reste le grand signe de la venue de l'Amour parmi nous. Et si l'Église ne cesse d'évangéliser et d'espérer contre toute espérance, c'est en raison de la promesse de vie éternelle attestée par la mort et la résurrection du Christ.

Le présent ouvrage regroupe bon nombre d'articles parus dans l'*Église de Montréal, Nouveau Dialogue, Pierres vivantes*, les autres (une dizaine) étant des inédits. Maints lecteurs et lectrices nous ont dit que ces textes les avaient rejoints, éclairés et nourris. Dans l'espoir qu'ils produiront des fruits analogues chez les lecteurs d'aujourd'hui, nous les offrons au public.

La plupart des thèmes choisis et regroupés se prêtent à l'étude et à la prière. Plusieurs d'entre eux proposent une réflexion qui gagnerait à se prolonger en ateliers de travail. Au moment où des synodes régionaux font l'expérience d'une nouvelle évangélisation, l'ouvrage se veut un service ecclésial: celui d'aider à inventorier les insondables richesses du Christ.

Première partie

Quête de sens

1

Un sens à trouver

Tous les hommes se trouvent réunis autour de la question fondamentale du sens de la vie. Mais, dès le départ, la question se dédouble: une première se pose comme la quête du sens ou d'un sens de la condition humaine; la seconde est celle, plutôt, du sens révélé et offert comme un *don*, à savoir la Révélation de Dieu et de l'homme en Jésus Christ.

À la recherche du sens

L'homme est d'abord une question sur lui-même et sur le sens ultime de sa vie. Il n'est pas plus capable d'échapper à cette question qu'il n'est capable d'échapper à lui-même. Que nous le voulions ou non, observe Pascal dans le *Pari*, nous sommes tous «embarqués»: Qui sommes-nous? Pourquoi existons-nous? Où allons-nous? L'homme ne saurait éliminer ces questions sans renoncer à être. L'homme est à lui-même une énigme et il n'a rien fait de valable tant qu'il n'a pas percé ce mystère. Romanciers, théologiens et philosophes contemporains ne cessent de déclarer que le problème des problèmes, c'est l'homme. L'homme sait qu'il doit mourir, mais il ne peut renoncer à la question de son avant et de l'après de sa disparition. Animal «raisonnable», il est assoiffé de sens. Et si la crise du sens atteint un paroxysme, sans se résoudre, elle se dénoue dans la tragédie du suicide: un drame qui, chaque année, emporte des millions d'êtres humains, surtout chez les jeunes de douze à vingt-cinq ans.

Dans la plupart des cas, le sens de la vie nous est remis comme un *héritage*, par le milieu familial, social et religieux qui nous a vus naître. On peut alors dire qu'il y a des milliers de sens, depuis les balbutiements de l'humanité jusqu'à nos jours. Pour les connaître, il faudrait dérouler le panorama des modèles élaborés au cours des siècles par les philosophies, les religions, les civilisations. On rencontrerait alors l'*Égypte ancienne* qui, après avoir tenté de dompter la mort par ses propres forces (succès, pouvoir), s'est abîmée dans la résignation et le fatalisme, face à l'imprévisible déroulement de l'histoire et à l'indéchiffrable mystère de la mort; puis, la *Mésopotamie*, qui n'a d'autre réponse que celle du scepticisme, impuissant devant la vie comme devant la mort; puis, le *monde grec*, prisonnier du retour cyclique d'une histoire qui se répète sans être orientée, abandonnée aux forces aveugles du Destin; l'*Orient*, lié à la roue de la vie, où naître, grandir et mourir ne sont que des participations à un seul acte de la vie, auquel on revient toujours après s'en être momentanément détaché par la mort; l'*Occident moderne*, avec Nietzsche, substituant l'homme à Dieu, pour voir bientôt ce surhomme lui-même exploser, remplacé par l'Esprit (Hegel) ou la Société (Marx). Pour échapper à ces esclavages, l'homme s'est jeté avec furie dans de nouveaux esclavages: technologie, lutte des classes, production et consommation, drogue, manipulations génétiques, guerre atomique, etc.

Devant cette cascade de sens qui se contredisent, on en vient à se demander, dans un second temps: N'y aurait-il pas un «vrai sens» qui finit par triompher et s'imposer? Pour faire court, on peut alors tenter de regrouper toutes les prises de position face à la vie. En systématisant un peu, on peut ramener à quatre ces prises de position.

Typologie des options de l'homme

Jouir de la vie

Une première position consiste à se jeter dans la vie avec avidité, attendant d'elle la réponse à toutes ses aspirations. Mais cette position, à vrai dire, n'est que naïveté et superficialité. La décision, en effet, d'accepter la vie sans la mettre en question implique déjà un choix: celui de se libérer de tout ce qui pourrait, dans la vie, se présenter comme une contrainte. Une telle attitude implique que la personne se choisit elle-même, et pas une autre, comme modèle. Elle cherche à se réaliser comme sujet entièrement libre, mais un tel projet ne peut qu'avorter car, de tous côtés, la personne se heurte à sa finitude, à des contraintes incontrôlables. Espérer, par elle seule, un accomplissement définitif, est la suprême illusion. À la fin, elle rencontre la barrière de la mort. On ne saurait en conclure pour autant que le désir d'un accomplissement qui gît au cœur de l'homme soit faux, et sans écho. La vérité est qu'il y a dans la volonté *voulante* de l'homme (Blondel) plus que dans sa volonté voulue, exprimée dans l'immédiateté de ses choix. L'aveu de ne pouvoir s'achever seul, ici-bas, pourrait bien n'être que le désir inversé de se réaliser pleinement, ailleurs, et dans un Autre.

Pessimisme et suicide

Une deuxième position est celle du pessimisme, du nihilisme. Les partisans de cette position préfèrent une solution radicale au jeu des «amants» de la vie. «À quoi bon tant de façons pour écarter un problème chimérique? Une franche et brutale négation vaut mieux que tous les faux-fuyants hypocrites et que toutes les sophistications de la pensée. Goûter la mort dans tout ce qui est périssable, avant d'y être enseveli soi-même, savoir qu'on sera anéanti et vouloir l'être, voilà pour les esprits nets, libres et forts, le dernier mot de l'affranchissement, du courage et de la certitude expérimentale: à la mort, tout est mort» (Blondel, *L'Action*, 1893, p. 23). Ce qu'il faut tuer, ce n'est pas l'être qui n'est pas, mais la volonté chimérique d'être. Il ne faut rien attendre de la vie, parce qu'elle ne peut rien donner. «Dévoiler la fourberie de tout instinct de conservation et de survivance, c'est procurer à l'humanité et au monde le salut dans le néant, ce néant qu'il faut définir l'absence du vouloir» (Blondel, *ibid.*, 29). À cette solution du pessimisme et du nihilisme, Blondel répond: on ne peut concevoir ni vouloir le néant qu'en affirmant autre chose. On n'affirme le néant que parce qu'on a besoin d'une réalité plus solide que celle qu'on boude. «On a beau aiguillonner la pensée et le désir: du *vouloir-être*, du *vouloir n'être pas*, du *vouloir ne pas vouloir*, il subsiste toujours ce terme commun: *vouloir*, qui domine de son inévitable présence toutes les formes de l'existence et dispose souverainement des contraires» (Blondel, *ibid.*, 37). En réalité, la volonté du néant procède d'un amour absolu de l'être, déçu par l'insuffisance du phénomène, du «paraître» (Blondel, *ibid.*, 38-39). La volonté du néant est pure contradiction. En réalité, ce qu'on veut, c'est qu'il y ait quelque chose, mais que ce quelque chose se suffise vraiment. On veut qu'il y ait quelque chose de *consistant*. De ce désir inavoué: *il y a quelque chose*, surgira peut-être un désir plus profond: *il y a Quelqu'un*. Il s'agit de savoir si la volonté de surface de l'homme qui proclame le néant de l'existence est en accord avec sa volonté profonde, assoiffée d'un être *vrai*.

Contestation et révolte

Une troisième attitude est celle de l'existence *révoltée*. Depuis le XIXe siècle, l'homme a découvert qu'il n'est plus libre, qu'il n'est plus maître chez lui ni autour de lui: il est asservi de tous côtés. D'où l'attitude de l'homme révolté (A. Camus). «Je me révolte, donc nous sommes.» Même avant Nietzsche, on trouve chez Max Stirner (1806-1856) une révolte à l'état virulent. Stirner balaie tout ce qui pourrait nier ou toucher l'individu. La vérité, pour chacun, consiste à se sentir son maître, son propriétaire. Depuis lors, la vague de la révolte n'a cessé de déferler, passant du niveau de la pensée à celui de l'histoire. *Nietzsche*, considérant la mort de Dieu comme un fait acquis, se tourne contre tout ce qui viserait à remplacer faussement la divinité disparue. Le salut est sans Dieu, et sur terre; la divinité, c'est l'esprit individuel. *Marx*, pour sa part, veut libérer l'homme de l'exploitation économique, en subjuguant la nature et en remplaçant la domination des maîtres par celle des esclaves. Pour obéir à l'histoire, l'humanité en arrive à marcher vers un esclavage tel qu'on n'en a jamais vu. *Freud* veut libérer les individus des déterminismes et des chaînes de déterminismes non vaincus. Pour *Jean-Paul Sartre*, comme pour *Albert Camus*, la vie comme la mort sont absurdes. Pour Sartre, on naît sans motif, on meurt par accident. La mort enlève à l'homme sa liberté et anéantit toutes ses possibilités de réalisation. À partir du même horizon, Camus conclut autrement. La vie est absurde, privée de sens: dès lors, la seule grandeur de l'homme, c'est d'accepter la vie dans son absurdité, puis d'exercer sa liberté pour créer un sens au sein même de l'absurdité. L'attitude révoltée refuse l'existence d'un achèvement dans sa condition actuelle, comme aussi dans un Absolu situé hors de l'homme. C'est une nouvelle édition du stoïcisme. L'homme cherche sa grandeur dans la contestation et s'y cramponne. L'erreur de l'homme révolté n'est pas dans la prétention à un épanouissement suprême, car c'est à ce sommet que Dieu nous convie, mais en ce qu'il prétend conquérir par ses propres ressources naturelles la déification ou la parfaite liberté à laquelle il aspire.

Acceptation et ouverture

Une dernière position consiste à reconnaître que la personne est habitée par une exigence d'absolu qui, de fait, n'est pas réalisée en cette vie, mais sans nier que, de droit, elle puisse se réaliser. Devant la mort, qui radicalise la question de l'homme, celui-ci prend conscience qu'il porte en lui une aspiration invincible à se réaliser définitivement; d'autre part, la mort révèle à l'homme son impuissance totale à assurer par lui-même sa survie et son accomplissement. La mort place la personne devant un choix inéluctable: ou bien elle reconnaît que son existence, en tant que projet et aspiration à un plus-être, possède un sens, et alors c'est l'espérance d'un avenir transcendant, d'une survie après la mort; ou bien elle accepte que son existence soit dénuée de sens, et c'est le désespoir total. Celui qui reconnaît un sens à l'existence, lié au sens de la mort, confesse que sa vie est précaire et marquée de façon indélébile par la finitude, mais qu'elle est un donné initial sur lequel il s'édifie peu à peu et s'éprouve comme désir d'un absolu qu'il espère. Il reconnaît que sa liberté ne peut s'accomplir que par une Liberté supérieure qui le transcende. Il se reconnaît comme «personne», c'est-à-dire comme sujet conscient et libre, s'établissant dans une relation *consentie* avec le monde, les autres et l'Absolu; il se constitue «définitivement» comme personne en s'ouvrant au Super-personnel qui fonde la prise de conscience qu'il a d'être fini, mais traversé par une volonté d'infini. L'homme, toutefois, ne peut rien dire sur la décision salvatrice de cette Liberté supérieure qui transcende la sienne. En effet, nous entrons alors dans le monde des propositions de salut historiquement offertes à l'homme. D'autre part, si une religion se présentait comme capable de répondre aux vœux les plus profonds de la personne, de combler cette soif d'infini qui la dévore, bien plus, de dépasser tout ce qu'elle peut concevoir, il serait déraisonnable d'écarter cette hypothèse d'un sens révélé, offert, donné. L'homme doit tout au moins s'ouvrir à l'hypothèse d'une éventuelle Parole de Dieu adressée à l'homme dans l'histoire. Dans sa réalité historique, la révélation chrétienne semble répondre à cette attente indéterminée, mais incoercible du vouloir humain.

Le sens révélé

À la quête du sens, le christianisme répond par le *don* du sens: un sens révélé et offert en Jésus Christ. «En réalité, le mystère de l'homme ne s'éclaire vraiment que dans le mystère du Verbe incarné» (GS 22). Le Christ apparaît comme la grande Présence qui éclaire tout, interprète tout. Verbe de Dieu, incarné parmi nous, il représente la *Plénitude du sens* dans un monde qui est à la recherche du *sens perdu.*

Le Christ n'est pas seulement irruption de Dieu dans notre histoire, mais irruption «massive» de sens. Le message du Christ atteint l'homme au plus intime de son être, à des profondeurs inaccessibles à la psychologie et à la psychanalyse, là où la science et le discours se taisent et disparaissent, comme devant une galaxie qui fuit et sans cesse nous échappe. Le Christ est la clé de l'énigme humaine, la reprise et le dépassement de toute anthropologie. À vrai dire, le mystère du Christ et le mystère de l'homme ne forment qu'un seul mystère. Mais si l'homme, par le Christ, doit être révélé à lui-même, ce sera par la révélation de ce qu'il y a de plus intime et de plus profond dans le mystère du Christ, à savoir le mystère de sa filiation. Le secret de l'homme, qu'il le sache ou non, c'est que l'amour de Dieu le couvre; c'est que l'homme est aimé et sauvé par le Père, dans le Christ et l'Esprit. Et c'est seulement lorsque l'homme a découvert ce mystère qu'il peut être pleinement révélé à lui-même, dans sa grandeur: objet de la complaisance de Dieu, destiné à accueillir l'amour du Père qui se révèle en Jésus Christ. C'est dans cette participation et cette communion au mystère de la vie trinitaire que l'homme «s'accomplit». La clé du mystère de l'homme, c'est que Dieu, en Jésus Christ, veut *ré-engendrer*, en chaque homme, un fils et lui *in-spirer*, lui *in-suffler* son Esprit d'amour, qui est un esprit filial. L'Incarnation du Fils met en lumière la dignité de l'homme, tandis que, par la Rédemption, nous est révélé le prix de chaque personne. Dès lors, la révélation, loin d'être étrangère à l'homme, est si intimement liée à son mystère que l'homme, sans elle, ne saurait s'identifier lui-même.

Les questions qui sont au cœur de l'homme sont également au cœur de la Révélation. On pourra tenter toutes les approches qu'on voudra du christianisme: on ne pourra jamais faire l'économie du *sens* que le Christ représente pour l'homme et les problèmes de sa condition. Le Christ demeure un Mystère, mais un Mystère illuminant, source de sens toujours jaillissante. Lorsque l'homme prend conscience que le Mystère du Christ fait écho à son propre mystère et le rejoint dans cette zone de son être plus intime à lui-même que lui-même pour l'éclairer et la réchauffer jusqu'au point de fusion et de fission, alors la Révélation n'est plus simplement «plausible», parce qu'elle met de l'harmonie dans l'homme, mais elle se présente comme «crédible». En d'autres termes, s'il est vrai que le Christ, par sa vie et son message, est médiateur de sens, seul exégète de l'homme et de ses problèmes; s'il est vrai qu'en lui l'homme arrive à se situer, à se comprendre, à s'achever et même à se dépasser; si la lumière enfin qu'il projette sur la condition humaine est à ce point pénétrante, la question de son identité se pose: ne serait-il pas, comme il le déclare, le Fils du Père, Dieu-parmi-nous, sens de Dieu et de l'homme, Don du sens, parce que lui-même Parole de Dieu?

2

Une question toujours pertinente: Qui est Dieu?

Pascal, dans ses *Pensées*, écrivait: «Non seulement nous ne connaissons Dieu que par Jésus Christ, mais nous ne nous connaissons nous-mêmes que par Jésus Christ [...] Hors de Jésus Christ nous ne savons ce que c'est ni que notre vie, ni que notre mort, ni que Dieu, ni que nous-mêmes.»

Un Dieu à la mesure de Dieu

Aujourd'hui, comme au temps de l'Israël ancien, nous sommes tentés de nous fabriquer des idoles de Dieu, à l'image de nos préoccupations. Que de caricatures de Dieu logent dans nos cervelles! Un Dieu dominateur et despote! Un Dieu toujours prompt à la vengeance! Un Dieu assis derrière son comptoir, qui calcule nos mérites et nos démérites! Ou, au contraire, un Dieu bon enfant, commode et accommodant, qu'on invoque dans les moments difficiles, surtout dans les tracas d'argent! Et ne parlons pas du Dieu horloger de Voltaire, ou du Dieu mort de Nietzsche ou du grand «refoulé» du XXe siècle, maintenant retiré sur ses terres et peu encombrant! Devant tant de caricatures, aussi contradictoires, nous sommes tentés de nous écrier, comme Maurice Clavel: «Dieu est Dieu, nom de Dieu.» On ne peut manipuler

Dieu ainsi. Et Jésus n'est pas un prête-nom, un sosie de Dieu; Jésus n'est pas un chiffre, mais le visage humain de l'Absolu, l'épiphanie de Dieu. Seul Dieu parle bien de Dieu. Et seul le Fils qui est au sein du Père peut nous le révéler. Pour savoir qui est Dieu, il faut se mettre à l'école du Fils, qui est la Parole du Père: «Celui-ci est mon Fils, [...] écoutez-le» (*Lc* 9, 35). Si on peut parler de Dieu, c'est parce que Dieu a parlé de lui-même par son Fils.

Un Dieu à la recherche de l'homme

Contrairement à ce que nous pouvons imaginer, ce n'est pas l'homme qui va à la recherche de Dieu: c'est Dieu le premier qui se met en quête de l'homme. L'originalité du christianisme, c'est même de nous proposer un Dieu qui a l'initiative en tout, avant même que l'homme en prenne conscience. C'est Dieu qui entre dans nos vies, qui suscite en nous les premiers désirs, qui nous invite à une réciprocité d'amour. Telle est l'histoire de toutes les conversions et de toutes les vocations.

Dans l'Ancien Testament, ce n'est pas l'homme qui découvre Yahvé: c'est Yahvé qui se manifeste quand il veut, à qui il veut et comme il veut. Le premier il a choisi, il a promis, fait alliance et sauvé. Cette initiative éclate encore davantage dans l'Incarnation: «Ce n'est pas nous qui avons aimé Dieu, déclare saint Jean, c'est lui qui nous a aimés et qui a envoyé son Fils» (*1 Jn* 4, 10). Le Nouveau Testament parle d'une action divine, qui «ouvre le cœur» au mystère de l'Évangile, d'une attraction intérieure du Père, d'une illumination intérieure comparable au premier matin de la création, d'un témoignage de l'Esprit. Chose certaine, c'est toujours Dieu qui prend les devants: c'est lui, le premier, qui appelle sa créature, qui lui *donne ce nom* prédestiné depuis toujours.

Le **chercheur**, ce n'est pas l'homme, c'est Dieu. Nous pouvons le fuir, le fuir inlassablement; mais Dieu se lassera moins de nous chercher que nous de le fuir. «Un homme avait deux fils...» «Lequel d'entre vous, s'il a cent brebis et vient à en perdre une, n'abandonne pas toutes les autres pour s'en aller à la recherche de celle qu'il a perdue, jusqu'à ce qu'il l'ait retrouvée?» Et lorsque le **cherché** revient, il découvre que c'était Dieu qui le cherchait, qui cheminait avec lui, silencieux, pour le prendre avec lui et «le mettre là où il est» (*Jn* 14, 3).

Dans ce jeu du **chercheur** et du **cherché**, Dieu n'exerce aucune contrainte. Car il veut des fils, non des robots. Il préfère l'amour méconnu à l'amour qui s'impose. Ce qu'il veut, ce sont des fils, librement engendrés, librement épanouis, en qui jaillisse librement, dans l'Esprit: «Abba, Père, papa.»

Si nous trouvons Dieu, c'est par grâce. Mais quand nous l'avons trouvé, tout s'éclaire, tout prend un sens nouveau, comme par un jour de brouillard, lorsque le soleil se fait une trouée à travers les nuages et transfigure toute réalité. Non pas que le Mystère disparaisse de nos vies, mais la lumière qui se projette sur le Mystère grandit à l'infini. Alors, comme saint Paul, éblouis par tant d'amour et de lumière, il ne nous reste plus qu'à balbutier et à glorifier Dieu (*Ep* 1).

Un Dieu patient et miséricordieux

Dans une oraison qui revient fréquemment à la messe, l'Église nous invite à dire: «Dieu, qui donnes la preuve suprême de ta puissance, lorsque tu patientes et prends pitié sans te lasser». En effet, Dieu met sa puissance à patienter et à pardonner.

Nous, les humains, nous sommes tous impatients. Nous voulons des résultats immédiats. Nous ne savons pas temporiser! Nous voudrions que les divorcés remariés se mettent en règle avec l'Église dès aujourd'hui, pour s'approcher de la communion demain. Nous voudrions que les bandits, les terroristes, les voleurs, les scélérats de toute espèce soient passés en cour martiale et châtiés sur-le-champ. Mais si Dieu nous imitait, nous serions tous balayés, et la terre serait vite un désert! Dieu, lui, met sa puissance à ne pas écraser et à patienter. Un champ d'ivraie peut devenir un champ de blé doré. Avec nous, comme avec les autres, Dieu met le temps... car il a l'éternité devant lui. Il a mis des millions d'années pour nous préparer une planète habitable, et d'autres millions pour réaliser cette maquette qu'est l'homme. Dieu n'est pas impuissant, mais il met sa puissance à sauver. Là où nous voyons des crimes à condamner, lui voit des détresses à secourir! Et puis, il a payé si cher pour engendrer des fils!

Voilà le secret de cette patience énorme qui nous étonne, et parfois nous scandalise. Que de patience à l'égard d'Israël! Que de patience avec ses apôtres, si lents à comprendre, si stupidement attachés à leur conception d'un royaume temporel et politique!

Que de patience avec son Église, qui s'embourbe et qui met des siècles à le reconnaître! Et que de patience avec nous! Dieu sait mieux que nous les lois de la temporalité, les cheminements, ou mieux les piétinements de la personne aux prises avec son milieu, son hérédité, sa propre pesanteur.

Dieu riche en miséricorde: c'est le titre d'une encyclique de Jean-Paul II. Dire que Dieu est amour, ou que Dieu est miséricorde, c'est tout un. Si Dieu a un faible, c'est pour la miséricorde! La miséricorde de Dieu, toutefois, est bien différente de ce que les hommes entendent par ce mot. À vrai dire, l'homme ne sait pas pardonner: il rumine toujours le mal qu'on lui a fait. Rarement, il redonne à son ennemi l'amitié d'autrefois.

Pour comprendre la miséricorde «à la mesure de Dieu», il faut regarder Dieu agir dans son Fils. À cet égard, la parabole de l'enfant prodigue reste le lieu privilégié de toute réflexion. Non seulement le père pardonne, non seulement il rétablit son fils dans sa dignité première, mais il «se réjouit» parce que son fils est là, toujours avec lui, toujours aimé, comme si rien ne s'était produit. Celui qui aime le plus, c'est celui qui souffre le plus! Dieu aime les hommes, mais à la mesure de Dieu. Le pardon de Dieu n'est pas un coup d'éponge! Il recrée en nous une liberté nouvelle.

Dieu est amour

Depuis le Christ, nous ne pouvons plus penser Dieu sans le penser comme Amour. Mais, cette fois encore, il s'agit d'un amour sans mesure avec nos semblants d'amour, toujours frelatés, toujours contaminés d'égoïsme. Ce que nous ne comprenons pas, et vraiment pas, dans la Révélation, c'est que Dieu est amour et rien qu'amour: un amour béant comme l'infini, comme un espace sans route ni frontières, infini de tendresse, de patience, de miséricorde. C'est cet amour que le Christ est venu nous dire et nous répéter, en prêchant, en faisant le bien jusqu'à s'épuiser. Mais les hommes n'ont pas compris: ils n'ont pas capté son message!

C'est alors que vient le moment des grands gestes: le pain rompu, le lavement des pieds, la passion et la croix. Quand les paroles ne suffisent plus, il ne reste plus que l'ultime parole: le don de la vie. Alors tout est dit, tout est consommé! La Parole devient Silence, mais ce Silence est la Parole suprême: quand Dieu a donné son Fils, et quand le Fils a donné sa vie, et quand le corps de Jésus est vidé de son sang, il n'y a plus rien à dire. Il n'y a plus qu'à contempler ces bras étendus et ce flanc percé. Dieu a aimé les hommes jusqu'aux limites et jusqu'à la plénitude de l'amour. Si Dieu est amour, jamais l'amour de Dieu, dans le Christ, n'a été plus semblable à cet amour. Le jour où, par grâce, notre cœur s'ouvre à l'intelligence d'un tel amour, alors nous commençons à comprendre qui est Dieu. Ce moment est comme le feu qui jaillit dans la nuit: il éclaire, il enflamme, il réchauffe, il éblouit. Il «m'a aimé et s'est livré pour moi», dit saint Paul (*Ga* 2, 20). Le jour où je comprends que Quelqu'un a pris ma place dans la mort pour moi, alors je comprends que je dois aimer: cela peut changer toute une vie. Surtout, on ne veut plus que le drame se répète.

★ ★ ★

L'homme d'aujourd'hui, orgueilleux, fier de ses prouesses techniques, reste affectivement fragile. Il reste seul et solitaire devant les menaces de mort qui l'assiègent. Il a besoin de se sentir aimé, mais d'un amour fort et fidèle, qui respecte sa liberté. Or, dans le Christ, nous découvrons cet Amour absolu, aimant la personne en elle-même, sans l'ombre d'une répulsion. Dans le Christ, Dieu nous rejoint là où nul amour humain ne peut nous rejoindre. Avec lui, nous pouvons être nous-mêmes, sans nous sentir jugés, mais au contraire totalement acceptés, avec notre poids de misère et de grandeur, de noblesse et de lâcheté. Nous n'avons jamais autant été aimés par l'amour! Le sens de notre vie, c'est d'accueillir cette incroyable offre d'alliance de l'Amour avec notre néant.

3

Les alliances de Dieu avec l'humanité

La famille est la cellule de base de la société humaine: une cellule fondée sur l'amour et la fidélité dans l'amour, à l'image de cette famille unique qu'est la Trinité des personnes divines, Père, Fils et Esprit, source et exemplaire de la famille humaine, père, mère et enfant. Bien plus, le dessein de Dieu est de rassembler toutes les familles et toute la famille humaine pour les introduire dans le grand courant d'amour de la famille trinitaire. Rien de plus sublime que cette alliance de la famille divine avec la famille humaine.

Rien de plus vulnérable aussi car, dans notre société occidentale, la famille est mortellement blessée par le divorce, l'amour libre, l'avortement, l'homosexualité. Notre société gère sa propre mort, car elle a saccagé la seule réalité qui garantit sa survie. Cette société a peut-être un futur, mais un futur sans avenir, car il repose sur la décadence et la ruine du présent.

Devant une crise d'une telle ampleur, il ne suffit plus de recourir aux sciences du *psy* (psychologie, psychiatrie, psychanalyse). Il faut re-découvrir, peut-être même, plus fondamentalement, découvrir le grand dessein d'amour de Dieu sur l'humanité. Le sens ultime de la famille humaine, il se trouve dans le projet d'une alliance nuptiale de Dieu avec tous les hommes et toutes les femmes pour les rassembler et les introduire dans la famille de Dieu, d'une alliance du Christ Époux avec l'Église son Épouse.

L'alliance est le thème qui représente le mieux les rapports de Dieu avec la famille humaine. Ce thème de l'alliance traverse les deux Testaments, se déploie en cercles concentriques et s'approfondit au cours des siècles jusqu'à devenir l'alliance bouleversante et définitive de Dieu avec l'humanité par l'Incarnation de son Fils.

Il faut toutefois l'avouer, ce terme d'alliance reste ambigu. Il évoque en effet, dans la vie politique et dans les codes de loi, un contrat bilatéral. Or l'alliance de Dieu signifie d'abord la fidélité de Dieu à son dessein de salut et d'amour. Dans le contrat humain, si l'un des deux contractants ne s'acquitte pas de ses obligations, l'alliance est tout simplement rompue. L'alliance de Dieu, au contraire, est une promesse unilatérale qui n'est pas à la merci de nos infidélités. Celles-ci peuvent nous empêcher de profiter des bienfaits de la promesse, mais Dieu, lui, ne peut manquer à sa parole, tout comme il ne peut manquer à son amour. Aussi, pour être dans la vérité, faut-il parler d'alliance en termes de nuptialité, comme dans le mariage. Dieu qui fait alliance, c'est Dieu qui tombe en amour, qui s'amourache de l'humanité, qui la sauve, qui la comble de plus en plus jusqu'à se faire homme lui-même pour l'introduire à une communion de vie avec lui. L'alliance, de la part de Dieu, nous situe dans la logique de l'amour. Aussi retracer les étapes de l'alliance, est-ce raconter une histoire d'amour. Si l'amour de Dieu m'était conté, ce serait une histoire d'amour. Laissez-moi vous la raconter dans ses grandes lignes.

La création comme première alliance

Même si la chose peut nous étonner, il faut dire que la création du monde est la première alliance de Dieu avec les hommes. Dans l'Écriture, en effet, la création n'existe pas pour elle-même, mais en vue d'une alliance. Si l'homme a été créé à l'image de Dieu, c'est d'abord pour être son allié. Dieu a créé des créateurs, ou tout au moins des co-créateurs de l'univers. La présence de l'homme, en effet, est comme une seconde création, car par l'homme l'univers déploie toutes les richesses dont il est prégnant. En créant l'homme, Dieu l'invite à élever l'univers, à le récapituler par l'intelligence et l'amour.

La création, c'est l'amour de Dieu qui se manifeste par un geste, par une œuvre, tout comme le peintre par son tableau, avant de se manifester lui-même et toute sa personne par l'Incarnation. C'est aussi un premier appel que Dieu adresse à l'homme, une première invitation à le reconnaître dans son œuvre, comme artisan de beauté et de puissance, ainsi qu'il est dit dans la *Sagesse* et dans l'*Épître aux Romains*. La création établit une première réciprocité entre Dieu et l'homme, un premier geste nuptial. En créant l'homme, Dieu l'invite à exprimer ce *oui* de reconnaissance, d'action de grâce et de louange que tous les deux, l'homme et le monde qui est son corps, adressent à Dieu.

Bien plus, pour les écrivains inspirés, la création est en vue du salut de l'homme. Dans cette perspective, la création apparaît comme le premier moment de l'histoire du salut: d'Adam à Noé, de Noé à Abraham, de Moïse aux prophètes, l'Alliance de Dieu avec l'homme se fait toujours plus intime et se prolonge, par l'Incarnation, jusqu'à la création d'un monde nouveau et d'une Alliance définitive. Mais, par le geste de la première création, Dieu déjà introduit l'homme dans une histoire *à deux*, et le Tout-Puissant sollicite le *oui* de sa créature.

Dieu, dit saint Paul aux *Éphésiens* (1, 4-5), «nous a choisis en lui avant la fondation du monde [...] Il nous a prédestinés à être pour lui des fils adoptifs par Jésus Christ.» En créant l'univers, Dieu pensait à son Fils, le Christ, et à nous, ses filles et ses fils adoptifs.

Dans l'Ancien Testament, même si la chose n'est pas dite aussi clairement, reste que création et alliance sont inséparables du salut. En créant le monde, Dieu songeait à l'alliance: bien plus, il l'inaugurait. Dans d'innombrables textes, création et alliance sont considérées comme des moments successifs et articulés d'une même œuvre de salut. Ainsi, en *Néhémie* (9, 5-37), on célèbre d'un même souffle: la création, la vocation d'Abraham, l'Exode et la Loi. «C'est toi qui es le Seigneur, toi seul! C'est toi qui as fait les cieux et [...] la terre [...] C'est toi, le Seigneur Dieu, qui as choisi Abram [...] Tu leur [nos pères] as donné des ordonnances, des prescriptions et une loi, par l'intermédiaire de Moïse, ton serviteur. Tu as donné pour leur faim le pain du ciel, et tu as fait jaillir pour eux l'eau du rocher pour leur soif.»

Le Christ réalise la nouvelle alliance annoncée par les prophètes... précisément sous forme d'une *nouvelle création*: «Je mettrai en vous un esprit neuf; je leur enlèverai du corps leur cœur de pierre et je leur donnerai un cœur de chair» (*Ez* 11, 19). L'homme de la nouvelle alliance sera un homme *recréé*. Première et deuxième créations forment donc un tissu indéchirable.

Si la création est initiative d'un Dieu dont l'amour rejaillit sur l'homme, lui aussi être d'amour comme Dieu, c'est pour que l'homme reconnaisse et célèbre cet amour. L'homme est comme *l'argile* entre les mains du potier, et se reconnaître comme *façonné* par Dieu, c'est se savoir entre ses mains, et c'est rester fidèle à l'image que Dieu a imprimée en lui et qu'il modèle et remodèle jusqu'à son parfait achèvement.

Si la création, dans l'Écriture, est conçue comme le premier acte du salut, ce n'est toutefois qu'avec Abraham que le thème de l'alliance entre de façon déterminante dans la tradition biblique.

L'alliance avec Noé

L'alliance avec Noé reprend tous les éléments de la création première, mais avec toutefois des traits de nouveauté. Un premier trait de cette alliance, c'est que Dieu fait alliance *avec toute chair* (*Gn* 9, 11), c'est-à-dire avec l'homme et, inséparablement, avec tous les être vivants: ce qui implique à la fois la domination, mais aussi le respect de la création. Les écologistes n'ont pas manqué l'occasion d'invoquer cette alliance en faveur de la création de toute vie: humaine, animale et végétale.

Un deuxième trait est le caractère *universel* et *éternel* de cette alliance; elle s'étend à tous les peuples et à jamais. En cela, elle se distingue de l'alliance avec Abraham et sa descendance, et aussi de l'alliance avec Moïse et le peuple d'Israël. Notons encore que cette alliance est une initiative de Dieu *seul*: c'est Dieu seul qui sauve Noé du déluge et c'est Dieu qui lui donne le mémorial de l'arc-en-ciel. Par ce signe, Dieu s'engage unilatéralement à ne jamais détruire son œuvre.

L'universalisme de l'alliance avec Noé, fondé sur le retour cyclique des saisons et sur la continuité de la vie, est la manifestation de la bienveillance de Dieu pour l'humanité entière: Dieu fait briller son soleil et tomber la pluie en faveur des justes comme des pécheurs. Toute l'humanité est bénéficiaire de ce don de Dieu. Mais il faut souligner que, à la différence de l'alliance avec Abraham et avec Moïse, il n'y a aucun dialogue entre Dieu et Noé.

Le scénario du récit est: «Dieu dit à Noé», mais Noé ne dit rien. C'est pourquoi, à propos de l'alliance avec Noé, on parle de révélation *cosmique*, mais non de révélation *historique*.

Mais alors, comment pouvons-nous répondre à cette alliance cosmique? Les psaumes disent bien que les cieux racontent la gloire de Dieu: oui, mais à condition qu'il y ait quelqu'un pour déchiffrer et chanter la mélodie, à la manière de François d'Assise: «Loué sois-tu, Seigneur, pour monseigneur le soleil, pour sœur lune et les étoiles, pour sœur l'eau et pour frère le feu. Louez et bénissez le Seigneur et rendez-lui grâce.» Saint Paul (*Rm* 1) et la *Sagesse* (13) reprochent aux hommes de n'avoir pas su reconnaître l'*artisan* dans ses œuvres: le feu, le vent, l'air subtil, la voûte étoilée, l'onde impétueuse, le soleil et la lune. Car la révélation cosmique est manifestation d'une puissance dynamique, mais elle n'est pas, toutefois, rappelons-le, dévoilement d'une intimité. On commence à parler proprement d'alliance et de révélation historique avec les patriarches. La réciprocité entre Dieu et l'homme prend alors forme de *dialogue*: Dieu parle et l'homme *répond*.

L'alliance avec Abraham

Le Dieu qui s'adresse à Abraham est un Dieu déroutant, un Dieu qui dérange: «Pars de ton pays, de ta famille et de la maison de ton père vers le pays que je te ferai voir» (*Gn* 12, 1). Abraham vit l'expérience d'un départ vers l'inconnu, avec une seule garantie: la promesse de Dieu qui le guide, mais dans une direction inconnue.

Cette migration se distingue des innombrables migrations qui jalonnent l'histoire des autres peuples: c'est un événement unique, car c'est le commencement absolu de l'intervention de Dieu dans l'histoire humaine, tout comme l'Incarnation est le commencement du monde futur et définitif. C'est la première manifestation historique du Dieu vivant. Ce départ vers un pays inconnu est à l'origine de la famille qu'Abraham, appelé le «père des croyants», est destiné à fonder.

Cet événement apparaît comme une séparation, une rupture avec le monde des idoles et de l'univers religieux de ce temps. «Par la foi, dit l'Épître aux Hébreux, répondant à l'appel, Abraham obéit et partit pour un pays qu'il devait recevoir en héritage, et il partit sans savoir où il allait» (*He* 11, 8). Il était sûr qu'il était dans la bonne voie, car il se laissait conduire, non par ses propres vues, mais par la volonté de Dieu. Au plus profond de cette nuit de la foi surgit, de la part de Dieu, une promesse gratuite, unilatérale, inconditionnelle: Abraham deviendra le père d'une multitude de nations: «J'établirai mon alliance entre moi, toi, et après toi les générations qui descendront de toi. Cette alliance perpétuelle fera de moi *ton* Dieu et celui de ta descendance après toi» (*Gn* 17, 7; cf. v. 1-9).

Or voici que cette promesse même semble contredite par les faits, car Abraham et Sara n'ont pas de descendants. Mais Dieu est fidèle au-delà de l'improbable, voire de l'impossible: Sara engendre un fils. Mais à peine né, Dieu demande à Abraham le sacrifice de son enfant. Dans ces ténèbres plus opaques que jamais, Abraham s'en remet cependant à Dieu: il se *fie* à Dieu et s'apprête à sacrifier son fils (*Gn* 22). Cette foi, qui va jusqu'au bout d'elle-même, qui s'en remet à Dieu à la vie à la mort, fait d'Abraham le père de tous les croyants. Son geste anticipe celui du Père livrant son Fils pour le salut de tous. À Dieu qui se manifeste comme maître de l'histoire et de la vie, Abraham répond avec une disponibilité totale: l'obéissance et la foi. Face à une telle foi, Dieu déploie sa toute-puissance et tout son amour: il *sauve*.

Remarquons que l'alliance avec Abraham est précédée d'une élection de la part de Dieu qui choisit Abraham pour former un peuple qui sera l'héritier des promesses et des bénédictions de Dieu. L'alliance avec Abraham n'est pas un pacte bilatéral, mais une promesse, un serment unilatéral de la part de Dieu. Cette promesse prend le nom d'alliance, car elle crée une relation nouvelle entre Yahvé et Abraham. Nulle part plus que dans cette alliance apparaît l'initiative absolue de Dieu qui appelle, promet et sauve. Nulle part aussi n'apparaît mieux ce qu'est la foi: Abraham *se fie* à Dieu. Il lui suffit que Dieu soit Dieu: il s'en remet à lui à la vie, à la mort.

L'alliance mosaïque

L'alliance avec Abraham se poursuit et se resserre avec l'alliance mosaïque. Cette nouvelle alliance marque une étape décisive dans les épiphanies de Dieu, car elle s'accompagne d'un authentique événement de salut, l'Exode, qui libère Israël de l'esclavage de l'Égypte, et elle s'accompagne aussi de la présentation, ou plus exactement de *l'autoprésentation de son auteur.* En révélant son nom à Israël, Dieu révèle non seulement qu'il existe, mais qu'il est le seul Dieu et le seul Sauveur.

Le récit de l'alliance commence par un texte capital. Israël campe au Sinaï, mais Moïse seul monte vers Dieu: «Le Seigneur l'appela de la montagne et lui dit: Tu diras ceci à la maison de Jacob [...] "Vous avez vu vous-mêmes ce que j'ai fait à l'Égypte, comment je vous ai portés sur des ailes d'aigles et vous ai fait arriver jusqu'à moi. Et maintenant, si vous entendez ma voix et gardez mon alliance, vous serez ma part personnelle (mon bien propre) parmi tous les peuples [...] et vous serez pour moi un royaume de prêtres et une nation sainte"» (*Ex* 19, 3-6).

L'Alliance et la Loi sont donc précédées de l'événement historique de la libération de l'Égypte et, plus avant encore, de la libre élection d'Israël comme peuple privilégié de Dieu parmi tous les peuples. Cette élection d'Israël par Yahvé n'a d'autre explication que l'amour de Dieu, lequel n'a de compte à rendre qu'à lui-même. Le choix de Dieu a ses racines dans l'abîme de son amour.

C'est dans ce contexte d'une élection d'amour par un Dieu qui a littéralement *créé* ce peuple, dans des circonstances désespérées, que se présente l'alliance. C'est Dieu qui prend l'initiative de l'alliance mais, avant de la proposer, il y a un rappel de l'élection gratuite et de la libération gratuite. Le salut précède l'offre de l'alliance et de la Loi (*Ex* 19, 4-5). Par Moïse, son médiateur, Dieu expose son dessein de faire d'Israël son partenaire, son collaborateur. Et le peuple répond alors librement: «Tout ce que le Seigneur a dit, nous le mettrons en pratique» (*Ex* 19, 8).

Au *oui* de Yahvé doit correspondre le *oui* du peuple qui s'engage à accomplir librement la volonté de Celui qui vient de le sauver. Dans ce contexte historique, la Loi ou le Décalogue a un sens manifestement religieux et positif. Dieu ne dit pas d'abord: «Tu feras ceci ou cela», mais: «Je t'ai fait sortir de la maison d'Égypte». La Bonne Nouvelle du salut vient au début, non à la fin. C'est seulement après avoir sauvé son peuple, après avoir offert son alliance et après avoir reçu la libre réponse d'Israël que Yahvé proclame: «Tu n'auras pas d'autres dieux en ma présence.» L'indicatif (à savoir: je t'ai libéré) précède l'impératif (à savoir: conduis-toi en conséquence). Le Décalogue résulte de la vocation d'Israël; il exprime comment un peuple appelé par Dieu, sauvé par lui et consacré à lui, doit vivre. Ce peuple doit avoir un *style de vie* conforme à sa vocation. Il en est de même dans le Nouveau Testament: la vocation au Christ vient en premier; elle a comme corollaire une vie *selon le Christ*, un style de vie filial.

L'alliance prophétique: Jérémie, Ézéchiel

Mais, nous le savons, la longue histoire des infidélités d'Israël a amplement démontré son impuissance à se maintenir dans les voies de l'alliance et de la Loi. Cette infidélité a conduit Israël en exil, à Babylone.

Tout semblait donc fini à jamais. Et cependant, de nouveau tout recommence. Yahvé révèle à Jérémie son dessein de réunir Israël par un pacte indestructible, qui réalisera une union plus profonde encore: «Je conclurai avec la communauté d'Israël [...] une nouvelle alliance. Elle sera différente de l'alliance que j'ai conclue avec leurs pères [...] Je déposerai mes directives au fond d'eux-mêmes, les inscrivant dans leur être» (*Jr* 31, 31-33). Sous cette alliance nouvelle, la Loi passe donc du *dehors* au *dedans*. Elle sera écrite, non plus sur des tables de pierre, mais dans le cœur de l'homme, là où naissent les complicités avec le mal, et elle sera plus efficace.

Après Jérémie, Ézéchiel annonce un changement encore plus profond. Il décrit le changement que Dieu va opérer dans le cœur de l'homme pour y effectuer une transformation radicale. Il y aura ablation du cœur de pierre, transplantation d'un cœur nouveau et action de l'Esprit, seul capable de réduire les œuvres de chair et de faire surgir celles de l'Esprit: «Je ferai sur vous une aspersion d'eau pure et vous serez purs; je vous purifierai de toutes vos impuretés et de toutes vos idoles. Je vous donnerai un cœur neuf et je mettrai en vous un esprit neuf [...] Je mettrai en vous mon propre esprit» (*Ez* 36, 25-27).

En décrivant ainsi l'alliance nouvelle dans les catégories du cœur et de l'esprit, Ézéchiel précise ce que disait Jérémie sur le don de la Loi intérieure. Ce don reçoit un nom: c'est le don de l'esprit, c'est-à-dire pas encore une personne de la Trinité, mais une puissance de renouvellement capable de produire du neuf. Il est trop évident que le renouvellement annoncé provient, non du dehors, non des seuls efforts de l'homme, mais de Dieu lui-même. On passe de la Loi écrite dans le cœur, à l'Esprit, force de création et de renouvellement gratuit, agissant au plus intime de la personne.

Ainsi, tout au long de l'Ancien Testament, nous assistons à une intériorisation progressive de l'alliance et de la Loi. La Loi, longtemps détachée de Dieu son auteur, s'inscrit peu à peu dans le cœur comme principe de vie et de communion avec Dieu lui-même. Peu à peu Dieu se prépare un nouveau peuple, une nouvelle alliance, mais celle-là définitive.

L'alliance définitive: l'Incarnation

L'alliance annoncée par Ézéchiel et Jérémie nous amène à parler de l'Alliance la plus parfaite, la plus sublime, à savoir le sommet de l'union nuptiale réalisée entre la divinité et l'humanité par l'Incarnation. «Le Fils de Dieu a *épousé* la nature humaine» dit saint Léon le Grand. Et saint Jean: «Le Verbe s'est fait chair et il a habité parmi nous» (*Jn* 1, 14). Dieu est venu chez nous pour que nous allions chez lui.

Ces formules nous confrontent au plus profond et au plus scandaleux des mystères. La vérité est que le mystère de l'Incarnation est adossé au mystère de la Trinité, et de façon si intime que nous ne pouvons rien comprendre au mystère de l'Incarnation si nous ne remontons à ce foyer d'amour qu'est la vie trinitaire.

En effet, Dieu est Amour, bien plus, éternelle communication d'amour. Le Père n'est que regard vers le Fils; le Fils n'est que regard vers le Père, et l'Esprit est extase totale et unique du Père et du Fils. En Dieu, les trois personnes vivent dans une éternelle circulation d'amour de tout l'être divin de l'une à l'autre personne.

Dès qu'on a entrevu la lumière issue du mystère d'amour des personnes divines, de ce réseau d'amour qui les relie entre elles, on commence à soupçonner les profondeurs de l'amour qui, par l'Incarnation, vient sceller l'union nuptiale de la divinité et de l'humanité. La mission du Christ est de nous entraîner dans le courant d'amour de la vie trinitaire.

Ainsi, de l'origine à la fin, dans la vie divine comme dans la suite des alliances de Dieu avec l'homme, tout est amour, surabondance d'amour. Si l'histoire de Dieu m'était contée, avons-nous dit au début, ce serait une histoire d'amour. Peut-être comprenons-nous mieux la profondeur de cette alliance nuptiale qui constitue la famille chrétienne: appel à l'amour et à la fidélité dans l'amour, configurée de plus en plus à la famille des personnes divines; regard de l'époux vers l'épouse, regard de l'épouse vers l'époux; regard d'amour des deux vers l'enfant, expression et fruit de l'amour. Image de la famille des personnes divines. Par la famille humaine, l'humanité se prépare à entrer dans la famille divine.

4

L'Avent: dans l'attente du Sauveur

Jean-Baptiste et l'attente du Sauveur

Dieu a mis des siècles pour préparer l'humanité à la venue du Sauveur; des siècles d'attente aussi, de la part du peuple juif, attente exprimée par le désir sans cesse renouvelé et toujours plus ardent de la prédication prophétique qui annonce le salut d'Israël sous les figures diverses d'un roi sage et puissant, puis d'un prophète au destin tragique, le Serviteur souffrant, puis d'un fils d'homme glorieux venant sur les nuées du ciel. Comme un bon pédagogue, observe saint Irénée, Dieu éduque l'humanité. Il prépare l'homme à la vision de lui-même par une présence toujours vive de son Verbe incarné parmi les hommes.

Héraut du Christ

Quand les temps sont arrivés, Jean apparaît, comme celui qui précède immédiatement la venue du Sauveur, en qui l'humanité et la divinité scellent une alliance définitive. Les prophètes ont *annoncé* la venue du Sauveur; Jean, lui, le *présente*: «Voici l'Agneau de Dieu qui enlève le péché du monde» (*Jn* 1, 29. 36). Il a précédé le Christ dans sa naissance; il le précède également dans sa vie publique. Il vient comme «témoin, pour rendre témoignage à la lumière» (*Jn* 1, 7-8). Par sa prédication, il dispose les âmes à entendre la parole de Jésus: il aplanit les sentiers, il comble les ravins, il abaisse les montagnes (*Lc* 3, 4-5). Les hommes d'alors ressemblaient à ceux d'aujourd'hui: les yeux collés au sol, attachés aux biens de la terre et à leurs intérêts propres. Il faut les secouer de leur torpeur, les désinstaller, les confronter à leurs péchés. Le langage de Jean est percutant et dur. Aux *soldats* il dit: «Ne faites ni violence ni tort à personne» (*Lc* 3, 14). Aux *percepteurs d'impôts*: «N'exigez rien de plus que ce qui vous a été fixé» (*Lc* 3, 13). Aux *Pharisiens et aux Sadducéens*: «Engeance de vipères, qui vous a montré le moyen d'échapper à la colère qui vient? [...] Déjà la hache est prête à attaquer la racine des arbres; tout arbre donc qui ne produit pas de bon fruit va être coupé et jeté au feu» (*Mt* 3, 7-10). «Convertissez-vous: le Règne des cieux s'est approché» (*Mt* 3, 2).

Le ton d'urgence, voire de violence, de Jean tient au caractère unique de l'événement qu'il annonce: le salut promis et attendu depuis des siècles, il est arrivé, il est là, parmi vous. La plénitude des temps, c'est maintenant, c'est aujourd'hui. Il n'y a pas de nouvelle plus importante et, par suite, il n'y a pas de temps à perdre. Faites pénitence, dit Jean, avant qu'il ne soit trop tard; bientôt les pécheurs ne pourront plus se soustraire au châtiment qui vient. «Moi, je vous baptise dans l'eau en vue de la conversion; mais celui qui vient après moi [...] vous baptisera dans l'Esprit Saint et le feu» (*Mt* 3, 11-13). Le baptême de Jean a une valeur rituelle et morale, mais non sacramentelle: il est la figure du baptême du Christ qui, lui, purifie ou consume, selon que l'on est bien ou mal disposé, et qui seul communique l'Esprit.

Si le langage du Baptiste est dur, c'est que Jean a expérimenté la sainteté de Dieu et qu'il a le sens du péché. Son message a été entendu, au moins par un certain nombre. À Jean et André qui se trouvent avec lui, il *désigne* Jésus en leur disant: «Voici l'Agneau de Dieu.» Aussitôt les deux disciples du Baptiste suivent Jésus (*Jn* 1, 35-39).

L'ami de l'Époux

Jean-Baptiste, qui annonce l'arrivée du Roi et du Juge de la fin des temps, est aussi celui qui annonce la venue de l'Époux, l'un des autres noms de Celui qui vient. Pensons à l'Église, Épouse du Christ, dans saint Paul; à l'Épouse de l'Agneau, dans l'Apocalypse, ou à la parabole des vierges sages et des vierges folles qui attendent le retour de l'Époux. L'heure du jugement pour les pécheurs impénitents est aussi l'heure de la joie pour les âmes bien disposées.

Jean-Baptiste est dans la joie parce que l'heure est venue des noces de l'humanité fiancée au Verbe de Dieu, tout comme dans les noces de l'Ancien Testament, entre Israël et Yahvé. Jean confesse ouvertement qu'il n'est pas le Christ, mais «l'ami de l'Époux, il se tient là, il l'écoute et la voix de l'Époux le comble de joie.» Il poursuit: «Telle est ma joie, elle est parfaite. Il faut qu'il grandisse et que moi, je diminue» (*Jn* 3, 29-30). C'est le mot qui nous ouvre aux profondeurs mystérieuses de l'âme de Jean: il est celui qui est ravi de joie à la voix de l'Époux, cette voix que ni Abraham, ni Moïse, ni David n'ont entendue. Jean a été présent à l'aube des noces accomplies par l'Incarnation et achevées dans la passion. Sa joie, c'est de voir l'Épouse qui, dans les premiers apôtres, rencontre l'Époux. Il ne désire que cela: amener les âmes au Christ. Il est celui qui prépare les voies du Seigneur. Il ne désire pas retenir les âmes pour se les attacher: il *pointe* du doigt, il désigne celui qui est l'Agneau. Modèle du renoncement apostolique qui conduit les âmes au Christ, puis lui laisse toute la place.

Une autre joie de Jean a été de baptiser Jésus. Dans un geste mystérieux, il baptise celui qui n'a pas besoin d'être baptisé. À cette humilité de Jésus, le Père répond: «Celui-ci est mon Fils bien-aimé»; en même temps, l'Esprit descend sur le Christ. Pour la première fois, le Christ est manifesté dans sa réalité de Fils de Dieu. Le baptême de Jésus par Jean introduit celui-ci au mystère de la vie trinitaire.

L'épreuve du doute et le martyre

Jean a préparé les âmes à la venue du sauveur. Une fois sa mission accomplie, il s'efface. Ses disciples ont répondu à l'appel du Christ. Lui n'a plus qu'à décroître et disparaître. Lui, le prophète, le plus grand des enfants des hommes, qui attirait les foules sur les rives du Jourdain, n'est plus suivi par personne. Il n'a même pas la joie, comme les premiers apôtres, d'être avec Jésus. Il vit en exilé. Il semble même abandonné de Dieu. Il connaît la nuit du doute sur l'identité de ce Jésus qu'il a proclamé l'Agneau de Dieu. Expérience mystique, ultime purification de sa foi.

Nous connaissons l'épisode. Jean a été emprisonné par Hérode pour lui avoir reproché son adultère en épousant la femme de son frère, Hérodiade. La voix de Jean s'épuise dans le silence d'une prison, puis dans celui du martyre. L'épisode est raconté en des termes pratiquement identiques par *Matthieu* (11, 2-6) et par *Luc* (7, 18-23). Emprisonné à Machéronte, Jean délègue auprès de Jésus quelques-uns de ses disciples pour lui demander: «Es-tu celui qui doit venir ou devons-nous en attendre un autre?» Comment une telle question a-t-elle pu monter sur les lèvres de Jean, héraut et témoin du Christ? De quelle affreuse épreuve est-elle l'expression?

L'expression est à comprendre à la lumière des textes qui nous découvrent la mission de Jean par rapport à celle de Jésus. Celui que Jean annonce, en effet, apparaît comme l'instrument du jugement final de Dieu; sa venue doit coïncider avec le déchaînement de la colère divine et le châtiment redoutable des pécheurs. Jean-Baptiste s'interroge pour savoir si Jésus s'identifie vraiment avec l'exécuteur du jugement dont il annonce la venue imminente.

En effet, les *œuvres* de Jésus proposent de celui qui doit venir une image diamétralement opposée: libération du péché, guérisons, temps de grâce. Pas de vengeance, mais le pardon de Dieu offert au pécheur avant même sa conversion. Le contraste est évident entre les deux perspectives. On comprend que le style de Messie vécu par Jésus fasse question et provoque le scandale. Jésus s'identifie-t-il vraiment avec Celui dont le Baptiste annonce la venue? Ce type de Messie est si différent de celui que Jean attendait.

Jésus ne saurait répondre négativement à la question du Baptiste. Il répond, comme il l'a fait en d'autres circonstances, en renvoyant à ses œuvres. Jésus décrit son activité messianique en évoquant les oracles prophétiques d'Isaïe, mais il omet les oracles qui insistent sur le côté menaçant de la fin des temps et il ne retient que ceux qui annoncent que Dieu prend son peuple en pitié et lui envoie un sauveur miséricordieux.

Dans *Isaïe* 35, 5-6 et 61, 1-2, les signes messianiques se limitent à Israël et soulignent la vengeance de Yahvé contre les ennemis de son peuple (*Is* 63). En outre, tandis que les oracles concernent l'avenir, la perspective de Jésus est celle du présent. *Aujourd'hui* s'accomplissent les oracles messianiques (*Lc* 4, 21). En Jésus, le salut annoncé est arrivé, offert à tous, et non plus au seul peuple d'Israël.

Au lieu de la vengeance et du feu, Jésus apporte la miséricorde universelle. Le salut est don gratuit et illimité de l'amour de Dieu.

«Heureux celui qui ne tombera pas à cause de moi» (*Mt* 11, 6; *Lc* 7, 23). Cette finale, avec son sens général, vise d'abord Jean-Baptiste, mais aussi ses disciples. Elle vise également les ennemis de Jésus qui repoussent l'idée d'un Messie qui accueille les pauvres et les pécheurs, qui s'en prend aux scribes et aux pharisiens qui accablent les petites gens de fardeaux qu'ils ne portent pas eux-mêmes. L'accomplissement messianique décrit par Jésus n'entre décidément pas dans les schèmes de Jean sur Celui qui doit venir.

Jésus ne nie pas qu'il soit la figure du Messie promis: il répond seulement par une description qui exprime la manière dont il réalise et entend réaliser son rôle de Messie. Il évoque les signes du salut, mais en même temps il élargit, il universalise les bienfaits promis. Bien plus, il les actualise en sa personne, manifestant ainsi sa conscience d'être la personnification du règne (*Mc* 11, 10). Il est *l'auto-Règne*: celui qui doit venir. Aussi est-ce l'heure de la décision et du scandale.

L'antinomie apparente de la justice et de la miséricorde est conciliable. La présence de Jésus coïncide avec le temps de l'amour et du pardon: à la fin, viendra le temps de la justice. Mais le Messie qui est là, aujourd'hui, ne brise pas le roseau froissé et n'éteint pas la mèche qui fume encore (*Mt* 12, 20). Le Fils «est venu chercher et sauver ce qui était perdu» (*Lc* 19, 10). «Je ne suis pas venu juger le monde, je suis venu sauver le monde» (*Jn* 12, 47). L'heure n'est pas venue de séparer l'ivraie du bon grain (*Mt* 13, 29ss). La miséricorde du premier avènement n'est pas en contradiction avec la justice du second, pas plus que l'humiliation de la croix avec la gloire de la résurrection.

Pour le moment, Jésus représente la venue de l'amour de Dieu dans notre monde; plus tard viendra le jugement. Voilà qui peut être risque d'achoppement. Jean-Baptiste, qui traverse une épreuve spirituelle de purification, doit progresser dans la foi et ne pas se laisser ébranler. Les voies du Seigneur ne sont pas nos voies.

Le Christ est toujours celui qui vient: de l'Ancien Testament à la Nativité, de l'Ascension à sa venue en gloire. Pour chacun de nous, il est l'Époux qui vient, au moment choisi par lui, pour nous cueillir et nous mettre là où il est. Comme Marie qui s'est préparée à la venue de son Seigneur, comme Jean qui s'est préparé au désert pour préparer à son tour la venue du Verbe fait chair, chacun de nous est invité à se préparer à sa venue. La vie de l'Église, tout comme notre vie personnelle, est un perpétuel Avent. «L'Esprit et l'épouse disent: Viens! Que celui qui entend dise: Viens! [...] Amen, viens Seigneur Jésus!» (*Ap* 22, 17. 20).

5

Nativité et mystère de l'Incarnation

Un enfant nous est né, un fils nous est donné. Un petit enfant repose sur de la paille. Au commencement, une crèche; à la fin, une croix. Aujourd'hui, les bras d'un enfant, en attente de tendresse et d'amour; à la fin, des bras étendus, et la Parole immolée. Mais il n'y a pas moins d'amour dans le silence de l'enfant que dans le silence du Crucifié.

Nous célébrons la naissance de Dieu selon la chair. La terre reçoit le *don* de Dieu, son Fils unique: «en lui tout mon amour». Son Fils, Dieu nous le donne. Cette naissance est le plus grand événement de l'histoire, le seul grand. Rien de plus grand ne peut désormais se produire: avant Jésus Christ, après Jésus Christ. C'est ainsi maintenant que se partage l'histoire de l'humanité.

Quand les temps sont accomplis, enfin se réalise l'*Alliance nouvelle et éternelle*, annoncée et tant désirée par les prophètes, le sommet de l'union nuptiale entre l'humanité et la divinité. «Le Fils de Dieu a *épousé* la nature humaine» dit saint Léon le Grand. «Le Verbe s'est fait chair et il a habité parmi nous» dit saint Jean (*Jn* 1, 14).

Ces formules que nous répétons à Noël nous confrontent au plus profond des mystères. Car le mystère de l'Incarnation et de la Nativité est adossé au mystère de la Trinité, comme son répondant symétrique, et de façon si intime que nous ne pouvons rien comprendre à l'Incarnation et à la Nativité si nous ne remontons à ce foyer d'amour qu'est la vie trinitaire.

En effet, si Dieu était une sorte d'empereur solitaire, un Dieu magnifique, sommet de l'univers, comment concevoir qu'il puisse devenir l'un d'entre nous? Et, de fait, le monothéisme des musulmans et des juifs est incapable de concevoir l'Incarnation.

Mais, précisément, notre Dieu n'est pas solitaire: il est Amour, bien plus, éternelle communication d'amour. Le Père n'est que regard vers le Fils; le Fils n'est que regard vers le Père; et l'Esprit est extase totale et unique du Père et du Fils. En Dieu, les trois personnes vivent dans une éternelle désappropriation, dans une éternelle circulation de tout l'être divin de l'une à l'autre personne.

Or, par l'Incarnation, l'humanité de Jésus est totalement assumée par Dieu. Elle est même incapable de dire «*Je*» pour son propre compte. Elle n'est pleinement personnalisée que parce que divinement personnalisée. Ce dépouillement, cette désappropriation de l'humanité de Jésus la fait entrer dans ce courant de réciprocité amoureuse qu'est le mystère de la Trinité. Si le Fils s'incarne et assume l'humanité dans sa personne, c'est pour élever cette humanité à la communion d'amour dont vivent les personnes divines et pour faire rejaillir sur nous cet amour qui circule éternellement entre elles. L'amour en source, la Trinité, veut nous faire entrer dans son orbite d'amour.

Dès qu'on a entrevu la lumière issue du mystère d'amour des personnes divines, de ce réseau d'amour qui les relie entre elles, on commence à soupçonner les profondeurs de l'amour qui, par l'Incarnation et la Nativité, scelle l'union de la divinité et de l'humanité. La mission du Christ est de nous entraîner dans le courant d'amour de la vie trinitaire.

Oui, quand Dieu, en Jésus Christ, entre dans notre histoire et se fait enfant, l'avenir se fait pour nous, advient dès maintenant. C'est aujourd'hui le lieu de l'accomplissement de nos vies. «Le Verbe s'est fait chair et il a habité parmi nous» (*Jn* 1, 14). En termes simples, nous pouvons dire: «Dieu est venu chez nous pour que nous allions chez lui.» Je vais vous préparer une place pour vous prendre avec moi, lit-on encore dans saint Jean (*Jn* 14, 3). Lui, le transcendant, le tout Autre, s'est fait si proche de nous, dit l'Apôtre, que nous l'avons entendu, que nous l'avons vu de nos yeux, que nous l'avons touché de nos mains (*1 Jn* 1, 1).

Le sens de la Nativité, c'est l'accomplissement du dessein de Dieu de nous faire partager sa vie. Il est venu partager la nôtre pour que nous partagions la sienne, mais dans une économie de *révélé-caché*.

Parce qu'il y a dans l'histoire plus que l'histoire, Dieu y est entré dans la personne de son Fils. À partir du moment où Dieu se fait homme, ce n'est pas l'homme qui se fait Dieu, mais l'homme qui se dirige vers Dieu. Depuis l'Incarnation du Fils, l'homme n'en finit plus de grandir jusqu'à sa pleine stature de Fils de Dieu.

Il y a un lien entre Noël et la résurrection. À la Nativité, nous contemplons Dieu caché dans la fragilité humaine: mais alors, quel avenir pour nous si le Fils se fait l'un de nous, s'il partage notre vie et notre mort! Car, à l'autre bout de la courbe, il y a la résurrection. Quel avenir pour nous si, dans l'humanité du Christ, notre humanité est assumée, glorifiée, transfigurée! Le dessein de Dieu qui veut nous associer à sa vie commence d'advenir aujourd'hui. Cet enfant, c'est nous qui commençons notre croissance. L'éternel entre dans le temps pour que nous entrions dans l'éternité. À Noël, le mystère porte sur la divinité cachée dans l'humanité. À la résurrection, il porte sur notre humanité cachée en Dieu. «Ce que nous serons n'a pas encore été manifesté» affirme saint Jean (*1 Jn* 3, 2). Et, cependant, l'inimaginable est assuré. Nous ne pouvons penser à l'enfant de la Nativité sans penser à l'enfant de Dieu qui grandit en nous.

La merveille des merveilles, c'est que Dieu veuille nous entraîner dans cet océan d'amour qu'est sa propre vie. Seul Dieu peut concevoir un tel inconcevable! Saint Paul, dans l'épître aux Éphésiens, déployant les richesses de cet amour, est ébloui par cette stupéfiante économie de notre élection et de notre vocation de fils de Dieu, d'enfants de la famille trinitaire. Devant cette surabondance d'amour inaugurée par l'Incarnation et la Nativité, saint Paul ne peut que balbutier et répéter comme dans un refrain incantatoire: «à la louange de la gloire de sa grâce».

6

De Noël à l'Épiphanie
Les voies qui mènent à Dieu

Avec l'Épiphanie s'achève le cycle de Noël. Dans un regard rétrospectif sur les mystères de cette période liturgique, nous observons que tous ceux et celles qui ont été appelés à participer au plus grand événement de l'histoire, à savoir la naissance du Fils de Dieu selon la chair, ont d'abord reçu un appel de Dieu, puis, par des voies différentes, avec un commun dénominateur de docilité et de fidélité, tous ont trouvé Jésus et Marie.

La voie du devoir d'état

Il y a d'abord la voie des bergers, qui représentent la voie du devoir d'état, des tâches quotidiennes, des gestes indéfiniment repris. Les bergers sont des gens simples, pas malins, pas finauds, pas savants, mais des «petits», qui sont fidèles à la Loi et qui accomplissent leur devoir de bergers: garder les moutons, les conduire d'un pâturage à l'autre, les protéger. Dieu les invite par un signe approprié à leur condition: une grande clarté dans le ciel. Dociles, ils se dirigent vite vers Bethléem pour voir ce qui est arrivé. «Ils y allèrent en hâte et trouvèrent Marie, Joseph et le nouveau-né couché dans la mangeoire» (*Lc* 2, 16). Il leur est donné de voir ce que les prophètes ont annoncé et n'ont point vu. C'est à ces humbles, à ces tout-petits que le Seigneur s'est d'abord révélé. Plus tard, il dira: «Je te loue, Père, Seigneur du ciel et de la terre, d'avoir caché cela aux sages et aux intelligents et de l'avoir révélé aux tout-petits» (*Mt* 11, 25). Cette joie, l'une des plus vives du Christ, lui vient de ce que l'économie du salut favorise ceux et celles qui ne se renferment pas dans leur suffisance, mais se reconnaissent «en besoin de salut». Ces pauvres deviennent riches du don de Dieu, tandis que les riches meurent de froid dans le ghetto de leur orgueil.

La voie de l'intériorité

La seconde voie est celle des âmes qui vivent dans la prière ou la souffrance: la voie de l'intériorité, du recueillement, de l'union à Dieu; la voie des âmes qui ont le sens de Dieu, le goût de Dieu. Attentives à la voix de l'Esprit, elles en perçoivent les moindres motions. C'est la voie de Jean-Baptiste, d'Anne et de Siméon. De Siméon, il est dit: «Cet homme était juste et pieux, il attendait la consolation d'Israël et l'Esprit Saint était sur lui. Il lui avait été révélé par l'Esprit Saint qu'il ne verrait pas la mort avant d'avoir vu le Christ du Seigneur» (*Lc* 2, 25-26). De son côté, la prophétesse Anne ne quittait pas le Temple, «participant au culte nuit et jour par des jeûnes et des prières» (*Lc* 2, 37). Dieu les appelle par une motion de l'Esprit. Dociles à cette grâce intérieure, le Christ leur est révélé comme «lumière pour la révélation aux païens» (*Lc* 2, 32). L'homme charnel ne voit que chair; l'homme spirituel découvre Dieu. «Mes yeux ont vu ton salut» dit Siméon (*Lc* 2, 30), la «gloire d'Israël». Ces âmes intérieures savent découvrir, sous les apparences de ce fragile enfant, le salut du monde. Plus tard, le Christ dira: «Celui qui m'aime sera aimé de mon Père et à mon tour, moi je l'aimerai et je me manifesterai à lui» (*Jn* 14, 21). Aux âmes intérieures qui vivent dans le recueillement habituel, le Christ donne une connaissance de Dieu et de ses mystères qui surpasse celle des savants.

La recherche sincère de la vérité

Les mages représentent la voie de ceux et de celles qui cherchent la vérité par les chemins de la science. Les mages étudient les astres. Hommes de recherche, soumis au réel, ils cherchent la vérité du monde. Dieu se manifeste à eux par un signe approprié: un astre inexpliqué dans le ciel. Eux aussi, dociles à une motion intérieure, ils se mettent en route. Après beaucoup de fatigue et d'épreuves, «ils virent l'enfant avec Marie, sa mère», et ils reconnaissent en cet enfant le Roi des Juifs (*Mt* 2, 11). Celui qui cherche la vérité la trouve. Mais cette voie de la science est souvent plus longue, remplie de traverses. Il faut à ces âmes beaucoup de courage, de probité, d'humilité dans la recherche. Pensons à E. Stein, H. Newman, A. Carrel.

Tous ont trouvé Jésus

Tous ont été invités par la grâce. Un trait commun rassemble ces trois groupes: tous ont été dociles, disponibles, à l'écoute de la Parole. Des mages seuls il est dit: «ils éprouvèrent une très grande joie» (*Mt* 2, 10), récompense de leur long et pénible itinéraire vers Dieu. Tous ont trouvé Marie, le grand exemple de l'absolue disponibilité à la volonté de Dieu. Tous ont reçu le don de Dieu par Marie. Du premier *Fiat* a surgi la lumière de la création; du *Fiat* de Marie a surgi la Lumière des nations, le salut du monde. Quand Dieu trouve en nous ce terrain fertile de la disponibilité, il opère des merveilles.

7

Le «Fiat» de Marie

L'impact de la foi

Sur le oui, le *Fiat* de Marie, Vatican II a un très beau texte: «Le Père des miséricordes a voulu que l'Incarnation fût précédée par une acceptation de la part de Marie [...] La Vierge de Nazareth est saluée par l'ange de l'annonciation [...] comme pleine de grâce. Au messager céleste, elle fait elle-même cette réponse: "Voici la servante du Seigneur, qu'il en soit de moi selon ta parole." Ainsi Marie, fille d'Adam, donnant à la Parole de Dieu son consentement, devint mère de Jésus et, épousant à plein cœur, sans que nul péché ne la retienne, la volonté divine de salut, elle se livra elle-même intégralement, comme la servante du Seigneur, à la personne et à l'œuvre de son Fils, pour servir, dans sa dépendance et avec lui, au mystère de la rédemption [...] Marie a apporté au salut des hommes, non pas simplement la coopération d'un instrument passif aux mains de Dieu, mais la liberté de sa foi et de son obéissance» (LG 56). Le nœud de la désobéissance des hommes s'est dénoué par l'obéissance de Marie.

Du «Fiat» de la création au «Fiat» de la re-création

Lorsque a retenti le Fiat de la première création, la volonté de Dieu s'est imposée comme un Absolu; mais une fois qu'il a créé des personnes, des libertés, Dieu accepte jusqu'au bout le risque du consentement ou du refus, même lorsque l'enjeu est celui d'un projet qui engage le salut de l'humanité. L'événement de l'Incarnation et de la Rédemption est lié au oui de la petite servante du

Seigneur. Au Fiat de la première création répond le Fiat de la seconde création, mais cette fois il passe par la médiation de Marie.

À ce oui est accroché le salut de chacun de nous. Un monde nouveau s'inaugure; une nouvelle Alliance s'établit, car en Jésus la grande présence de Dieu habite parmi nous. Désormais, rien de plus important ne peut arriver.

Marie, chef-d'œuvre de l'éducation de Dieu

Il a fallu des millions d'années pour préparer l'habitacle de l'homme: notre planète. Il a fallu des milliers d'années pour préparer la demeure de Dieu parmi les hommes: Marie. La préparation a été longue, car il fallait «apprivoiser» l'humanité, «l'accoutumer» au style de vie que Dieu avait conçu pour l'homme: vivre de sa vie, avec lui, à jamais.

Tout ce qui a été annoncé par les prophètes, tout ce qui a été accompli dans l'âme de Rachel, de Judith, de Rébecca, de Ruth, de Sara, vient de se parfaire en Marie. En elle, toute vallée est comblée, toute colline est nivelée.

En elle, le JE SUIS de Dieu, face au chétif *je suis* de l'homme, atteint un sommet d'expérience indépassable. Laissé à lui-même, l'homme veut toujours ajouter une coudée à sa taille, espérant un jour se substituer à l'Absolu de Dieu. Pour Marie, au contraire, il n'existe qu'une seule Réalité, démesurée, infinie: Dieu est. Lui seul est le Tout-Puissant, lui seul est Saint. Pour elle, il suffit que Dieu soit Dieu. Pur reflet de Dieu, pleine reconnaissance de ce qu'elle est, riche de tout ce qu'elle reçoit, elle peut accueillir Dieu.

En Marie, l'éducation de Dieu a pleinement réussi. Elle est la fleur du «petit reste» des fidèles de l'Ancien Testament. Dieu a trouvé une créature selon ses vœux, une Épouse fidèle, toute disposée à accueillir le don de Dieu. Les temps sont accomplis. Celui qui doit venir peut venir! En Marie, tout est pureté, transparence, intégrité, fidélité, foyer de lumière irradiée de Dieu.

Le «Fiat» de Marie

Au moment où tout semblait perdu dans un monde dévoyé, dépravé, pourri par le péché, Dieu fait irruption dans l'histoire de l'humanité pour la soulever, la tirer à lui et l'introduire au mystère de sa vie. Il «intervient», mais par quelles voies étranges! Il prend chair et langage d'homme en naissant d'une vierge, issue d'un peuple méprisé. Marie devient mère de Jésus et mère de Dieu.

Quand elle soulève Jésus dans ses bras de mère, par elle en vérité le Christ soulève le monde.

L'incroyable de cette immense aventure, c'est qu'elle est suspendue à la réponse de Marie. Certes, c'est Dieu qui a l'initiative de l'invitation, mais c'est Marie qui répond, et librement. Son cœur pourtant s'interroge: «Comment Dieu peut-il s'adresser à la plus petite d'entre les femmes?» Elle ne comprend pas, elle ne sait pas par quelles voies, où et jusqu'où Dieu la conduira. Mais elle se fie à Dieu. Parce qu'elle est toute docilité, toute disponibilité, tout audience et tout accueil, toute humilité et vérité, elle se déclare «servante du Seigneur». Pour le «futur», elle s'en remet à Dieu — tout comme autrefois Abraham prêt à sacrifier son fils pour obéir au mystérieux Absolu, en qui il reconnaît le Maître de l'histoire et de la vie.

C'est ce *Fiat* de Marie qui en fera la mère de Dieu et de l'humanité nouvelle.

Au début, ce oui de Marie est un oui global: il comporte une grâce d'ignorance sur les détails du projet de Dieu: un peu comme le oui de tout être face à l'existence qui s'ouvre devant lui, avec tous ses imprévus, source de peine autant que de joie.

C'est en vivant au jour le jour son *Fiat* du début que Marie en a découvert et compris peu à peu toutes les implications. Il a fallu à Marie les années de l'enfance, de la vie publique, de la passion et de la mort de Jésus, pour mesurer l'ampleur et l'impact de son oui de petite servante. Mais une chose n'a pas changé, du début à la fin: c'est l'attitude intérieure. De l'annonciation à la passion, le oui de Marie a été un consentement de foi et d'amour au dessein de Dieu sur elle. Élisabeth la proclame «bienheureuse», parce qu'elle *a cru* en l'accomplissement de «ce qui lui a été dit de la part du Seigneur» (*Lc* 1, 45).

Marie représente ce que l'Art de Dieu a produit de plus sublime avec la nature humaine. Par sa foi en Dieu jusqu'aux ténèbres de la passion, elle s'associe à l'agonie de son Fils détaché de toute volonté propre, «coupé» de tout et de tous, obéissant jusqu'à la mort de la croix, mais tourné vers le Père, indéfectiblement uni à lui, dans un *Fiat* librement proféré dans l'horreur de la nuit. Les apôtres trahissent, renient, lâchent, fuient: Marie seule reste fidèle, brisée, broyée comme nulle créature n'a pu l'être, mais attachée à son Fils par un *fiat* ininterrompu.

Le Fiat de Marie et celui de nos vies

Marie, si grande soit-elle, reste l'une d'entre nous. Fille de la race humaine, elle est «de notre côté», mais elle nous oriente vers Dieu, comme «l'étoile de la mer».

Nous sommes souvent de grands indociles, toujours tentés d'écrire notre histoire sans Dieu, alors que Marie a laissé Dieu écrire l'histoire de Dieu dans sa vie. Ce qui nous est demandé, c'est de nous laisser «embarquer» dans le projet de Dieu sur nous, comme Marie, par un oui inconditionnel, total, sans poser de questions sur le détail, qui viendra à son heure. Ce qui nous est demandé, même dans les moments de ténèbres, face à la falaise abrupte et sans issue, c'est le consentement à la volonté de Dieu, à l'exemple du Christ en agonie et de Marie devant l'échec de son Fils.

En nous y appliquant, nous pouvons comprendre une parole, un ordre. Mais devant l'épreuve, l'injustice, l'incompréhension, le rejet, la maladie, la mort, nous nous sentons dépassés, nous sommes «criblés» et sans défense. Job dit: «Je ne sais pas pourquoi je souffre.» Avant de crouler, nous sommes invités à dire: «Je ne sais pas pourquoi je suis sauvé par la mort de l'Innocent. Mais si je crois à l'Amour du Crucifié, pourquoi douter de son amour quand je ne comprends pas?» C'est au moment de l'échec accepté, du renoncement à nos vues propres pour entrer dans les voies de Dieu, obscures, incompréhensibles, pour nous attacher au Christ, pour nous fier à lui sans réticence ni doute, que nous entrons dans la plénitude de notre vocation de fils et de fille du Père.

Tout le drame de notre vie consiste en cela: dire à Dieu un oui sans réserve. Notre vie sera plénitude ou faillite, selon que nous nous «précipiterons» en Dieu avec le Fiat de Marie, ou selon que nous choisirons de nous engouffrer en nous, murés à jamais. Dieu sait mieux que nous les chemins qui nous conviennent, même si à nos yeux il prend les virages un peu brusques, jusqu'à nous en faire perdre le souffle.

Seigneur, «que ta volonté soit faite», répétons-nous. Marie s'est abandonnée de tout le poids de son être à la Parole de Dieu: «Me voici». Elle magnifie le Seigneur qui a daigné se servir de son néant pour réaliser un projet où l'Amour abonde et surabonde: engendrer en chacun de nous un fils, avec un esprit de fils, à l'image de son Fils.

8

La fidélité de Marie

La fidélité au cours des âges

Chaque époque privilégie certaines valeurs. Ainsi, au moyen âge, la fidélité était la valeur suprême: le vassal était fidèle à son seigneur, et celui-ci à son roi. Le chevalier était fidèle à sa dame et se faisait un point d'honneur de ne jamais manquer à la parole donnée. Être traité de «félon» était la pire injure. Ainsi, dans *La Chanson de Roland*, Ganelon est le type du «félon», car il a été infidèle à son maître en le faisant tomber dans l'embuscade de Ronceveaux.

Dans l'Ancien Testament, Yahvé se définit comme le *Dieu fidèle*: fidèle à l'élection, à son Alliance avec Israël, puis avec David; fidèle à ses promesses de salut, sans cesse rappelées par les prophètes. Dieu ne ment pas, ne se reprend pas; sa parole est fidèle à jamais, comme lui-même, en dépit des infidélités accumulées d'Israël et de ses chefs. Les prophètes qui précèdent l'exil (Amos, Michée, Osée, Isaïe) sont les gardiens et les défenseurs de l'Alliance. Leur prédication est un appel à la fidélité, mais parce qu'Israël est infidèle aux conditions de l'Alliance, leur parole prononce le plus souvent des condamnations et annonce des châtiments. Trahison, infidélité au Dieu fidèle: tel est le plus grand péché d'Israël.

La fidélité, une valeur galvaudée

Notre époque tient aussi à certaines valeurs: droits de la personne, notamment droit à la liberté de conscience; droit à la libre organisation de sa vie et de son travail; droit à l'autodétermination des peuples, au respect de leurs frontières; droit à la justice devant l'oppression et la violence, etc.

Nous sommes aussi pleinement conscients que l'Église d'Occident compte des foyers de fidélité chrétienne d'une qualité de vie si engagée, si inventive, qu'il faut proclamer à leur sujet: «C'est du jamais vu!» D'autre part, nous devons constater que, dans ce concert des valeurs, la fidélité est une denrée bien rare, voire disparue. En revanche, nous pouvons dénombrer les médailles d'or, tristement placées sous le signe de la décadence: du taux de natalité, toujours plus bas, au taux de suicide, toujours plus élevé, et d'avortement; du mariage au divorce; de la cohabitation juvénile à l'union libre; de la drogue à la pornographie et à la délinquance; de l'autorité à la contestation systématique; de la foi à l'incroyance, puis aux sectes et à l'indifférence; de l'amour authentique à la jouissance égoïste sous ses formes les plus perverties; de la parole donnée au mensonge et à l'hypocrisie. Le cortège n'en finit plus.

Mais le fait le plus grave de cette situation est *qu'il n'existe, au niveau de la collectivité, aucune prise de conscience aiguë de cet état de décadence*, à l'exemple du prodigue de l'Évangile qui rentre en lui-même pour scruter l'abîme de sa misère et amorcer le retour vers la maison de son père.

À ce point, et avant qu'il ne soit trop tard, ne serait-il pas urgent de lever les yeux, ne fût-ce qu'un instant, vers la plus grande *experte en fidélité*: Marie?

Marie, vierge fidèle

Dans ce contexte d'infidélité de notre société, la fidélité de Marie nous apparaît comme une valeur si galvaudée que nous ne concevons même plus ce qu'elle est, et encore moins quelle sublimité elle représente. Marie, en effet, est la fidélité de la créature essentiellement fidèle: à Dieu, au Christ, à l'Église, aux hommes, à savoir, ces lieux précisément où notre infidélité prolifère à un rythme accéléré.

a) Fidélité à Dieu. — Marie a vécu et grandi dans une famille fidèle à l'écoute de la Parole de Dieu que l'on sait toute-puissante, efficace: une parole qui demeure et qui ne revient jamais sans résultat (*Is* 55, 10-11). Si Dieu est Dieu, c'est qu'il échappe à nos variations. On ne saurait douter ni de lui ni de ses voies. Or, ce Dieu a promis par les prophètes un messie, un sauveur, un salut, compris dans une vision toujours plus englobante, plus universaliste. Plus que personne, Marie, pleine de grâce, est apte à comprendre l'urgence de ce salut.

Quand les temps sont accomplis, le Dieu du salut intervient dans la vie de Marie, brusquement, tout comme dans le cas d'Abraham, de Moïse, d'Amos, de Paul et de Pierre: c'est à Marie, qui avait renoncé à toute maternité selon la chair, qu'il demande de devenir la mère du Sauveur. L'Esprit la couvrira de son ombre et elle engendrera un fils qui sera saint. Marie ne comprend pas, mais sa fidélité inconditionnelle s'abandonne à l'absolue fidélité de Dieu.

b) Fidélité au Christ. — Marie a été fidèle au Christ, comme nulle mère ne saurait l'être. Ses rares paroles, que nous ont conservées les Évangiles, nous laissent percevoir, comme par l'entrebâillement d'une porte, l'intense fidélité de son attachement à Jésus.

Après le récit de la naissance de Jésus et la visite des bergers à Bethléem, Luc observe: «Quant à Marie, elle retenait tous ces événements et les méditait dans son cœur» (*Lc* 2, 19). Plus tard, quand elle perd son enfant, lors d'une visite à Jérusalem, elle retrouve Jésus au Temple, au milieu des docteurs: elle comprend, aux paroles de Jésus, que son fils ne lui appartient pas entièrement, qu'il a une mission à remplir dont elle ne pénètre pas encore le mystère.

Durant la vie publique, quand la foule qui entoure Jésus vient lui dire: «Voici que ta mère et tes frères sont dehors; ils te cherchent», elle entend la réponse de Jésus: «Quiconque fait la volonté de Dieu, voilà mon frère, ma sœur, ma mère» (*Mc* 3, 32-35). Sans abolir les liens de la famille, la volonté de Dieu les intègre et les subordonne. Au cours de ses déplacements, Marie suit Jésus, certes, mais sans chercher à le garder pour elle. De plus en plus discrète, elle s'efface.

Jean encadre la vie publique de Jésus entre deux scènes mariales: à Cana et au Calvaire. À Cana, Marie n'a qu'une parole pour les serviteurs: «Quoi qu'il vous dise, faites-le» (*Jn* 2, 5). Au moment de la crucifixion, Marie est là. La mère et le Fils, l'une et l'autre crucifiés (*Jn* 19, 25), et dans un silence plus puissant que toute parole, car c'est le silence de l'Amour qui se donne jusqu'à l'extrême de l'amour.

c) Fidélité à l'Église. — Après les événements de la passion et de la résurrection, les *Actes* nous disent que les apôtres se tiennent réunis à Jérusalem: «Tous, unanimes, étaient assidus à la prière, avec quelques femmes dont Marie, la mère de Jésus» (*Ac* 1, 14). Marie préside à la naissance de l'Église. En disant à Marie: «Voici ton fils» et à Jean: «Voici ta mère» (*Jn* 19, 26-27), Jésus proclame la maternité spirituelle de Marie à l'égard des croyants représentés par Jean. Désormais, Marie soutient l'Église dans sa croissance, tout comme elle le fit pour Jésus. Fidélité que l'Église reconnaît en la proclamant ouvertement Mère de Dieu, immaculée dès sa conception et glorifiée dans son corps, comme le Christ. Fidélité attestée aussi par des milliers de cathédrales et de sanctuaires élevés en son honneur; reconnue surtout et confirmée par la fondation ininterrompue d'ordres et de communautés qui vivent de son esprit.

d) Fidélité aux hommes. — Aujourd'hui, comme hier et toujours, nous reconnaissons la fidélité de Marie à l'humanité que Jésus lui a confiée en mourant. «Souvenez-vous, disons-nous à Marie, qu'on n'a jamais entendu dire qu'aucun de ceux qui ont eu recours à votre protection, ait été abandonné.» Et plus souvent encore: «Sainte Marie, Mère de Dieu, priez pour nous, pauvres pécheurs, *maintenant* et *à l'heure de notre mort*», les deux moments les plus importants de notre vie, car c'est en eux que s'opère notre rencontre avec Dieu.

Nous ne formons tous, avec le Christ, qu'un seul et même Corps. Le Christ est la Tête de ce Corps, et nous en sommes les membres. Marie, mère du Christ et mère des hommes, continue son œuvre d'éducation en chacun des membres du Corps mystique. Elle était toujours avec Jésus; elle est toujours avec nous. Elle ne nous quitte jamais. Parfois, comme furtivement, elle intervient pour nous rappeler sa présence toujours active: elle intercède pour nous, surtout pour nous inviter à la conversion. Dans son encyclique, *Le Pèlerinage de Lourdes* (1957), Pie XII observe: comme au temps de Jésus, et comme Jésus, «la Vierge nous invite, au nom de son divin Fils, à la conversion du cœur et à l'espérance du pardon». En 1982, un groupe de théologiens luthériens, réunis en congrès à Dresden, déclaraient que nul — protestant ou catholique — ne saurait ignorer le message de paix que Dieu nous adresse par Marie, comme grâce ultime de salut offert au monde.

Cette invitation constante de Marie à la fidélité à Dieu et au Christ si souvent refoulé ou trahi, comme aussi, la fidélité à soi-même, est de nature à faire réfléchir même les esprits les plus superficiels. Notre société est-elle disposée à entendre ce message de la plus dramatique gravité?

9

L'amour donné et perpétué: l'eucharistie

Le Jeudi saint — «Faites ceci en mémoire de moi» (*Lc* 22, 19) —, avec la Cène, le lavement des pieds et la passion toute proche, nous entrons au cœur du mystère du Christ, à savoir le mystère de cet amour inouï, stupéfiant, qui fait de notre Dieu un Dieu crucifié.

Jésus «aima les siens jusqu'à l'extrême»

Après avoir aimé les siens qui étaient dans le monde, nous dit saint Jean, Jésus les «aima jusqu'à l'extrême» (*Jn* 13, 1). Car Dieu est Amour, nous dit encore l'Apôtre: il est l'Amour en visibilité (*1 Jn* 4, 8-9).

C'est cet amour de Dieu pour les hommes que Jésus est venu nous dire et répéter, prêchant et parcourant villes et villages de Galilée, jusqu'à s'exténuer. Mais les hommes n'ont pas compris l'amour de Dieu. L'Amour n'est pas aimé! C'est alors que vient le moment des grands gestes: le pain rompu, le lavement des pieds, la passion et la croix. La messe du Jeudi saint évoque les deux premiers de ces gestes ultimes. Par l'eucharistie, le Christ *dispose de lui-même*; dans le lavement des pieds, il *révèle ses dispositions intimes.*

Dans l'Épître, saint Paul rappelle les gestes et paroles de Jésus pour corriger des abus qui se sont glissés dans les repas eucharistiques de l'Église de Corinthe. Il y a, chez les Corinthiens, des divisions, des inégalités, des manques de partage avec les pauvres:

tout cela dénature la communauté et fait de l'eucharistie un mensonge. En effet, rompre le pain, partager la coupe, c'est communier au corps et au sang du Christ, c'est proclamer la mort du Christ toujours présente et toujours active. Il y a des contradictions entre la conduite des Corinthiens et le sérieux des gestes qu'ils posent. Comment peuvent-ils oublier ainsi les exigences d'une Alliance conclue dans le sang de Jésus? Auraient-ils oublié ce qu'ils sont devenus dans le Christ? Qu'ils s'éprouvent eux-mêmes!

Pour rappeler aux Corinthiens le sérieux des repas eucharistiques, saint Paul évoque les gestes et paroles de la dernière Cène, qu'il a reçus d'une tradition qui remonte au Seigneur lui-même.

L'amour donné et perpétué: l'eucharistie

La Cène, c'est le repas d'adieu du Seigneur marchant vers la mort: le dernier don de son amour, comme aussi la promesse du Royaume à venir, avec l'espérance d'une nouvelle communauté de table, au dernier jour.

«Ceci est mon corps donné pour vous.» Le pain que Jésus donne à manger, c'est son corps, c'est-à-dire, pour la mentalité juive, c'est lui-même tout entier, livré à la mort à notre place et à la place de tous les hommes. Le Serviteur de Dieu est livré à la mort, mais plus véritablement encore il se livre, il se donne lui-même activement. Quand le Seigneur nous présente le pain de son corps, nous sommes nourris du salut qu'il nous a acquis en se livrant lui-même à notre place.

La coupe du vin est la coupe de la nouvelle Alliance ou, plus précisément, la coupe d'une Alliance tout à fait nouvelle, d'un nouveau statut de l'humanité, qui fait de tous les hommes des fils de Dieu en Jésus. Boire à la coupe de cette Alliance établie par le sang de Jésus, c'est participer au monde nouveau inauguré par sa mort: un monde d'union et de communion à Dieu par l'amour gravé en nos cœurs.

Quand Jésus dit: «Faites ceci en mémoire de moi», il ne veut pas seulement qu'on se le rappelle, lui, par le souvenir, si ému soit-il: c'est l'action de Jésus, dans sa totalité — gestes et paroles — qui doit être commémorée. Il s'agit de commémorer un événement, toujours présent et toujours actif comme oblation sacrificielle. La Cène est à la fois repas et oblation, mort sacrificielle.

Enfin, le geste de Jésus est une action prophétique. Ce dernier repas de Jésus avec les Douze, qui figurent les douze tribus d'Israël, est son dernier repas sur terre, avant le repas pascal du monde à venir, alors que Jésus ressuscité sera présent et boira de nouveau à la coupe du festin.

Pour l'instant, Jésus dispose de lui-même et se donne: il institue le rite par lequel sera perpétuée, au long des siècles, l'oblation qu'il fait *aujourd'hui* et qui sera *consommée demain.* Sans la Cène, la mort du Christ eût été quand même un vrai sacrifice, mais la croix eût été sans mémorial. L'oblation du Christ au Père, cette oblation qui résume toute sa vie et lui donne tout son sens, ne serait pas apparue comme présente à tous les hommes, coextensive à tous les siècles, avec son efficacité signifiée chaque jour de tous les temps. La croix est sacrifice, mais l'eucharistie est à la fois sacrifice et sacrement, sacrement du sacrifice.

Un Dieu serviteur: le lavement des pieds

L'Évangile de la messe contient aussi le récit du second geste de l'amour de Jésus: un geste en apparence moins profond, mais en apparence seulement, car il révèle les dispositions intimes de Jésus et le sens ultime de sa vie.

Saint Jean nous dit que Jésus, en plein repas, et non pas au début, comme on pourrait s'y attendre, «commence à laver les pieds de ses disciples». Ce service était d'ordinaire confié à un esclave. Jésus, celui que saint Jean présente comme le Maître et Seigneur, comme Celui qui vient de Dieu et retourne à Dieu, Jésus assume ce service. Délibérément, il se baisse, s'abaisse pour laver les pieds de ses disciples, de tous ses disciples, y compris de Judas, qui s'apprête à le trahir. Rencontre de la haine et de l'amour, de la lumière et des ténèbres, lutte décisive entre le Christ et Satan.

Ce geste manifeste que lui, le Christ, le Fils à qui le Père a tout remis, assume délibérément, parmi les hommes, la condition de serviteur: tout entier à leur disposition; Serviteur souffrant dont parle Isaïe, livré pour le salut de tous; Serviteur obéissant jusqu'à la mort de la croix, dont parle saint Paul aux Philippiens; Serviteur toujours à notre disposition, toujours donné, livré dans l'eucharistie et sur la croix. Le Mystère qui nous est révélé, c'est que Dieu, dans le Christ, est un Dieu serviteur: au service des hommes. Sa vie, c'est de servir jusqu'à ce service suprême qui consiste à sauver les autres au prix de sa propre vie.

Le geste de Jésus introduit une véritable révolution dans la mentalité des hommes. Le Christ ne cesse pas d'être Maître et Seigneur, mais son autorité est celle du service. Le pouvoir est accordé, non pour dominer, non pour opprimer, mais pour servir. «C'est un exemple que je vous ai donné: ce que j'ai fait pour vous, faites-le vous aussi.» Un exemple, hélas! que les humains n'ont pas encore assimilé. En se révélant, c'est nous-mêmes et le sens de notre vie que Jésus révèle à nous-mêmes. Nous aussi, nous n'avons de sens que si notre vie est au service des autres: à la disposition, à la merci des autres, jusqu'au don de la vie, s'il le faut. Servir le Christ, servir les autres, c'est tout un, et ce service passe toujours par la croix.

Dans l'Évangile de Luc 12, 37, il est dit que le Seigneur, lorsqu'il viendra et trouvera des serviteurs fidèles, les fera asseoir à sa table et les servira lui-même, serviteur de tous. Dans sa vie glorieuse comme dans sa vie terrestre, toujours la même image: un Dieu en service. «C'est un exemple que je vous ai donné.»

La passion nous dira jusqu'où peut aller l'Amour: un amour fou, sans mesure, un espace sans route ni frontières, celui de l'Amour infini.

10

Le Christ transfigure la mort

Après la Cène et le lavement des pieds, la passion et la croix consomment le don que Jésus a déjà fait de lui-même.

Il a déjà été «livré» aux mains des hommes, aux mains des païens, aux mains des pécheurs. Le Père aussi «livre» son Fils, mais par amour: «Dieu, en effet, a tant aimé le monde qu'il a donné son Fils, son unique [...] pour que le monde soit sauvé par lui» (*Jn* 3, 16-17). Mais quel étrange contraste entre Dieu qui «livre» par amour, et les hommes qui «livrent» par haine et par jalousie! Ici s'accomplit ce qu'Abraham n'a pas eu à faire. Dieu «sacrifie» son Fils en le livrant aux hommes. Mais, en même temps, le Christ, par amour du Père et par amour des hommes, accepte la disposition du Père et la fait sienne: lui-même «se livre», de sorte que l'action des hommes reste subordonnée à celle du Père et du Fils.

Le silence de la croix, sommet de la révélation

Jésus a aimé les siens jusqu'à l'épuisement de sa vie, jusqu'au silence de la croix. Et, pourtant, ce silence de Jésus est le sommet de sa révélation, issue des profondeurs de la vie trinitaire.

Durant sa vie publique, souvent Jésus se retirait seul pour prier (*Mc* 1, 35; *Mt* 14, 23): n'était-ce pas pour se retrouver dans cette intimité d'amour, dans ce silence qui l'unit au Père, car il est la Parole éternellement proférée par le Père? Dans le silence qui suit son cri de mourant et se prolonge le vendredi et le samedi saints, le Christ est plus que jamais Parole du Père, en état d'obéissance et d'amour.

En apparence, pour nous, Dieu ne parle plus à travers la parole humaine de son Fils. Mais, en réalité, ce silence est déjà la victoire du Christ sur le péché et sur la mort. L'amour trinitaire, issu du silence, pour dire en paroles humaines l'amour du Père pour ses fils, s'épuise dans le silence de la mort qui crie encore l'amour de Dieu pour nous, jusqu'à devenir mort parmi les morts, compagnon de tous les mourants. Le silence de la mort n'est donc pas impuissance de la Parole, mais silence de la Parole d'obéissance à l'amour.

Ce silence prolongé signifie que le Christ partage vraiment notre condition humaine jusque dans la mort authentique et en apparence sans retour possible à la vie.

La mort, sens de la vie

Le silence de la mort, comme don de sa vie, c'était l'ultime parole que le Christ pouvait prononcer. Alors, tout est dit, tout est consommé. Quand Dieu a donné son Fils, et quand le Fils a donné sa vie, et quand le corps de Jésus est vidé de son sang, il n'y a vraiment plus rien à dire: il n'y a plus qu'à adorer la croix qui nous sauve.

Mais quel mystère que ce salut par la mort! En apparence, Jésus a vécu notre mort dans tout ce qu'elle a de menaçant, de ténébreux; dans tout ce qu'elle représente de brisure, d'angoisse, de désarroi, d'impuissance totale. Jésus a connu une mort de solitude complète, de souffrances corporelles atroces, d'humiliations indicibles, d'échec total. Rien de ce que la mort représente d'anéantissement de l'existence humaine ne lui fut épargné.

Or voici que le Christ, sans nier la mort, la transfigure et lui donne un sens inattendu, dépassant toute intelligence. La mort, dans le Christ, devient l'expression suprême de la soumission, de l'abandon à Dieu. Au moment où le péché des hommes atteint le comble et crucifie le Juste, le trois fois Saint, la mort devient étreinte de l'amour du Fils qui se livre au Père. L'amour atteint le comble, car Jésus maintient jusqu'au bout son Alliance avec le Père: «Mon Dieu, c'est toi». Par son étreinte d'amour dans la mort, Jésus passe de la mort à la vie même de Dieu. La mort lui ouvre le chemin du Dieu vivant qui ressuscite les morts. Désormais, le salut, la vie, la résurrection passent par la mort et par la croix: c'est le trait le plus déconcertant, le plus inouï de la mort chrétienne.

Il ne nous reste plus qu'à contempler, qu'à adorer le bois de la croix, qui a porté le salut du monde. Venez, adorons: comme Marie, qui est là!

Joseph d'Arimathie et Nicodème apportent le linceul des hommes, pendant que le Père et sa créature, la Nuit, apportent le linceul de la création. Cette nuit, ce linceul de la création, Charles Péguy l'a chanté dans une poésie qui est davantage une prière:

Le linceul de la Nuit et le linceul des hommes

Ô douce, ô grande, ô sainte, ô belle nuit...
Ô Nuit, tu me rappelles cette nuit.
Et je me la rappellerai éternellement.
La neuvième heure avait sonné. C'était dans le pays
de mon peuple d'Israël.
Tout était consommé. Cette énorme aventure...
Ne parlons plus de cela. Ça me fait mal.
Cette incroyable descente de mon fils parmi les hommes,
chez les hommes.
Pour ce qu'ils en ont fait...
Ces trois jours où il fut une victime chez les hommes,
parmi les hommes.
Ces trois nuits où il fut un mort chez les hommes,
parmi les hommes morts...
Tout était consommé, cette incroyable aventure par laquelle,
moi, Dieu, j'ai les bras liés pour mon éternité.
Cette aventure par laquelle mon Fils m'a lié les bras,
Pour éternellement liant les bras de ma justice,
pour éternellement déliant les bras de ma miséricorde.
Et contre ma justice inventant une justice même.
Une justice d'amour. Une justice d'espérance. Tout était consommé.
Ce qu'il avait fallu. Comme mes prophètes l'avaient annoncé...
La terre avait tremblé; des rochers s'étaient fendus.
Des sépulcres s'étaient ouverts...
Et environ la neuvième heure mon Fils avait poussé le cri
qui ne s'effacera point. Tout était consommé.
Les soldats s'en étaient retournés dans leurs casernes,
riant et plaisantant parce que c'était un service de fini...

Seul un centurion demeurait, et quelques hommes:
Un tout petit poste pour garder ce gibet sans importance,
La potence où mon Fils pendait.
Seules quelques femmes étaient demeurées,
La Mère était là.
Et peut-être aussi quelques disciples,
et encore on n'en est pas bien sûr.
Or tout homme a le droit d'ensevelir son fils.
Tout homme sur terre, s'il a ce grand malheur
De ne pas être mort avant son fils. Et moi seul, moi Dieu...
Moi seul à cette minute père après tant de pères,
Moi seul je ne pouvais pas ensevelir mon fils.
C'est alors, Ô Nuit, que tu vins...
et dans un grand linceul tu ensevelis
Le Centurion et ses hommes romains,
La Vierge et les saintes femmes,
Et cette montagne, et cette vallée, sur qui le soir descendait,
Et mon peuple d'Israël et les pécheurs et ensemble celui qui mourait,
qui était mort pour eux,
Et les hommes de Joseph d'Arimathie qui déjà s'approchaient
Portant le linceul blanc.

(Charles Péguy, «Le Porche du mystère de la deuxième vertu», dans *Œuvres poétiques de Charles Péguy*, La Pléiade, Paris, 1957, p. 166-168.)

11

Le pécheur face à la croix

Au questionnement de l'homme sur le problème du péché, Dieu ne propose pas de réponse philosophique: sa réponse, c'est le visage crucifié de son Fils. Sans la croix, Dieu reste de son côté, et nous, de l'autre. Mais, par la croix, Dieu se met du côté des victimes, des dégradés, des torturés, des pécheurs de tout nom. La foi chrétienne tient ou croule devant ce regard: «Dieu [...] que ton visage s'éclaire et nous serons sauvés» (*Ps* 80, 4).

À ce sujet, on connaît l'entretien dramatique, décrit par G. Bernanos dans *Le journal d'un curé de campagne*, entre ce dernier et la châtelaine du village, laquelle ayant perdu son enfant en bas âge, vit dans la haine et la révolte contre Dieu. Elle en veut à Dieu.

Le curé, timidement, ose lui parler de résignation. «Si je n'étais pas résignée, réplique la princesse, je serais morte.» À peine conscient de ce qu'il dit, le curé poursuit: «On ne marchande pas avec Dieu, il faut se rendre à lui sans condition. Donnez-lui tout, il vous rendra plus encore.» Farouche, la comtesse s'écrie: «S'il existait quelque part en ce monde ou dans l'autre un lieu où Dieu ne soit pas, [...] j'y emporterais mon [...] petit mort et je dirais à Dieu: satisfais-toi, écrase-nous!» Le curé pensait aux sanglots, aux râles de tous les éprouvés, de tous les torturés de l'humanité. Il dit: «Madame, si notre Dieu était celui des païens ou des philosophes, il pourrait se réfugier au plus haut des cieux, notre misère l'en précipiterait. Mais vous savez que le nôtre est venu au-devant. Vous pouvez lui montrer le poing, lui cracher au visage, et finalement le clouer sur une croix, qu'importe? Cela est déjà fait, ma fille [...] L'enfer, c'est de ne pas aimer.»

Alors, à bout de forces, épuisée par une lutte intérieure qui dure depuis onze ans, la comtesse se rend. D'un geste rapide, elle jette au feu la mèche blonde des cheveux de son petit qu'elle conservait dans un médaillon en témoignage contre Dieu. Elle venait de rencontrer l'innocence absolue injustement défigurée, et soudain son cœur s'était fissuré. Dans le regard du Crucifié, elle avait retrouvé la paix. La nuit suivante, la comtesse mourait, brisée sans doute par l'agonie qu'elle avait vécue, mais réconciliée avec l'Amour. Deux cœurs brisés sous le même pressoir, mais l'amour l'avait emporté sur la haine.

La loi suprême du monde, ce n'est pas une loi cosmologique, mais celle d'un mystérieux dialogue entre la liberté de l'homme, à laquelle est donnée la possibilité d'avoir le dernier mot, et la liberté de Dieu dont le dernier mot n'est pas un discours, mais un acte, une *passion*, qui nous découvre jusqu'où va le péché, mais en même temps jusqu'où va l'amour. Au lieu de rencontrer de la résistance, l'homme ne rencontre que des bras étendus. Pour désarmer nos révoltes, Dieu propose une surabondance d'amour. Le Christ en croix réussit à mettre dans le monde plus d'amour qu'il n'y aura jamais de haine. La croix nous entraîne dans un univers situé au-delà de toute justice, dans l'univers de l'Amour, mais d'un *Amour-tout-autre*, qui est mystère, parce qu'il est à la mesure de Dieu. Si le mystère du mal est indéchiffrable, celui de l'amour de Dieu l'est encore bien davantage: «Les grandes eaux ne pourraient éteindre l'Amour et les fleuves ne le submergeraient pas» (*Ct* 8, 7).

La croix, c'est l'ultime tentative de l'amour pour dissoudre la haine, pour démanteler l'égoïsme, pour *décrucifier* Dieu. Mais qu'y a-t-il donc entre Dieu et nous pour provoquer un tel excès d'amour? Il n'y a d'autre réponse que celle-ci: la possibilité en nous d'un amour à naître, d'un être nouveau à engendrer, à jamais libre et libéré, d'un fils qui dit *oui* à l'amour de Dieu qui veut l'introduire dans la vie trinitaire. La croix, c'est le Christ invitant les hommes à se remettre entre les mains du Père, comme des fils et des filles qu'il a conçus dans l'amour. Le sens de la vie, c'est d'accueillir cette incroyable alliance de l'Amour avec notre cœur.

12

Pâques, fête de la vie

La résurrection, la seule vraie nouvelle

Avec la résurrection, l'histoire «a fait le plein» du salut. Le Crucifié est désormais le Vivant à jamais. La vie a triomphé de la mort: une vie qui ne passera pas. Réjouissons-nous! Le Christ est ressuscité! Et la vie, qui a transformé le corps du Christ pour le glorifier, emporte dans un même mouvement nos corps mortels, et la création entière. Durant tout le temps pascal, l'Alleluia ne cesse de retentir à tout propos. Durant la messe de Pâques, entre l'épître et l'évangile, et à la fin de la messe, retentit le triple *alleluia* en des modulations qui mettent à l'épreuve les meilleures voix. Exultez! Réjouissez-vous! Le Christ est vraiment ressuscité, premier-né d'entre les morts, et nous ressusciterons avec lui! L'allégresse de Pâques se propage dans le temps et dans l'espace.

Remarquons que l'évangile ne fait plus allusion, directement du moins, au baptême, rattaché à la veillée pascale. Toute l'attention est portée sur le Christ ressuscité, vivant et apparu: à sa mère, sans doute, puis à Marie-Madeleine et aux saintes femmes, fidèles jusqu'à la croix, jusqu'à l'ensevelissement, jusqu'à l'aube de Pâques. Par une délicatesse exquise, les premiers témoins de la résurrection de Jésus, ce sont des femmes et non des hommes, dont le courage, à l'exception de Jean, s'est borné à trahir, à renier et à fuir!

Si le Christ est ressuscité, si la mort débouche sur la vie, il faut en conclure que c'est tout le sens de la vie qui est changé; c'est toute l'histoire de l'humanité qu'il faut ré-orienter; c'est notre mort elle-même qui cesse d'être une chute vers le néant, pour devenir une course vers la vie. Telle est la Bonne Nouvelle, la seule nouvelle qui mérite la manchette de tous les journaux, la seule nouvelle qui mérite d'être crue: «Vous êtes destinés à la vie éternelle.» Nous en sommes témoins, clament et proclament les apôtres.

La résurrection, mystère d'amour

On peut interpréter la résurrection diversement: en clé de rédemption, en clé de fondement de la foi, en clé d'amour. En dernière analyse, croyons-nous, c'est l'amour qui éclaire le mieux la résurrection.

Dans l'Évangile de Jean surtout, à partir du chapitre 12, à mesure que nous approchons de Pâques, le climat est celui d'une intimité croissante, de plus en plus chaleureuse, empreinte d'amour: souper d'adieu, entretien suprême qui s'ouvre sur les mots: «Mes petits enfants»; puis, c'est la promesse de l'Esprit, la prière de Jésus pour que l'amour du Père soit en chacun, comme le Fils est dans le Père. En ressuscitant, le Christ fonde la communauté d'amour: «Je ne vous laisse pas seuls! Je pars, mais je vous envoie mon Esprit: il vous consolera, il vous parlera de moi, il vous soutiendra, il fera de vous mes témoins par toute la terre.»

Mais si Dieu est Amour, si le Mystère pascal s'achève par l'envoi de l'Esprit d'amour, il faut évacuer une certaine vision du christianisme qui a dominé l'Occident durant des siècles (à vrai dire du XIIIe au XXe siècle): une vision qui a remplacé la résurrection par la passion, l'amour par la peur de l'enfer, qui a bloqué la vue du Dieu Amour, riche en miséricorde, Père plus que juge, ressuscité pour nous associer à sa vie. Le résultat de cette vision a été l'éloignement de milliers de fidèles d'une Église qui a véhiculé une caricature de Dieu, du Christ et de son œuvre. Non, Dieu est Amour, ne cesse de répéter saint Jean: un amour exigeant sans doute, mais, en ressuscitant, le Christ veut nous associer à sa vie sainte, non comme des robots, non comme des esclaves asservis et apeurés, mais comme des fils et des filles engendrés par l'amour, accueillant librement une alliance de fils avec un Dieu Père. «Là où le péché a proliféré, la grâce a surabondé» (*Rm* 5, 20). Telle est la vérité du Mystère que rien ne pourra supprimer.

Nous sommes promis à la vie éternelle

Si le Christ est ressuscité, c'est toute notre vision de la caravane humaine qu'il faut changer! Les mass media, et nous avec eux, pensent qu'avec la guerre nucléaire, avec les armements chimiques et bactériologiques, toute notre planète est menacée d'anéantissement, et qu'avec sa disparition c'en est fait de nous et de l'univers. Pareille vision est en flagrante contradiction avec celle de saint Paul: «Du moment que vous êtes ressuscités avec le Christ, recherchez ce qui est en haut, là où se trouve le Christ [...]; c'est en haut qu'est votre but, non sur la terre» (*Col* 3, 12). À la suite de saint Paul, le cardinal Lustiger, de Paris, au Synode de 1985, rappelait à notre humanité prise de panique, de peur viscérale, que même si notre planète devait éclater, rien n'est fini, car notre vie est en Dieu. Notre vie n'est pas liée à la planète Terre, mais au Christ. En termes contemporains, mais comme saint Paul, il disait: «N'ayez pas peur! Les hommes ne sont pas condamnés à l'anéantissement, car Dieu nous a appelés à vivre pour toujours! À travers la mort, vous êtes promis à la vie, vous êtes promis à Dieu. Osez croire à la Parole qui seule peut arracher notre planète aux aveuglements et aux folies des hommes! Les cultures, les civilisations sont mortelles, et vont mourir. Mais croyez à l'*Amour*. L'Amour seul demeure éternellement. L'homme est destiné à la communion avec Dieu: ce Don est pour vous! Prenez-le!»

Vision du monde «à l'endroit»

Si le Christ est ressuscité, si nous sommes appelés à partager sa vie, c'est toute notre vie personnelle qui doit changer de sens: il nous faut tout réviser. Nous disons, devant le réel quotidien: Pourquoi tant d'innocents nés pour souffrir? Pourquoi ces exterminations massives? Pourquoi ces tortures? Pourquoi cette marée noire et gluante du péché? Pourquoi ce non-sens de la vie? Si le Christ n'est pas ressuscité, nous avons raison de questionner et de crier au scandale. Saint Paul le dit plus brutalement encore: «Si Christ n'est pas ressuscité, notre prédication est vide et vide aussi votre foi [...] Il se trouve même que nous sommes de faux témoins de Dieu, car nous avons porté un faux témoignage en affirmant que Dieu a ressuscité le Christ alors qu'il ne l'a pas ressuscité [...] Dès lors, ceux qui sont morts en Christ sont perdus. Si nous avons mis notre espérance en Christ pour cette vie seulement, nous sommes les plus à plaindre de tous les hommes. Mais non! Christ est ressuscité des morts, prémices de ceux qui sont morts. Tous les jours, je suis exposé à la mort. [...] Si les morts ne ressuscitent pas, mangeons et buvons, car demain nous mourrons. [...] La mort a été engloutie dans la victoire. Mort, où est ta victoire? [...] Rendons grâce à Dieu, qui nous donne la victoire par notre Seigneur Jésus Christ» (*1 Co* 15, 12-57).

Telle est la vérité de Pâques sur la vie et sur la mort. Si nous pensons que notre vie finit avec la mort, nous voyons le monde «à l'envers». La vie a un sens, les souffrances ont un sens, parce que la mort débouche sur la vie. L'essentiel de notre vie, c'est la *vie éternelle* qui vient, qui est déjà présente, mais encore cachée, dit saint Paul. La vie présente nous prépare à mûrir pour la vie éternelle. L'avenir du monde, comme l'avenir de chacun et chacune de nous, c'est la vie éternelle, alors que tout sera «redimensionné» et que, finalement, nous verrons le monde *à l'endroit*; alors que toute justice sera rétablie, que toute vérité éclatera, que toutes les pensées du cœur seront à découvert. La passion sans la résurrection, la mort sans la vie éternelle, c'est une absurdité, et surtout un mensonge. La vérité, c'est que notre mort, comme celle du Christ, est une mort pour la vie.

Témoins du Ressuscité

Ce sens de la vie et de la mort, en raison du Christ vivant et ressuscité: telle est la Bonne Nouvelle, la seule Nouvelle qu'il faut crier aux hommes et aux femmes de notre temps qui se livrent aux charlatans et aux brocanteurs d'ésotérisme, plutôt que d'écouter Celui qui est la Parole, la Voix, la Vérité et la Vie. Saint Pierre s'écrie: «Nous [les apôtres] sommes témoins de toute son œuvre sur le territoire des Juifs comme à Jérusalem. Lui qu'ils ont supprimé en le pendant au bois, Dieu l'a ressuscité le troisième jour, et il lui a donné de manifester sa présence, [...] à nous qui avons mangé avec lui et bu avec lui après sa Résurrection d'entre les morts. Enfin, il nous a prescrit de proclamer au peuple et de porter ce témoignage: c'est lui que Dieu a désigné comme juge des vivants et des morts; le pardon des péchés est accordé par son Nom à quiconque met en lui sa foi» (*Ac* 10, 30-43).

Évidemment, ce rôle de témoins du Ressuscité appartient en premier lieu aux apôtres. Eux seuls ont vécu avec le Christ tous les jours, ont été ses commensaux. À cet égard, nul ne peut les remplacer, car nul ne peut rivaliser avec eux dans la connaissance du Christ. Et, pourtant, Vatican II et le Synode sur les laïcs redisent maintes fois que tous et chacun de nous devons être témoins du Christ dans le monde d'aujourd'hui, par notre vie, nos attitudes, nos propos. Le témoin du Christ est celui qui vit de la foi au Ressuscité, qui a illuminé et transformé sa propre vie. Il vit les mêmes réalités que tous les autres hommes, mais à la lumière que leur confère la résurrection: il marche de renouveau en renouveau, de printemps en printemps, propulsé par l'Esprit. Voir quelqu'un qui vit de l'Évangile, parce qu'il y a trouvé le sens de sa vie, n'est pas un spectacle banal. Pensons à mère Teresa dont la présence anime et transforme tous ceux et celles qu'elle rencontre. Encore faut-il ne pas avoir honte de témoigner! Comme les apôtres, au milieu d'un monde hostile et païen: «Nous ne pouvons pas ne pas parler.» Aurions-nous honte de dire que seul le Christ est la clé de l'énigme de la condition humaine? Si nous ne sommes pas, dans notre milieu, la lumière du monde, à quoi servons-nous? Si nous croyons au Christ ressuscité, que notre allégresse s'exprime et soit contagieuse comme un cri de victoire.

13

L'Église, projet de Jésus Épouse et Corps du Christ

Dès le début, Vatican II, dans sa Constitution sur l'Église, présente celle-ci comme «le signe et le moyen de l'union intime avec Dieu et de l'unité de tout le genre humain» (LG 1). L'Église est sacrement du Christ, signe visible de l'amour de Dieu. Et pourtant, s'il est une réalité difficile à présenter aujourd'hui, c'est bien l'Église. À cet égard, les critiques de l'après-Concile ressemblent étrangement à celles de l'avant-Concile. En 1977, dans *Le christianisme va-t-il mourir*, Jean Delumeau accusait l'Église-institution d'avoir fait peur, d'avoir dominé par la peur plutôt que par l'amour. Pourtant, il n'y voyait pas un motif de pessimisme, mais une leçon pour l'avenir; il faut revenir, concluait-il, à l'Esprit du Christ et à son Évangile.

Après le Concile, l'Église a connu une période d'euphorie, mais de courte durée. Nombreux, en effet, sont les chrétiens qui estiment que l'élan donné par le Concile s'est épuisé. Toutes les attitudes préconciliaires refont surface. La morosité de la société envahit l'Église et refoule l'espérance.

Et pourtant, c'est bien cette Église que le Concile présente comme signe d'amour avec Dieu et d'amour entre les hommes: elle reste instrument de salut et nous ne cessons de proclamer qu'elle est sainte (LG 8. 10. 48). Mais le Concile ajoute aussitôt que «l'Église, qui enferme des pécheurs en son propre sein, est à la fois sainte et appelée à se purifier, et poursuit constamment son effort de pénitence et de renouvellement» (LG 8).

Projet ecclésial de Jésus

L'Église est à la fois Mystère et Événement de l'histoire, tout comme la révélation et tout comme la résurrection. Or, l'un des points les plus graves de la crise qui affecte actuellement l'Église porte sur son existence même comme projet de Jésus. Sans proposer ici une démonstration exhaustive, il devient important de grouper en faisceau tous les signes qui nous autorisent à parler d'une fondation de l'Église comme répondant à un authentique projet de Jésus. Au numéro 5 de LG, Vatican II dit «que le mystère de l'Église se manifeste en sa fondation» et que Jésus est «son fondateur»: c'est le «Seigneur Jésus qui donna naissance à son Église». Et le Concile énumère les éléments fondateurs qui constituent «le germe et le commencement du Royaume sur terre» (LG 5).

Ces éléments fondateurs ont été repris sous forme de séquence progressive dans un document de la Commission théologique de 1985 publié dans *Gregorianum* (63 [1986] 413-424). La Commission résume en dix points les étapes du processus de fondation de l'Église:

1. Les promesses de l'Ancien Testament sur le Peuple de Dieu, promesses qui sont présupposées dans la prédication de Jésus, conservent toute leur force.

2. L'appel à la conversion et à la foi lancé à tous les hommes.

3. La vocation, l'institution et la mission des Douze comme signe du futur rétablissement du véritable Israël.

4. L'importance du nom de Simon-Pierre et sa position prééminente dans le cercle des Douze, avant et après Pâques.

5. Le rejet de Jésus, de la part d'Israël, et la rupture entre le peuple juif et les disciples de Jésus.

6. Le fait que Jésus, en instituant la Cène et en affrontant sa passion et sa mort, ne cesse de prêcher l'Alliance universelle qui s'établit par le don de sa vie pour le salut de tous les hommes.

7. La restauration, grâce à la résurrection du Seigneur, de la communauté établie entre Jésus et ses disciples, comme aussi l'introduction, après Pâques, de la vie proprement ecclésiale.

8. L'envoi de l'Esprit Saint qui fait de l'Église une authentique création de Dieu.

9. La mission vers les païens (Grecs et Romains) et la constitution de l'Église des Gentils.

10. La rupture définitive entre le véritable Israël et le judaïsme.

Le texte de la Commission théologique conclut ainsi: «Aucune étape, prise isolément, n'est entièrement significative, mais toutes ensemble font voir de façon évidente que la fondation de l'Église doit s'entendre comme un processus historique, comme le devenir de l'Église, à l'intérieur de l'histoire de la révélation.» La Constitution sur l'Église, au numéro 2, souligne ce processus historique de la fondation de l'Église: «Tous ceux qui croient au Christ, le Père a voulu les appeler à former la sainte Église qui, commencée en figures dès l'origine du monde, merveilleusement préparée dans l'histoire du peuple d'Israël et dans l'ancienne Alliance, s'est manifestée grâce à l'effusion de l'Esprit Saint et, au terme des siècles, se consommera dans la gloire» (LG 2).

La commission ne prétend pas qu'il y a volonté expresse de Jésus d'établir tous les éléments institutionnels de l'Église, tels qu'ils se sont développés par la suite, mais elle précise que «le Christ avait conscience de sa mission salvifique et que celle-ci comportait la fondation de l'Église, c'est-à-dire la convocation de tous les hommes dans la famille de Dieu». L'histoire du christianisme tire sa subsistance, en fin de compte, de l'intention et de la volonté de Jésus de fonder son Église.

Ainsi le Christ est fondateur de l'Église, assise vivante de l'Église comme réalité de l'histoire et comme mystère de transcendance.

Les images de l'Église

Mais quand il s'agit de proposer ce mystère de transcendance et d'immanence, l'Église, tout comme l'Écriture elle-même, doit faire appel à des figures qui, sous des formes variées, nous manifestent la nature intime de l'Église.

• *Peuple de Dieu* — Parmi toutes ces images, le Concile, après hésitation, a adopté l'image de *Peuple de Dieu* comme image privilégiée et fondamentale: une image qui a ses avantages, comme aussi ses limites.

En parlant de l'Église comme Peuple de Dieu, on a voulu, dès le début, écarter toute conception d'une Église abstraite, intemporelle, séparée des hommes et des femmes qui la constituent, et à l'abri de tout péché. L'image de Peuple de Dieu souligne que l'Église n'existe pas sans les hommes. Elle met aussi en relief plusieurs aspects importants.

Le Peuple de Dieu, dans l'Ancien Testament, c'est la communauté des esclaves libérés du joug égyptien et devenus libres, désormais groupés et unis par l'Alliance. Dans le Nouveau Testament, c'est la communauté des baptisés. L'expression souligne cette égalité fondamentale de tous les hommes qui dérive du baptême. Le Peuple de Dieu, déclarent les évêques, précède la hiérarchie. Tous les membres de ce Peuple sont élus et saints par vocation, disciples et frères. Du point de vue œcuménique et pastoral, il était important de mettre au premier plan de l'Église la communauté des baptisés dans le Christ.

L'image souligne encore l'initiative de Dieu. Dans l'Ancien Testament, Israël n'existe qu'en vertu d'une initiative gracieuse et décisive de Dieu. Il est littéralement «créé de rien». Il en va de même de l'Église, le nouveau Peuple que le Christ s'est acquis par son sang et sa mort. C'est toujours Dieu qui, en Jésus Christ, choisit, convoque, sauve, sanctifie.

L'image du Peuple de Dieu souligne aussi la continuité historique du plan de salut. Parler du Peuple de Dieu, c'est évoquer toutes les étapes de la vie de ce Peuple: ses infidélités et les fidélités de Dieu. Après la rupture de l'Ancienne Alliance, Dieu promet une Nouvelle Alliance, définitive, avec des dons nouveaux. Yahvé suscitera un Peuple nouveau, avec un esprit et un cœur nouveaux. L'Église est ce nouveau Peuple de Dieu, qui travaille au rassemblement de tous les peuples.

Enfin, l'image du Peuple de Dieu souligne l'aspect eschatologique de l'Église. L'Église est un peuple de pèlerins, une caravane. Elle ne saurait «s'installer» ici-bas: elle est en transit. Parce qu'il est en route, ce Peuple est soumis aux vicissitudes du temps: il est défaillant, pécheur; il a constamment besoin de pénitence et de réforme. Depuis l'Exode, le Peuple de Dieu grogne, murmure, est infidèle. Mais l'aspect eschatologique souligne aussi que l'Église s'achemine vers un terme qui sera son repos, sa joie. Elle trouvera son éternelle demeure.

Au temps du Concile, tous les théologiens n'étaient pas d'accord pour donner à l'image du Peuple de Dieu tout le relief que lui donne la Constitution sur l'Église. Von Balthasar, par exemple, faisait observer qu'on mettait trop en veilleuse les images de Corps et d'Épouse du Christ, qui sont énumérées parmi les autres, alors qu'elles sont beaucoup plus au cœur du mystère de l'Église. Effectivement, saint Paul, dans l'*Épître aux Éphésiens* (5, 21-33), fusionne les deux images de Corps et d'Épouse. L'amour du Christ pour l'Église est comme l'amour de l'époux pour son épouse qu'il aime comme son corps. Saint Paul définit l'Église dans sa corporéité et sa nuptialité. Von Balthasar souligne justement que l'image de l'Église, Peuple de Dieu, pour suggestive qu'elle soit, est loin d'épuiser la richesse du mystère de l'Église.

• *Corps du Christ* — En effet, sous la Nouvelle Alliance, le statut de l'Église s'exprime par l'image du Corps du Christ. Depuis l'union de la nature divine à la nature humaine par l'Incarnation, et depuis la passion et la résurrection du Christ, l'Église est le Corps du Christ. L'image du *Corps du Christ* exprime l'élément christologique et spécifique de l'Église du Nouveau Testament, par rapport à l'élément générique qu'exprime l'image de Peuple de Dieu qui, elle, traverse les deux Testaments.

Dire que l'Église est le Corps du Christ signifie qu'une même vie circule dans la Tête et dans tous les membres de cet organisme. Par le baptême et l'eucharistie, nous sommes incorporés au Christ, un avec lui. L'Esprit qui vivifie et sanctifie l'Église lui est donné non seulement parce qu'elle est le Peuple de Dieu, mais parce qu'elle est le Corps du Christ, et parce que c'est un même Esprit qui anime tout le Corps: la Tête et les membres (LG 7). Rien ne saurait tarir ni contaminer la source de vie qui ne cesse de vivifier le Corps du Christ, car cette source est Dieu même.

• *Épouse du Christ* — C'est pour épouser l'humanité, pour ne faire avec elle qu'une seule chair que le Fils de Dieu s'est incarné et que, par l'eucharistie, le Christ se fait nourriture de son Épouse, chair de sa chair. Cette dernière image exprime un certain nombre d'aspects aptes à éclairer le paradoxe péché-sainteté de l'Église.

L'image de l'Épouse souligne d'abord l'initiative de Dieu. C'est lui le premier qui a aimé et choisi son Épouse. Il l'a trouvée blessée, abandonnée, baignée dans son sang. Il a pansé ses blessures, il l'a guérie. Il l'a purifiée et embellie. Il lui est resté fidèle en dépit de ses infidélités. Les Pères de l'Église parlent de cette Épouse comme de la *casta meretrix*, d'une prostituée dont le Christ a fait une vierge chaste. L'Épouse ne doit jamais oublier son ancienne condition.

L'image souligne en outre, plus que l'image du Peuple de Dieu, le caractère interpersonnel des relations entre Dieu et son Église. Elle souligne encore le caractère de liberté dans l'amour et de réciprocité dans le don. À l'amour d'initiative de Dieu doit répondre l'amour de l'Église: que serait en effet un amour sans retour?

Cette brève considération sur les images de l'Église autorise deux conclusions:

- L'Église inclut un élément *horizontal*, c'est-à-dire des hommes et des femmes, des croyants, des baptisés, mais elle inclut aussi des éléments *verticaux*, à savoir le Christ, Tête du Corps, Pasteur du Peuple, Époux de l'Épouse, et l'Esprit du Christ qui ne cesse de vivifier et de sanctifier le Corps tout entier. Oublier ces éléments verticaux pour réduire l'Église aux seuls hommes que nous sommes, à la seule institution visible, serait évacuer l'élément spécifique de l'Église et réduire celle-ci à un groupement humain. L'Église, c'est nous, certes, femmes et hommes pécheurs, mais avec le Christ, Tête, Chef, Époux, et avec son Esprit, principe de vie surnaturelle et de sainteté.
- Dans chaque image, on aura noté un aspect d'initiative, de vocation, d'appel, de sanctification active qui vient de Dieu. Et, d'autre part, un aspect de libre réponse à cette initiative et à cet appel. Le Peuple de Dieu est invité à être fidèle au Dieu saint et à son Alliance. Les membres du Corps collaborent entre eux et avec la Tête. L'Épouse est invitée à répondre à l'amour de son Époux. La sainteté d'initiative appelle une sainteté de réponse. La communion au Dieu saint, au Christ, appelle un style de vie conforme à une vocation si haute.

Sainteté de vocation et sainteté de réponse

Pour «redimensionner» les critiques soulevées contre l'Église sur le rapport péché-sainteté de l'Église, il importe d'avoir à l'esprit cette distinction entre sainteté de vocation, de la part de Dieu, et sainteté de réponse, de la part de l'homme. Il convient aussi de distinguer entre le *mystère* de l'Église et *l'image* qu'elle présente au monde.

a) Sainteté d'appel, de vocation — Si l'Église existe et se maintient, c'est par grâce et par la puissance de Dieu.

L'Église est née d'un projet de Dieu qui a voulu, par le Christ, introduire les hommes dans le mystère d'amour des personnes divines. Il a voulu faire de tous les hommes et de toutes les femmes un seul Peuple de Dieu, un seul Corps, et il a voulu que l'élément d'unité et de cohésion de ce Peuple et de ce Corps soit cet Esprit même par lequel le Père aime le Fils, et par lequel le Père et le Fils s'aiment et se donnent mutuellement. Bref, Dieu a voulu étendre à l'humanité les rapports de la vie trinitaire elle-même. Dans ce dessein, l'Église a été constituée, dit la Constitution sur l'Église (LG 9), «l'instrument de la rédemption de tous les hommes». Comme institution de salut, l'Église dépend donc de Dieu et de son initiative toute gratuite. Elle est sainte, d'abord en vertu de cette initiative personnelle de Dieu qui lui confère l'existence comme institution de salut. Cette sainteté est inaliénable, inamissible.

Ce Peuple a été appelé à la sainteté par l'Évangile, puis consacré et sanctifié par le baptême. Ce Peuple a d'abord été convoqué par la *parole*. «C'est moi, dit saint Paul aux Corinthiens, qui, par l'Évangile, vous ai engendrés en Jésus Christ» (*1 Co* 4, 15). Avant d'être une communauté baptismale et eucharistique, l'Église est une communauté convoquée par la parole. De plus, ce Peuple est consacré à Dieu. Par le baptême, chaque chrétien reçoit l'empreinte indélébile de cette consécration. Celle-ci est le sceau de l'appartenance au Christ: signe du Dieu fidèle et sans repentance dans ses dons. Tout le Peuple chrétien est indéfectiblement consacré à Dieu. C'est là l'événement originel de la sainteté (LG 40). Par le baptême, chaque membre est devenu membre saint du Peuple saint du Dieu saint. Le Christ, dans un perpétuel aujourd'hui, purifie et sanctifie chacun des membres de son Corps.

Cette Église, purifiée dans chacun de ses membres par le baptême, est en outre constamment sanctifiée par le Christ et son Esprit. Nous avons déjà souligné que l'Église doit être envisagée dans sa totalité, c'est-à-dire dans ses éléments horizontaux (la communauté des baptisés) et verticaux (le Christ et son Esprit). Or, l'unité qui fait des chrétiens un seul Corps ne vient pas d'eux. Le principe d'unité qui constitue l'Église comme société de grâce et de salut (sinon elle ne diffère pas des sociétés humaines) est proprement divin. C'est le Christ, par le baptême dans sa mort, qui fait des hommes et des femmes les membres de son Corps, et c'est lui encore, par son Esprit, qui les anime, les vivifie, les sanctifie. Il y a, en effet, dans l'Église, plus que ses membres: il y a leur vie, leur communion et les moyens de l'assurer. Or tout cela vient du Christ et de son Esprit. Quand on parle de l'Église, il faut donc inclure l'influx permanent et divin que toute la communauté des baptisés, pasteurs et fidèles, reçoit du Christ et de son Esprit (LG 4).

Cet influx sanctificateur qui vient du Christ et de son Esprit, et qui est proprement le principe vital de l'Église, ne peut se corrompre, ni périr. Or, l'Église est spécifiquement l'Église, institution surnaturelle de salut, par cette vie qui ne cesse de jaillir en elle, de la purifier, de la sanctifier. Cet influx vital appartient à l'essence de l'Église: c'est pourquoi la sainteté est l'élément décisif de l'Église, et non le péché. Ce qui caractérise l'Église, c'est cette vie intarissable qui jaillit du Christ et de son Esprit. Des membres, par le péché, peuvent se soustraire à ce courant de vie, mais ils ne sauraient en tarir ou contaminer la source. Péché et sainteté n'ont donc pas le même rapport à l'Église.

b) Sainteté de réponse — De la part de Dieu, du Christ, rien ne manque: l'appel, l'Évangile, le baptême, l'Esprit de sainteté. Tout a été offert, tout a été donné. Mais à cette initiative aimante doit correspondre, de la part des hommes, une sainteté de réponse, qui sera celle d'êtres libres, non de robots; une réponse de fils, et non d'esclaves.

Parlons d'abord de la sainteté de l'Église comme collectivité, comme nouveau Peuple de Dieu. Il s'agit ici d'un mystère de grâce au plan de la communauté ecclésiale. Si les hommes étaient seuls à constituer l'Église, le péché de ses membres, comme un cancer, finirait par envahir tout l'organisme et par le faire périr. Mais le Christ, par sa passion, sa mort et sa résurrection, a mérité à l'Église de ne jamais trahir totalement son Époux. L'Esprit, dans le Nouveau Testament, a été donné à l'Église, non comme un don épisodique, mais permanent, et cette puissance divine empêche la communauté ecclésiale d'être totalement infidèle au Christ, son Époux, et à la mission reçue de lui. Parce que l'Église est à jamais l'Épouse et le Corps du Christ, sa fidélité est un don qui ne lui sera jamais enlevé.

Cette grâce de fidélité est l'analogue, sur le plan moral, du charisme d'infaillibilité sur le plan doctrinal. De même que le Christ préserve l'Église d'errer loin de sa Parole, de même il la préserve d'une totale infidélité. Les individus peuvent pécher, mais Dieu protège son Peuple de l'infidélité totale. Aussi peut-on dire que si, dans l'Église, erreur et vérité coexistent, comme péché et sainteté, c'est la vérité et la sainteté qui sont les marques distinctives de l'Église. Car le même Esprit qui témoigne du Christ et empêche l'Église de trahir sa Parole empêche aussi l'Église de trahir l'amour de son Époux. Cela veut dire aussi, concrètement, que l'Église ne cessera jamais de produire des fruits de sainteté, des saints et des saintes, et qu'il n'y aura jamais d'apostasie totale.

La sainteté de l'Église est une sainteté de *convertis* et de *pardonnés*. L'Église ne saurait afficher une sainteté triomphante, car elle est un Peuple purifié de son péché par les eaux du baptême. Elle est toujours sous le coup de l'appel à la perfection pour être digne de son Époux, mais elle a toujours besoin de pardon. C'est pourquoi l'Église ne cesse de réciter le *Pater*, le *Confiteor* et le *Miserere*. Dans l'aveu même de ses faiblesses, l'Église apparaît meilleure que son péché. Ce que les membres de l'Église ont de meilleur, c'est l'aveu de leur non-sainteté. Le sacrement de la réconciliation est la concrétisation d'une Église qui reconnaît la perpétuelle nécessité de sa conversion.

L'Église est sainte d'une sainteté de *tension*. C'est la dialectique du *déjà* et du *pas encore*. Vatican II parle d'une sainteté réelle, mais imparfaite (LG 8). L'Église a constamment besoin de se purifier. La sainteté de réponse doit tendre sans cesse à se «proportionner» à la sainteté de vocation reçue au baptême. La sainteté de l'Église comporte moins d'extases et de ravissements que de patience, de reprise, de nouveaux départs, avec quelques haltes sur les sommets. D'autre part, l'Église vit dans l'espérance, car le Christ a vaincu le péché et la mort; il a acquis à son Église la possibilité efficace de la sainteté.

La preuve en est que l'Église, dans une portion de ses membres, est sainte, et d'une sainteté conquise durant son pèlerinage terrestre. En vertu de cette sainteté, commune ou héroïque, l'Église est sainte d'une réalisation partielle, sans doute, mais réelle.

Dieu a été fidèle à ses promesses. Et c'est ici que le culte des saints prend tout son sens. Dieu, en vérité, a donné son Esprit; en vérité, il a changé le cœur de l'homme en cœur filial; en vérité, il a sanctifié les hommes. Les saints témoignent que le salut est vraiment accompli. Le Christ nous a donné un Esprit capable de susciter la libre réponse de l'homme à l'Amour infini de Dieu. L'Esprit d'amour a vraiment sanctifié la terre.

Mystère et image de l'Église

Si nous voulons échapper aux malentendus, comme aux ambiguïtés du paradoxe péché-sainteté de l'Église, il importe de bien distinguer le *mystère* de l'Église et l'*image* qu'elle projette d'elle-même face aux hommes et aux femmes d'aujourd'hui.

Il est vrai que l'Église comme Peuple de Dieu se compose d'hommes et de femmes qui sont pécheurs, d'une façon ou d'une autre, et qu'elle a constamment besoin de pardon et de pénitence: en ce sens elle est pécheresse. Mais en parlant ainsi, nous risquons de mettre entre parenthèses les éléments verticaux de l'Église, comme si le Christ et l'Esprit étaient en dehors de l'Église. S'il n'y a pas d'Église sans hommes, il est encore plus vrai de dire qu'il n'y a pas d'Église sans le Christ et l'Esprit Saint. Ce qui spécifie l'Église comme institution surnaturelle, c'est son principe de vie. Or, le péché ne saurait détruire ce principe. En dépit de l'infidélité de ses membres, l'Église demeure sacrement de salut, c'est-à-dire source intarissable de sainteté et de sanctification. Quand l'homme pèche, il se soustrait à l'action vivifiante de ce principe de vie, mais il n'a pas prise sur lui. La sainteté et le péché n'entretiennent donc pas à l'égard de l'Église un rapport identique. Tandis que la sainteté appartient à l'essence de l'Église, le péché en est la *mal-essence* (H. Küng). C'est la sainteté qui est l'élément décisif de l'Église: c'est pourquoi nous disons: «Je crois en l'Église sainte.» Au point de vue dogmatique, il vaut donc mieux ne pas parler simplement de l'Église pécheresse ou de l'Église des pécheurs, car on met ainsi de côté la sainteté qui lui vient du Christ et de son Esprit, et on passe sous silence la sainteté réalisée, commune ou héroïque. Il vaudrait mieux sans doute parler de la sainte Église des pécheurs.

D'autre part, on ne saurait nier que l'Église soit une communauté visible, dont le témoignage assume une forme, non seulement personnelle, mais aussi communautaire. La qualité des membres de cette communauté affecte la qualité de l'image qu'elle présente au monde.

Si cette communauté vit de l'Évangile reconnu comme valeur suprême, elle affirme du même coup l'emprise sur elle du Christ et de sa Parole. Lorsque la plupart des membres d'une communauté vivent de l'Évangile et de son esprit, il en résulte une image fidèle au Christ et à son Esprit. Dans ce cas, le témoignage rendu par chacun des membres se nourrit de chacun des témoignages reçus. Il se produit, de l'individu à la communauté, et de la communauté à l'individu, comme un flux et reflux incessants. Il s'établit, entre les membres de la communauté, comme un réseau de relations interpersonnelles, faites de douceur, de charité, de paix, de magnanimité, de miséricorde. Le témoignage communautaire est une résultante, et non une simple juxtaposition, de témoignages individuels. Le témoignage rendu par les membres d'une communauté animée par l'Esprit du Christ irradie, chez ceux et celles qui l'approchent, l'Esprit du Christ. Au contraire, une communauté dont les membres sont divisés, égoïstes, mesquins, est justement qualifiée de pécheresse. Et le langage populaire ne s'y trompe pas.

On ne saurait réduire l'importance de cet aspect de l'Église. Car, en définitive, c'est l'*image* que l'Église présente au monde qui en fait un signe expressif du Christ ou, au contraire, un signe *négatif* du salut qu'elle prêche, un *contre-signe*. Il importe de souligner, en nous et dans les consciences chrétiennes, la responsabilité des membres de l'Église dans l'image que celle-ci présente au monde. Car c'est dans la communauté ecclésiale, dans les Églises locales, que les hommes et les femmes rencontrent le Christ et son salut.

Plus l'Église vit de sa réalité de signe sacramentel, plus elle rend visible et réalise ce qu'elle est, plus aussi elle signale au monde que le salut annoncé est arrivé. En d'autres termes, lorsque la vie d'unité et de charité de l'Église est en accord avec l'Évangile, lorsque les hommes rencontrent l'Évangile prêché, *debout devant eux*, incarné en des hommes et des femmes qui en vivent, alors l'Évangile est vraiment *crédible*; l'Église est vraiment lieu et moyen de salut. Il éclate aux yeux que l'Esprit du Christ, qui est Esprit d'amour, habite vraiment parmi nous. C'est dans la mesure où l'Église puise à la source qui jaillit des sacrements, notamment de l'eucharistie, qu'elle devient «signe à la vue des nations».

L'eucharistie, rencontre du mystère et de l'image de l'Église

Le lieu par excellence de cette unité et de cette charité dont la communauté ecclésiale doit témoigner pour être vraiment signe de l'avènement du salut, afin que mystère et image de l'Église se rapprochent et tendent à coïncider, c'est l'eucharistie. La célébration eucharistique, en effet, recueille tous les moments de la vie du Christ et tous les moments de la vie de l'Église.

L'eucharistie, d'abord, recueille tous les moments de la vie du Christ. Elle présuppose en effet la présence du Christ parmi les hommes, au temps de sa vie mortelle, et nous la rappelle par la lecture de l'Évangile. Enfin, elle reproduit la présence réelle du Christ dans le sacrement où il se donne en nourriture: synthèse de la présence personnelle et spirituelle du Christ glorifié, Verbe incarné dans l'histoire.

L'eucharistie recueille aussi les moments de la vie de l'Église. C'est le mémorial et le sacrement de la passion et de la mort salvifiques du Christ, qui ont donné naissance à son Église. Dans le présent, l'eucharistie est communion de tous les fidèles au Christ vivant et glorifié, et communion des fidèles entre eux par la charité. Enfin, repas d'espérance, elle figure et anticipe le repas eschatologique où tous les élus sont réunis à la table du Seigneur.

Ce qui s'accomplit dans l'eucharistie est donc déjà un rassemblement dans l'unité d'amour, mais en même temps un appel à une extension de cette unité à tous les hommes, car le Christ, en se donnant en nourriture, rassemble dans l'unité ceux et celles qui le reçoivent et, en même temps, suscite l'accroissement de son Corps. Ainsi, le Corps mystique du Christ, intensément présent dans l'assemblée eucharistique, tend, par son dynamisme interne, à coïncider avec toute l'humanité. S'il est vrai que l'Église est le signe de la communion d'amour que la Trinité cherche à établir parmi les hommes, il faut dire que ce signe se concentre et trouve son expressivité la plus élevée dans l'assemblée eucharistique.

Les hommes et les femmes d'aujourd'hui, tout comme au temps de Jésus, demandent des signes de la venue du salut dans le monde, mais ils veulent des signes vraiment expressifs. Ces signes leur seront-ils donnés? Au temps de Jésus, l'Amour absolu avait corps et visage humains. Après le Christ, c'est aux chrétiens et aux chrétiennes de chaque époque qu'il appartient de rendre visible l'amour du Christ. Les signes que les hommes réclament, ce sont avant tout ceux d'une communauté ecclésiale plus authentiquement fidèle au Christ, plus désintéressée, plus consacrée à Dieu et aux hommes, plus unie, plus aimante. Si les hommes et les femmes de notre temps rencontrent dans la grande communauté ecclésiale, dans les Églises locales, dans nos paroisses, chez nos chrétiens et nos chrétiennes un reflet de cet amour du Christ, alors ils feront la découverte d'un monde nouveau, d'un authentique nouvel âge. Ils auront le désir de participer à cette Plénitude, car ils auront découvert que Dieu est Amour.

14

Les grands axes théologiques de Vatican II

Une relecture des textes

Depuis le concile Vatican II (1962-1965), on ne cesse de commémorer et de célébrer l'événement en prenant comme point de référence soit l'ouverture (1962), soit la clôture (1965). Cette double référence a un avantage: en renouvelant, à rythme accéléré, la «mémoire» du Concile, elle garde à l'événement sa fraîcheur originelle et, du coup, le protège contre les forces d'érosion qui le menacent toujours.

Dans cette opération de «mémoire» et d'approfondissement qui accompagne chacune de ces célébrations, nous voulons relire les quatre Constitutions de Vatican II, considérées à juste titre comme les piliers de l'œuvre conciliaire, pour en dégager les grands axes théologiques. Nous soulignerons les gains acquis au niveau des textes et de leur actuation; nous indiquerons les prolongements qu'ils ont connus dans l'époque postconciliaire; nous mentionnerons enfin les vœux non comblés.

Les acquis du Concile

La Parole de Dieu

Même si *Dei Verbum* n'a été votée et approuvée qu'en fin de Concile, après six rédactions, cette Constitution n'en demeure pas moins le document-source de toute l'œuvre conciliaire, la clé herméneutique de tous les autres textes. Sur le plan œcuménique, on ne saurait en exagérer l'importance. Son élaboration a mobilisé bon nombre des meilleurs théologiens de l'époque, tels Rahner, Congar, Betti, Colombo, Cerfaux, Daniélou, de la Potterie, De Lubac, Grillmeier, Rigaux, Semmelroth, Smulders.

Le passage à une conception personnaliste, historique et christocentrique de la révélation constitue une sorte de révolution copernicienne face à la conception extrinséciste, atemporelle et notionnelle qui avait prévalu en théologie jusqu'aux années 1950.

Le Christ est le premier «gros plan» de la Constitution: à la fois médiateur, plénitude et signe de la révélation qu'il est en personne. «Par la révélation divine Dieu a voulu se manifester et se communiquer lui-même» (DV 6). La révélation est à la fois manifestation et don de Dieu dans l'histoire, la chair et le langage de Jésus. Avant de faire connaître quelque chose, c'est Dieu lui-même qui se donne. Opération de la Trinité entière, la révélation est essentiellement révélation de personnes: le dessein de Dieu, en effet, c'est «que les hommes, par le Christ, Verbe fait chair, accèdent dans l'Esprit Saint auprès du Père et deviennent participants de la vie divine» (DV 2). Le rapport ainsi créé entre Dieu et les hommes est celui d'un dialogue entre amis en vue d'une rencontre et d'une communion de vie (DV 2).

Dans son exercice concret, la révélation s'opère par les paroles et les œuvres du Christ, intimement liées entre elles, comme histoire et signification, comme action et interprétation. La Constitution souligne ainsi le réalisme de l'Incarnation. Le Christ, dit-elle, a exercé sa fonction révélatrice «par toute sa présence et par la manifestation qu'il fait de lui-même» (DV 4). Si on peut parler de spécificité de la révélation chrétienne, c'est en vertu de ce triple caractère d'historicité, d'Incarnation et de structure sacramentelle qui permet de l'identifier et de la distinguer des autres religions qui se disent «révélées». La révélation chrétienne s'effectue dans un événement ponctuel et contextualisé, dans la chair et le langage d'une Personne. Par suite, le Christ, Verbe incarné, est à la fois Dieu révélant et Dieu révélé, objet de foi comme Dieu lui-même.

Si le Christ est Plénitude de la révélation, il s'ensuit que c'est le Christ, dans sa totalité, qui est transmis *(traditio Christi)*: dans sa parole vivifiante, dans l'Écriture qui est son corps (Origène) et dans son sacrifice perpétué qu'est l'eucharistie. L'unique Parole de Dieu a été confiée au «Peuple saint tout entier» (DV 10) pour qu'il en vive et qu'ainsi «Dieu ne cesse de converser avec l'Épouse de son Fils bien-aimé» (DV 8). Délibérément, le Concile a évité le problème du contenu quantitatif de l'Écriture et de la Tradition. On ne saurait en effet considérer Écriture et Tradition comme deux réalités concurrentes ou adverses, car toutes deux jaillissent d'un même torrent d'eau vive, le Christ, et toutes deux expriment le Mystère unique du Christ, quoique sous une forme différente.

Dans le chapitre sur l'inspiration, la Constitution voit dans l'hagiographe un homme «choisi», «élu» par Dieu, qui écrit son texte comme un «véritable auteur» (DV 11). La perspective ancienne de l'inerrance fait place à celle de la *vérité* de l'Écriture. Les livres de l'Écriture enseignent «la vérité que Dieu, pour notre salut, a voulu voir consignée dans les Lettres sacrées» (DV 11).

Le rapport des deux Testaments est mieux précisé. Après avoir souligné les aspects d'économie, de pédagogie et d'histoire qui s'appliquent aux deux Testaments, la Constitution fait ressortir leur unité organique: il s'agit d'inclusion réciproque. Non seulement le Nouveau Testament donne aux livres de l'Ancien Testament «leur signification complète», mais «en retour les livres de l'Ancien Testament éclairent et expliquent le Nouveau Testament» (DV 16). À propos des Évangiles, le Concile adopte une position sans équivoque. L'Église «affirme sans hésiter l'historicité» des quatre Évangiles, qui «transmettent fidèlement ce que Jésus, le Fils de Dieu, durant sa vie terrestre parmi les hommes, a réellement fait et enseigné pour leur salut éternel» (DV 19).

Max Thurian et Lukas Vischer estimaient que *Dei Verbum* était, de tous les textes du Concile, «l'un des plus riches de promesses», notamment à cause du dernier chapitre qui traite de l'usage de la Bible dans la vie de l'Église. Ce chapitre, en effet, établit un parallélisme saisissant entre l'Écriture et l'eucharistie. L'Église «ne cesse pas, surtout dans la sainte Liturgie, de prendre et de présenter aux fidèles le pain de la vie, de la table qui est aussi bien celle de la parole de Dieu que celle du Corps du Christ» (DV 21). Ainsi s'affirme le lien entre Tradition, Écriture et mystère pascal.

Au n. 23, la Constitution invite les exégètes à pousser jusqu'au bout leur travail d'interprétation, de façon «à fournir utilement au Peuple de Dieu l'aliment scripturaire qui éclaire les esprits, affermit les volontés et embrase de l'amour de Dieu le cœur des hommes» (DV 23). Effectivement, depuis le Concile, l'exégèse catholique, sans négliger la tâche nécessaire de la critique littéraire et historique, tend à être plus théologique, plus spirituelle et pastorale, plus œcuménique. On parle justement, pour définir cet effort, «d'exégèse intégrale», signifiant ainsi la totalité du processus mis en œuvre par l'exégèse.

On le voit, chaque déclaration de *Dei Verbum* constitue une nouveauté, au niveau de l'approfondissement doctrinal comme au niveau des perspectives et de la formulation. Sans la recherche théologique, qui aurait pu concevoir le progrès réalisé entre Vatican I et Vatican II?

L'Église

Même si, au niveau des principes et de la méthode, *Dei Verbum* reste le document-source, Vatican II est le Concile de l'ecclésiologie. À cet égard, *Lumen Gentium* ouvre une réflexion qui s'achève avec *Gaudium et Spes*. Si la Constitution sur l'Église doit beaucoup aux interventions des évêques et des cardinaux, le principal artisan de la rédaction est sans conteste Mgr G. Philips. *Lumen Gentium* n'a évidemment pas créé une ecclésiologie nouvelle, mais elle en a modifié les perspectives et la présentation.

Options fondamentales

a) L'option de base est une volonté de retour à la Parole de Dieu. Fait significatif, *Lumen Gentium* ne contient pas moins de 432 références bibliques.

b) Le concept de l'Église, mystère de *communion* (LG 1), est sans aucun doute celui qui condense le mieux les acquis de la réflexion conciliaire. Le nouveau Peuple de Dieu est rassemblé dans l'unité du Père, du Fils et de l'Esprit, et chacun des fidèles est invité à entrer dans cette communion d'amour.

c) Cette ecclésiologie est sensible à la dimension historico-salvifique de l'Église. La communauté qu'elle rassemble est celle d'un Peuple en marche à travers des épreuves, des défaillances, des reprises.

d) En parlant de l'Église comme Peuple de Dieu, on a voulu écarter la conception d'une Église abstraite, intemporelle, séparée des hommes et à l'abri de tout péché. L'expression souligne aussi cette égalité fondamentale de tous les membres qui dérive du baptême. Le Peuple de Dieu précède la hiérarchie. Ce renversement de perspective est d'une portée incalculable en matière d'œcuménisme.

e) Pour la première fois, l'Église a pris conscience d'être «l'Église universelle», et non plus simplement une Église occidentale, voire européenne. Des évêques et des experts de tous les continents ont fait entendre la voix de longues et riches traditions culturelles. Cette prise de conscience est comparable au phénomène de *déjudéisation* de l'Église au temps de saint Paul.

f) Durant près de deux siècles, l'Église avait été absente au monde. Le Concile a fait sortir l'Église de son mutisme pour entrer en dialogue avec les autres communautés chrétiennes, avec les grandes religions historiques et même avec l'humanisme athée. Bref, l'Église s'est ouverte aux autres: à tout homme, à toute culture, à toute nation.

g) Pour la première fois dans l'Église, un Concile s'est occupé des laïcs: par le baptême, le laïc est membre du Peuple de Dieu à part entière; il participe à la mission de l'Église, non comme membre de l'ordre sacré ou de l'état religieux, mais dans le monde, et à travers la gérance des affaires temporelles qu'il ordonne à Dieu (LG 31). Cette affirmation, surtout descriptive, reste ouverte à la recherche d'une définition plus rigoureuse de la notion et du statut du laïc. On espérait trouver les fruits de cette recherche sur la promotion du laïcat dans *Christifideles Laici* (1987). Malheureusement, sur ce point, l'Exhortation n'a pas dépassé les affirmations du Concile: les nouveautés se situent plutôt sur le plan pastoral.

Paradoxes de l'Église

Ces paradoxes ne sont pas une invention du Concile, ni un jeu littéraire, mais une loi de l'être même de l'Église.

a) Communion et communauté (LG, chapitre II) — Le mystère de communion que constitue l'Église se réalise dans le Peuple de la nouvelle Alliance. L'Église est à la fois mystère et communauté visible, société hiérarchiquement organisée. Mais «l'organisme social de l'Église est au service de l'Esprit du Christ qui le vivifie, en vue de la croissance du Corps» (LG 8). En raison de ce caractère théandrique de l'Église, une tension subsiste toujours entre l'institution, tentée de se modeler sur les sociétés humaines, et le mystère de communion qui en fait un organisme unique, sans équivalent dans les sociétés terrestres. L'histoire de l'Église nous prouve que cette tension n'a rien de platonique.

b) Péché et sainteté de l'Église (LG, chapitres II et V) — Le Concile déclare sans ambages que l'Église est à la fois sainte et pécheresse (LG 8, 15, 36, 65; GS 43; UR 1). Faut-il en conclure qu'elle est à la fois, et au même titre, sainte et pécheresse? Comment les Pères de l'Église peuvent-ils la qualifier de «chaste prostituée» (*casta meretrix*)? Le Concile ne traite nulle part de cette question troublante: il pose toutefois des principes qui permettent d'éclairer ce paradoxe. Il faut distinguer, en effet, dans l'Église, une sainteté de vocation et une sainteté de réponse (GS 39-40) comme aussi un élément horizontal, à savoir les hommes, les baptisés, et un élément vertical, le Christ, Verbe incarné, fondateur de l'Église, pasteur de son Peuple, Époux et Tête du Corps, et l'Esprit Saint qui ne cesse de vivifier et de sanctifier le Corps tout entier (LG 3 et 4). Si la sainteté est la note spécifique de l'Église, c'est parce que le Christ, par le baptême dans sa mort, fait des hommes les membres de son Corps et, par son Esprit, les anime et les sanctifie. Les membres peuvent ne pas répondre à l'initiative du Christ et se soustraire au courant de vie qui jaillit du Christ et de l'Esprit, mais ils ne sauraient tarir ou contaminer la source de cette vie. Péché et sainteté n'ont pas le même rapport à l'Église: le péché en est la malessence. On ne saurait donc parler simplement de l'Église «pécheresse». Tout au plus peut-on parler de la sainte Église des pécheurs, étant bien entendu que ce qui spécifie l'Église et en fait un sacrement de salut, et non une communauté purement humaine, c'est la sainteté donnée et reçue comme un don inaliénable et inamissible.

c) Primat et collégialité (LG, chapitre III) — De la notion de collégialité épiscopale reconnue dès les origines et s'exerçant par les conciles œcuméniques, Vatican II est passé à la notion de collégialité permanente, comme note constitutive de l'épiscopat lui-même (LG 22 et 23). «Par sa composition multiple, ce Collège exprime la variété et l'universalité du Peuple de Dieu; il exprime par son rassemblement, sous un même chef, l'unité du troupeau du Christ» (LG 22). Le Concile n'a évidemment pas voulu opposer entre eux les termes du binôme primat-collégialité, puisqu'ils sont inclusifs. Reste que l'exercice de la collégialité, à ses différents niveaux (synodes, conférences épiscopales), n'a pas tardé à créer des tensions. Le Concile, en effet, s'il a reconnu la pluriformité de l'Église dans l'unité, comme aussi l'existence de l'Église universelle et des Églises locales, n'a toutefois pas précisé le statut juridique des conférences épiscopales. Sur ce point, les positions théologiques sont fort contrastées: les uns ne leur reconnaissant qu'un rôle pastoral et disciplinaire; d'autres, au contraire, leur reconnaissant un rôle d'instance intermédiaire entre l'Église diocésaine et l'Église universelle, avec un pouvoir propre et une fonction pastorale et doctrinale, à l'instar des «antiques Églises patriarcales» qui représentent un type de collégialité localement vécue (LG 23).

d) Église et Églises (LG et UR) — Pendant des années, l'Église s'est tenue à l'écart du mouvement œcuménique. Par le Décret *Unitatis Redintegratio* (24 nov. 1964), prenant pleinement conscience du scandale causé par des siècles de controverses et de condamnations réciproques, elle a finalement inscrit l'œcuménisme au nombre de ses priorités. La voie préparée par Y. Congar, C. Couturier, M. Pribilla et L. Beauduin, favorisée par les nombreux contacts de Paul VI, des cardinaux Bea et Willebrands, est désormais largement ouverte. *Unitatis Redintegratio* est l'un des documents les plus positifs et les plus courageux du Concile. Dans ce décret, l'Église reconnaît sa part de responsabilité dans les grandes ruptures de l'histoire; elle reconnaît les richesses de salut et de vie des diverses communautés chrétiennes; elle évite les appellations de schismatiques et d'hérétiques; elle parle de communautés ecclésiales ou d'Églises; elle demande, dans l'exposé de la foi, de prêter attention à la hiérarchie des vérités; elle affirme avec plus de nuances que l'Église du Christ *subsiste*, c'est-à-dire continue d'exister en plénitude (plutôt que: *est*) dans l'Église catholique; elle invite tous les fidèles à la conversion du cœur, car le mystère de l'unité est un mystère de charité. Le *dialogue* est l'instrument majeur du rapprochement œcuménique: un dialogue dont le prototype est ce dialogue entre Dieu et l'homme que nous appelons révélation, et qui se poursuit dans le mystère de *communion* qu'est l'Église. L'œcuménisme a donc des racines ecclésiologiques et pneumatologiques. Outre le dialogue au niveau des Églises elles-mêmes, le décret vise à établir des relations mutuelles à plusieurs niveaux de la vie ecclésiale: compréhension réciproque, prière commune, lecture de la Bible, témoignage et service commun en réponse aux besoins du monde, notamment à ceux de la paix et de la justice (UR 8, 9, 12). On assiste ainsi à l'émergence d'une conscience chrétienne.

La liturgie

Sans vouloir donner une définition de l'Église, la Constitution sur la liturgie propose des éléments qui impliquent une certaine conception de l'Église. Grâce à Vatican II, nous sommes passés de l'image d'une Église plutôt hiératique, figée dans ses gestes et ses paroles, à celle d'une Église de communion et de participation. Le schéma est désormais aboli d'un clergé qui exerce les fonctions sacrées devant un peuple étranger et muet, et d'une célébration eucharistique étanchement isolée du quotidien vécu. Le Concile souhaite que la liturgie soit plus ouverte à la participation. Il souligne que «la principale manifestation de l'Église consiste dans la participation plénière et active de tout le Peuple de Dieu aux mêmes célébrations liturgiques, surtout dans la même eucharistie» (SC 41).

À la suite de la Constitution, on a entrepris la révision des livres liturgiques: missel romain avec nouveaux lectionnaires et nouvelles prières liturgiques, nouveaux rituels pour les sacrements (baptême, mariage, pénitence, onction des malades, funérailles), nouveau bréviaire et nouveau Code de droit canonique.

Dans la messe, «centre de la vie chrétienne», tout le Peuple est invité à participer: «Les fidèles offrent à Dieu la victime divine et s'offrent eux-mêmes avec elle; ainsi, tant par l'oblation que par la communion, tous, non pas indifféremment, mais chacun à sa manière, prennent leur part originale dans l'action liturgique» (LG 11; SC 31). Effectivement, dans le nouveau missel, le mot «peuple» apparaît plus de trente fois. Le peuple répond, acclame, prie, chante, offre, selon le moment et le sens de son intervention. Une importante nouveauté est le meilleur équilibre établi entre la liturgie de la Parole (lectures, psaumes, Évangile, homélie) et la liturgie du sacrifice. L'autel est la table du Seigneur, vers lequel converge toute l'attention de l'assemblée.

On a beaucoup fait, dans l'après-Concile, pour répondre aux attentes des fidèles. Mais, pour passer de la lettre à l'esprit, il faudra davantage: un approfondissement du mystère chrétien, notamment de l'Église et des sacrements; une initiation au langage symbolique et biblique, comme aussi à la musique sacrée.

L'Église et le monde

Avec l'ecclésiologie, mais en rapport intime avec elle, l'anthropologie, qui fait l'objet de *Gaudium et Spes*, est le second thème majeur du Concile. Cette Constitution a été et demeure un puissant propulseur du renouveau ecclésial de la fin du siècle: une influence qui s'exerce au niveau de la conception de l'homme qui s'y trouve proposée, comme aussi au niveau de l'évangélisation, par ses réflexions sur la culture, la justice et la paix. Mais son fruit le plus délectable se trouve peut-être dans les retombées postconciliaires:

- dans les exhortations et les encycliques comme *Evangelii Nuntiandi* (1975), *Catechesi Tradendae* (1977), *Redemptor Hominis* (1979), *Laborem Exercens* (1982), *Sollicitudo Rei Socialis* (1987);
- dans les synodes des évêques sur la justice dans le monde (1971), sur l'évangélisation (1974), et dans les assemblées de Medellín (1968), Puebla (1974), Santo Domingo (1992);
- dans les organismes mis en place après le Concile: Conseil pour la famille, Conseil pour la culture, Conseil sur la vie socio-économique;
- enfin, dans les mouvements inspirés par la Constitution: mouvements en faveur des pauvres, mouvements d'action non violente, mouvements de libération et de justice, mouvements en faveur de la solidarité et de la paix.

Au niveau théologique, *Gaudium et Spes* concerne surtout l'anthropologie. Certes, la sensibilité aux problèmes de l'homme et de sa condition est aussi ancienne que le christianisme lui-même qui est essentiellement religion du salut de tous les hommes. Jamais, toutefois, cette sensibilité ne s'est exprimée aussi explicitement et avec autant de vigueur que dans *Gaudium et Spes* (7 septembre 1965). Au cours de l'histoire de sa rédaction, le seul fil conducteur a été le souci de rejoindre l'homme «d'aujourd'hui», comme totalité: individu et société, matière et esprit, inséré dans une durée indéfinie. Ajoutons que *Gaudium et Spes* est le plus long document de toute l'histoire conciliaire.

L'exposé préliminaire commence par une description de l'état actuel de la société humaine (4-10). Mais cette phénoménologie est en vue d'une anthropologie inspirée elle-même par une vision de l'homme en Jésus Christ, l'homme nouveau. C'est pourquoi le Concile, sous la lumière du Christ, s'adresse à tout le genre humain «pour éclairer le mystère de l'homme» et pour aider les hommes «à découvrir la solution des problèmes majeurs de notre temps» (GS 10).

Aux numéros 12 à 18, la Constitution esquisse les grandes lignes de l'anthropologie chrétienne. À l'origine, l'homme créé «à l'image de Dieu» (12), avec l'affirmation historique du péché (13). Puis, la structure fondamentale de l'homme comme explicitation de l'image de Dieu: son unité et son intériorité (14), son intelligence (15), sa conscience morale (16), sa liberté (17), sa fin dramatique dans la mort (18). À cet abîme, seul un autre abîme peut répondre: celui du mystère chrétien.

Gaudium et Spes présente le Christ, l'homme nouveau, comme la véritable réponse au problème de l'homme: «En réalité, le mystère de l'homme ne s'éclaire que dans le mystère du Verbe incarné» (22). Le Christ apparaît comme la clé du cryptogramme humain, comme celui qui en décode le sens; il est l'homme nouveau, le nouvel Adam de la nouvelle création et du nouveau statut de l'humanité. La vérité de l'homme, c'est qu'il est fils du Père, frère du Christ, appelé à entrer dans la communion de vie des personnes divines.

La deuxième partie de *Gaudium et Spes* s'interroge sur le problème inévitablement posé par l'image de l'homme contemporain: comment «évangéliser» cet homme? À cette question, *Gaudium et Spes*, sans apporter la réponse élaborée de *Evangelii Nuntiandi*, en énonce toutefois les principes. La Constitution décrit le sujet auquel s'adresse cette évangélisation: un homme marqué par la rationalité technologique, faible, socialement asservi, auteur et témoin de l'écroulement des valeurs fondamentales de l'humanité. En renouvelant la vision de l'homme, «image de Dieu», en faisant de la culture le point central de l'évangélisation et en proposant le Christ comme l'homme nouveau qu'il faut restaurer en tout homme, *Gaudium et Spes* ouvre les voies du dialogue du Christ avec les hommes et les femmes de notre temps. Car, «l'homme ne transforme pas seulement les choses et la société, il se parfait lui-même [...] L'homme vaut plus par ce qu'il est que par ce qu'il a»

(GS 35). Pas de monde nouveau sans homme nouveau: c'est aussi la route de l'évangélisation.

★ ★ ★

En relisant Vatican II à la lumière des trente années qui nous séparent de la fin du Concile, nous constatons que nous commençons à peine à en inventorier les richesses. Autant qu'un enseignement et une mise à jour, Vatican II est une tâche à entreprendre. À mesure que nous relisons les textes, nous en percevons non seulement les thèmes majeurs, mais aussi les harmoniques. Nous saisissons les liens multiples qui les relient entre eux. Encore plus que la fin d'un âge, Vatican II marque l'aube d'une ère nouvelle. Avant de songer à un Vatican III, il faudrait avoir la certitude que Vatican II est incapable d'inspirer le troisième millénaire.

Réponses amorcées durant le Concile et reprises après le Concile

Vatican II, comme tout événement de l'histoire, est défini par le temps. Sans doute, un recul de trente ans nous permet de saisir, dans les textes, des niveaux de profondeur insoupçonnés à l'époque. D'autre part, nous prenons conscience que bien des problèmes contenus «en germe» dans les documents conciliaires sont venus à la lumière et se sont développés dans la période postconciliaire sous le choc d'une histoire encore toute récente. Le Concile a discerné bon nombre de ces problèmes; il en a même amorcé les réponses, mais il n'était guère en mesure d'apporter des réponses définitives.

Ainsi, la sensibilité au paupérisme effarant d'un tiers de l'humanité s'est exprimée au Concile dans *Gaudium et Spes* (4, 63-67), mais il a fallu Medellín (1968), Puebla (1974) et Santo Domingo (1992) pour faire de l'option préférentielle en faveur des pauvres une réalité de l'époque postconciliaire.

De même, les problèmes de paix et de guerre sont mentionnés par le Concile, mais ces problèmes, au cours des dernières décennies, ont pris de terrifiantes proportions: guerre entre nations ou entre citoyens d'une même nation, massacre des innocents. Le monde actuel doit en outre se défendre contre la tentation du suicide alimentée par le commerce de la drogue, la dureté des tyrans au pouvoir, le libre commerce des armes au plan mondial, une immoralité débridée camouflée par des raisons de santé publique.

Le Concile était également conscient que le progrès des «sciences biologiques, psychologiques et sociales» allait permettre à l'homme de se mieux connaître et d'exercer une influence directe sur la vie individuelle et sociale au moyen de techniques inédites. Il était conscient aussi que l'Église n'avait pas une compétence qui la rende capable de fournir une solution concrète et immédiate à ces problèmes inédits (par exemple, en biotechnologie), avec leurs répercussions morales étudiées par la bioéthique. L'instruction *Donum Vitae* (1983) s'inscrit dans une phase de recherche. Elle suppose *Gaudium et Spes* et *Dignitatis Humanae* de Vatican II. Elle vise seulement à donner «des réponses spécifiques aux principales questions soulevées à propos des procréations artificielles». Ces procréations ne sont pas rejetées comme telles, c'est-à-dire parce que artificielles, mais elles sont évaluées «par référence à la dignité de la personne humaine et de sa vocation divine au don de l'amour et au don de la vie». Le document distingue fécondations artificielles hétérologues et fécondations homologues. Dans les deux cas, l'Instruction porte un jugement négatif. L'esprit de *Donum Vitae* est analogue à celui d'*Humanae Vitae*. L'Instruction se termine cependant par les mots: «Les indications précises données dans la présente Instruction n'entendent pas arrêter l'effort de réflexion, mais plutôt en favoriser une impulsion nouvelle, dans la fidélité constante à la doctrine de l'Église.» *Splendor Veritatis* et *Evangelium Vitae* constituent de nouvelles étapes dans ce processus d'approfondissement jamais terminé.

Ces exemples illustrent déjà les mutations survenues dans le contexte postconciliaire. Mais d'autres développements illustrent de façon encore plus significative comment le Magistère de l'Église a été amené à prolonger la réflexion amorcée par le Concile.

Mission, évangélisation et dialogue

Une missiologie encore récente définissait le but des missions en termes d'implantation de l'Église. À cette conception, le Concile a *juxtaposé* celle de l'évangélisation, de la proclamation de la Bonne Nouvelle: «La fin propre de cette activité missionnaire, c'est l'évangélisation et l'implantation de l'Église dans les peuples et les groupes humains dans lesquels elle n'a pas encore été enracinée» (AG 6).

L'ecclésiologie et la missiologie postconciliaires ont opté toutefois pour la perspective plus biblique et plus fondamentale de l'évangélisation. Davantage, elle a élargi le concept d'évangélisation jusqu'à identifier évangélisation et mission. On parle même de la mission évangélisatrice de l'Église. «Évangéliser, dit l'exhortation apostolique *Evangelii Nuntiandi* de 1975, est la vocation propre de l'Église [...] Elle existe pour évangéliser» (EN 14).

Le terme d'évangélisation lui-même a connu une acception de plus en plus large. La tendance générale a été de passer d'une notion étroite d'évangélisation, identifiée avec la proclamation de l'Évangile, à une notion plus large, selon laquelle des activités telles que la promotion humaine et la lutte pour la justice, ou encore le dialogue interreligieux, appartiennent de plein droit à la mission évangélisatrice de l'Église.

Le synode des évêques sur l'évangélisation du monde moderne (1974) et l'Exhortation de Paul VI qui en reprend les résultats dans *Evangelii Nuntiandi* (1975) représentent une étape importante de cette évolution. L'exhortation reconnaît que l'évangélisation est une réalité qui englobe des activités multiples (EN 17). Parmi celles-ci elle accorde une place privilégiée et nécessaire à la proclamation de l'Évangile: «Il n'y a pas d'évangélisation vraie si le nom, l'enseignement, la vie, les promesses, le Règne, le mystère de Jésus de Nazareth, Fils de Dieu, ne sont pas annoncés» (EN 22). Parmi les autres composantes de l'activité évangélisatrice, l'exhortation mentionne la promotion, le développement et la libération de l'homme (EN 31-35). Et, parmi les voies de l'évangélisation, elle énumère le témoignage de la vie (EN 41), la prédication (EN 42), la liturgie de la Parole et du sanctoral (EN 43, 47), la catéchèse (EN 44), l'utilisation des mass media (EN 45).

Durant ce même synode de 1974, des évêques asiatiques avaient fait observer qu'un concept plus large de la mission évangélisatrice de l'Église devrait inclure le dialogue interreligieux comme partie intégrante. De fait, Jean-Paul II, notamment dans *Redemptor Hominis*, a maintes fois souligné le rapport étroit entre les deux, mais sans jamais l'expliciter en termes clairs. Ce pas est franchi dans un document publié en 1984 par le Secrétariat pour les non-chrétiens. L'évangélisation y est présentée comme un *processus unitaire, complexe et articulé* dont les éléments sont: présence, service, dialogue, proclamation, sacramentalisation. Tous ces éléments sont des formes d'évangélisation, même si tous n'ont pas la même valeur ni la même place dans la mission de l'Église. Ainsi, le dialogue interreligieux précède normalement la proclamation, tandis que la proclamation et la sacramentalisation sont le sommet de la mission évangélisatrice de l'Église. Ce concept élargi d'évangélisation correspond à l'action de Jésus dont toute l'existence est proclamation du Royaume qu'il est en personne.

Le problème a fait un nouveau pas dans deux documents récents: l'encyclique *Redemptoris Missio* (7 décembre 1990) et une Instruction du Conseil pontifical pour le dialogue entre les religions, intitulée: *Dialogue et Annonce* (1991). On y redit que «l'Église est mission par nature», ou encore qu'elle est évangélisation, annonce, dialogue. *Redemptoris Missio* souligne à nouveau que «l'évangélisation est une réalité unitaire, mais complexe. Elle comporte le témoignage personnel, le dialogue, la promotion humaine, l'inculturation, mais surtout l'annonce suivie de la fondation des communautés ecclésiales». Cette encyclique n'a toutefois pas été favorablement accueillie par tous les milieux. En Inde, notamment, on estime que l'Occident veut de nouveau imposer des conceptions intellectuelles plutôt que des réalités existentielles, et que celui-ci devrait procéder à sa propre conversion avant de vouloir évangéliser des populations d'une vitalité religieuse incontestablement supérieure.

Dialogue et Annonce, qui a reçu un meilleur accueil, précise que «l'annonce et le dialogue, chacun à sa place, sont considérés tous les deux comme des composantes et des formes authentiques de l'unique mission évangélisatrice de l'Église. Toutes deux tendent à la communication de la vérité salvatrice». Aux numéros 8 à 11, l'Instruction explique ce qu'il faut entendre, dans une gradation intentionnelle, par dialogue, annonce, conversion.

Le dialogue interreligieux est clairement reconnu comme «un des éléments de la mission» (DA 9) et comme activité spécifique, là où l'annonce est possible et obligatoire, aussi bien que là où elle se révèle impossible. Là où l'annonce est possible, le dialogue est une étape intermédiaire et normale vers la conversion, qui est le but visé. Quand l'annonce est impossible, comme dans l'islam, l'hindouisme, le bouddhisme, le dialogue se définit comme «l'ensemble des rapports religieux positifs et constructifs [...] afin d'apprendre à se connaître et à s'enrichir les uns les autres» (DA 9, repris de RM 3). Un tel dialogue ne conduit à la conversion ni de l'un ni de l'autre. Il est rencontre interpersonnelle, avec un «préjugé» de sympathie, une «attente ouverte», apte à s'émerveiller devant les richesses d'une autre religion, voire à cheminer dans une «émulation» sans orgueil dans la recherche de Dieu. Il s'agit d'une espérance qui se soumet au rythme de Dieu, dépouillée même de plans missionnaires au sens courant du terme. Ce dialogue se modèle sur le dialogue même de Dieu avec les hommes en Jésus Christ. L'engagement de l'Église ne se mesure aucunement aux résultats attendus ou obtenus, qui ne relèvent que de Dieu seul.

Que de progrès réalisés depuis le Concile, où la mission s'identifie encore à l'implantation de l'Église! On est passé graduellement de l'acte ponctuel de la proclamation explicite de l'Évangile à l'évangélisation conçue comme un processus complexe et articulé, dont le dialogue est partie intégrante, voire souvent la seule étape possible.

Évangélisation et culture

La Constitution *Gaudium et Spes* consacre un chapitre entier (GS 53-63) aux problèmes de la culture. La définition qu'elle en donne, au numéro 53, se réfère, d'une part, au progrès de l'individu, qui développe toutes ses potentialités par l'application de son intelligence et de ses talents; d'autre part, on entend par culture les mentalités, l'échelle des valeurs et les styles de vie de chaque groupe humain. En bref, il s'agit du progrès de l'homme individuel et collectif.

Le Concile a conscience des liens intimes qui existent entre la culture et le message du salut: «Dieu, en se révélant à son Peuple, jusqu'à sa pleine manifestation dans son Fils incarné, a parlé selon des types de culture propres à chaque époque» (GS 58). D'autre part, l'Église reconnaît qu'elle a «utilisé les ressources des diverses cultures pour répandre et exposer par la prédication le message du Christ à toutes les nations, pour le découvrir et le mieux approfondir, pour l'exprimer plus parfaitement dans la célébration liturgique, comme dans la vie multiforme de la communauté des fidèles» (GS 58). Tous les documents du Concile, et le Concile lui-même, doivent être lus et compris dans cette perspective sociothéologique de la culture. Le Concile parle toujours de l'homme individuel et collectif dans le contexte culturel de l'homme contemporain.

Depuis le Concile, toutefois, maints problèmes de culture ont surgi, à propos desquels Vatican II ne pouvait rien dire, ou bien peu. L'enseignement de Paul VI et de Jean-Paul II, tout comme la réflexion des synodes et des communautés ecclésiales, ont révélé l'acuité et l'actualité de ces problèmes. Mentionnons-en les principaux.

1. La question de l'*inculturation* est au centre de discussions théologiques et pastorales animées dans les Églises d'Afrique, d'Asie et d'Amérique latine. Or, le terme même d'inculturation est rigoureusement absent des textes conciliaires. Il apparaît pour la première fois au synode de 1977.

2. L'exhortation *Evangelii Nuntiandi* (1975) a toutefois proposé ce que l'on appelle la «charte» de l'évangélisation des cultures (EN 20). Après avoir affirmé la distinction entre Évangile et culture, mais en même temps leurs liens réciproques, le document établit un constat de rupture entre l'Évangile et la culture: «La rupture entre l'Évangile et la culture est sans doute le drame de notre époque, comme ce fut aussi le cas en d'autres temps. Aussi faut-il tenter tous les efforts en vue d'une évangélisation généreuse de la culture, ou plus exactement des cultures» (EN 20). L'Évangile doit devenir source d'inspiration et créateur de cultures.

3. En 1988, la Commission théologique internationale a publié un document intitulé *La foi et l'inculturation*, où se lit la définition suivante: «Le processus d'inculturation peut être défini comme l'effort de l'Église pour faire pénétrer le message du Christ dans un milieu socioculturel donné, appelant celui-ci à croître selon toutes ses valeurs propres, dès lors que celles-ci sont conciliables avec l'Évangile. Le terme d'inculturation inclut l'idée de croissance, d'enrichissement mutuel des personnes et des groupes, du fait de la rencontre de l'Évangile avec un milieu social» (n. 11). Il y a donc évangélisation des cultures et inculturation de l'Évangile. En effet, le message adressé à une culture est déjà lui-même doublement inculturé: dans la culture sémitique d'origine de la révélation, comme aussi dans le message évangélique concrètement inculturé de celui qui évangélise. Transmettre le message et l'accueillir représentent donc un échange de cultures.

4. Enfin, le constat d'un Occident qui a rompu avec le christianisme oblige à parler de «nouvelle évangélisation». D'abord employé en référence à l'Europe entière invitée à retrouver ses racines et sa vocation chrétiennes, l'expression s'est vite étendue à tout l'Occident. Le terme souligne que les vieilles civilisations façonnées par l'Évangile l'ont peu à peu délaissé pour sombrer dans l'indifférence. Tandis que la *première* évangélisation révèle la nouveauté du Christ et convertit les personnes, les sociétés et les cultures, la *seconde* ou *nouvelle* s'adresse à des populations autrefois christianisées, mais qui vivent maintenant dans un milieu où la question de Dieu et du Christ ne se pose même plus. C'est la crise de toute une civilisation qui ne voit plus ce que le christianisme pourrait lui apporter, à savoir la plénitude d'interprétation de l'existence humaine. Il existe chez l'homme d'Occident une *crise de sens.*

L'œcuménisme

Un incontestable résultat positif du Concile, en matière d'œcuménisme, est *l'attitude* de dialogue qu'il a réussi à transformer en dialogue *vécu* avec les autres communautés chrétiennes, protestantes ou orthodoxes. Parce qu'on se connaît mieux, les attitudes agressives ou méfiantes s'atténuent et tendent à disparaître. On admet qu'il existe entre tous les disciples du Christ, baptisés dans son sang, une unité profonde qui fait que les divisions confessionnelles sont un non-sens et un scandale.

Ce dialogue s'établit non seulement sur le plan social, mais aussi au niveau doctrinal; non seulement entre individus isolés, mais entre les Églises. L'Église catholique prend désormais au sérieux la valeur salvifique d'appartenance à une autre communauté ecclésiale. Les membres de cette communauté sont sauvés en elle et par elle. Cette conviction s'exprime dans les dialogues multilatéraux, du type *Foi et Constitution*, comme aussi dans les dialogues bilatéraux. Le Conseil œcuménique mondial (COE) est probablement la tribune la plus importante du dialogue doctrinal entre les Églises: il siège à Genève et groupe 314 Églises. L'Église catholique entretient avec cet organisme des contacts assidus, grâce à la présence de douze théologiens qui participent au travail de *Foi et Constitution*. L'Église catholique, toutefois, n'est pas encore membre officiel du COE.

Le dialogue s'approfondit, dans l'esprit du Décret sur l'œcuménisme, au niveau de la recherche en commun. Outre la collaboration de l'Église au COE de Genève, il faut mentionner sa collaboration à l'ensemble des conférences organisées par les Églises: par exemple, la conférence d'Uppsala, en 1983, et l'aide à l'Institut œcuménique de Bossey. Il faut également rappeler l'existence de l'Institut œcuménique de Tantur, situé entre Jérusalem et Bethléem.

Mais, il faut le reconnaître, l'attitude œcuménique est encore loin d'être une seconde nature. Des conceptions de vie différentes, notamment en matière d'éthique, et de sérieuses difficultés doctrinales rendent ardu le chemin du progrès. Mentionnons-en quelques-unes.

1. Le Décret sur l'œcuménisme invite les théologiens à se rappeler «qu'il y a un ordre ou une hiérarchie des vérités de la doctrine catholique, en raison de leur rapport différent avec les fondements de la foi chrétienne» (UR 11). L'introduction de cette expression nouvelle, «hiérarchie des vérités», a été applaudie par tous ceux et celles qui sont engagés dans le mouvement œcuménique. Cette déclaration est d'ailleurs cohérente avec la Constitution *Dei Verbum* qui décrit la révélation à partir des trois mystères fondamentaux du christianisme, à savoir: la Trinité, l'Incarnation et notre participation à la vie divine (DV 2). Mais cela dit, surgissent aussitôt les questions: comment éviter le risque, sous prétexte de hiérarchie, d'un découpage arbitraire dans le mystère chrétien? Au surplus, l'intention du décret n'est pas de réduire le nombre des vérités à croire, mais plutôt d'en assurer la juste ordonnance. La hiérarchie des vérités implique que l'obéissance de la foi obéit également à l'ordre de la révélation: mais comment discerner ce qui est requis et suffisant pour l'unité de la foi chrétienne et peut favoriser le rapprochement des Églises? D'autre part, la déclaration sur la hiérarchie des vérités peut contribuer grandement à la diffusion de la foi en termes d'inculturation, d'évangélisation et de catéchèse. Elle pourrait aussi permettre d'éclairer et d'évaluer plus correctement le difficile problème du développement dogmatique. Sur tous ces points, le thème de la hiérarchie des vérités n'a pas été suffisamment exploré.

2. Vatican II a opté pour une ecclésiologie de communion. Mais il est loin d'avoir renoncé à l'ancienne ecclésiologie, dite

pyramidale, qui met l'accent sur les liens hiérarchiques. Même le Décret sur l'œcuménisme comporte à ce sujet des ambiguïtés résiduelles. Il dit que l'unique Église du Christ *subsiste* (continue à exister) dans l'Église catholique, de façon inamissible (UR 4), alors qu'il existe hors de la communion catholique d'authentiques valeurs d'ecclésialité. Mais on n'a pas suffisamment défini le statut de ces valeurs présentes en dehors des frontières visibles de l'Église catholique. Le problème est aigu quand on pense aux communautés orientales coupées de Rome. Peut-on dire sans plus qu'il n'existe de véritable appartenance à l'Église universelle que par la communion avec Rome, alors que l'on reconnaît la vérité de l'eucharistie des Orientaux et que l'on admet l'origine apostolique de ces Églises?

3. Toutes les Églises recherchent l'unité, mais les *modèles* d'unité sont variés et variables. Il faut tenir compte, en effet, des formes multiples des confessions, des traditions et des rites apparus au cours des siècles pour des raisons historiques et psychosociologiques. Les Églises orthodoxes, les protestants luthériens et réformés, l'anglicanisme, l'Église catholique: chaque Église parle d'unité, mais suivant des critères différents. Le dialogue et l'expérience commune ont suscité des *modèles* de l'unité à venir: notamment celui de l'Assemblée générale de New Delhi (1961), celui de l'Assemblée de Nairobi (1975), celui de la Fédération luthérienne mondiale (1977). On parle de *l'Église des églises*, de la *Communion des communions*, de *Communion avec les Églises-sœurs*. Tous les modèles cherchent à prendre en compte les deux pôles de l'unité et de la diversité: quelle diversité tolère l'unité? Quelle latitude demeure acceptable sans que la diversité dans l'interprétation en vienne à détruire l'universalité du consensus? La restauration de l'unité sera le résultat d'un long et patient rapprochement. La relation entre Écriture et Tradition est aussi l'un des plus difficiles problèmes du dialogue œcuménique. À ce problème est lié celui de l'apostolicité de l'Église. En quel sens la succession des évêques est-elle une garantie et un signe efficace de la continuité de l'Église à travers les âges? Enfin, le récent accueil fait par l'anglicanisme à l'ordination des femmes n'est pas de nature à favoriser un rapprochement avec l'Église catholique.

Dans le Document de la Commission conjointe catholique romaine/luthérienne, il est dit: «La réconciliation n'est pas possible sans dialogue et communication constante. Cette démarche consiste à discerner les esprits et à chercher les pas à franchir sur une route connue de Dieu seul. La réconciliation est donc une démarche dynamique» (*Facing Unity*, 1985).

Entre temps, chaque Église continue son activité missionnaire, mais avec une interprétation divergente de la vérité évangélique, selon sa tradition confessionnelle. Comment alors penser à une annonce commune? La difficulté est vivement ressentie dans les milieux missionnaires moins sensibles aux enjeux œcuméniques.

Il est difficile, dans pareil contexte, de porter un diagnostic sur l'état de santé du mouvement œcuménique. Le moins que l'on puisse dire, devant des difficultés toujours nouvelles et plus menaçantes, est qu'il n'est pas évident que le mouvement œcuménique suive une voie ascensionnelle. Nul doute, la réconciliation doit passer par la conversion et par la croix. Et, surtout, *l'heure* en appartient à Dieu seul, qui a ses rythmes et ses voies.

Anthropologie et droits de la personne

La vision de l'homme proposée par *Gaudium et Spes* offre de précieux éléments, mais encore à l'état embryonnaire, pour fonder une théologie des droits de la personne: un problème qui s'est développé surtout à l'époque postconciliaire. Parmi les éléments utiles à une telle réflexion, notons les suivants: *a)* le principe de l'homme créé à l'image et ressemblance de Dieu (GS 12); *b)* «l'égalité fondamentale de tous les hommes», dans la mesure où ils «sont doués d'une âme raisonnable et créés à l'image de Dieu», possédant «une même nature et une même origine», et «jouissant d'une même vocation et d'une même destinée divine» (GS 29); *c)* l'Alliance de Dieu avec les hommes qui fonde la solidarité entre eux et exclut toute discrimination (GS 32, 42); *d)* la reconnaissance des «droits fondamentaux de la personne, de la famille, et les impératifs du bien commun» (GS 43); *e)* «L'Église, en vertu de l'Évangile qui lui a été confié, proclame les droits de l'homme et tient en grande estime le dynamisme de notre temps qui, partout, donne un nouvel élan à ces droits» (GS 41). Les droits de la personne sont innés, universels et inaliénables, de même que le sont la personne elle-même et sa dignité sur lesquelles ils reposent (GS 26).

Ce sont les problèmes du terrorisme, de l'avortement, de la manipulation génétique, du racisme, de l'oppression multiforme, de la torture, des migrations massives et forcées qui ont révélé l'urgence d'une réflexion théologique sur la dignité de la personne et sur les droits de l'homme. Nous vivons «les signes des temps» qui s'expriment en un facteur éthique fondamental qui touche tous les hommes et pas seulement les chrétiens.

La discussion mondiale sur les droits de la personne se déroule en trois contextes: dans l'Église, au sein des autres religions, dans le domaine du droit international.

Une vision historique révèle que l'Église catholique, sur la question des droits de la personne, a été précédée par les communautés protestantes. C'est que le thème des droits et libertés, dans l'Église catholique, va de pair avec la question de la liberté religieuse qui ne fut vraiment mise en lumière que dans la Déclaration *Dignitatis Humanae* (7 décembre 1965) où le Concile a expliqué «le droit de la personne et de la communauté à la liberté sociale et civile en matière religieuse».

Pour déterminer la doctrine du Magistère sur les droits de la personne, il faut évoquer *Populorum Progressio* (1963) et *Octogesima Adveniens* (1971) de Paul VI; *Laborem Exercens* (1981) et *Sollicitudo Rei Socialis* (1987) de Jean-Paul II; le Document du synode des évêques de 1971 sur la justice dans le monde, celui de la Commission «Justice et paix», *Compter sur soi* (1978), celui de la Commission théologique internationale sur la *Dignité et les droits de la personne humaine* (1983) et, enfin, le Code de droit canonique (1983) qui parle «des devoirs et des droits de tous les fidèles chrétiens».

Face au thème des droits de la personne, on peut schématiser comme suit l'évolution du Magistère de l'Église: le pontificat de Pie XII est encore prudent; ceux de Jean XXIII et de Paul VI sont nettement ouverts, surtout avec Vatican II dans *Gaudium et Spes* et *Dignitatis Humanae.* Le thème s'approfondit avec le Document de la Commission théologique et les dernières encycliques de Jean-Paul II. Dans ces documents, il faut souligner le dynamisme interne de la doctrine; les concepts de justice-charité-solidarité-participation vont toujours de pair avec des concepts voisins. Sans l'amour-charité, il n'y a ni paix, ni vraie justice dignes de la personne humaine, ni reconnaissance du prochain, ni communication, ni information, ni vérité.

Parmi les droits fondamentaux, essentiels et supérieurs, il faut mentionner: la vie, la dignité et l'égalité de la personne, la liberté de pensée, de conscience, de religion. La base sur laquelle reposent ces droits, c'est la réalité et la reconnaissance de la nature de la personne, comprise dans sa totalité philosophique et théologique, naturelle et surnaturelle. Ces droits, de même que la personne, se situent *avant* tout État, et *au-dessus* de tout État.

Le deuxième grand facteur de la discussion sur les droits de la personne sont les différentes chartes internationales de l'ONU sur le *Statut des Nations Unies* (San Francisco 1945) et sa *Déclaration universelle sur les droits de l'homme*, approuvée en 1948. Cette Déclaration n'était pas un traité et, par suite, est restée sans efficacité juridique. Aujourd'hui, les droits fondamentaux de la personne sont garantis par deux pactes ou traités codifiés par l'ONU: le *Pacte international des droits économiques, sociaux et culturels* (3 janvier 1976) et le *Pacte international sur les droits civils et politiques* (23 mars 1976). La conférence sur la sécurité et la coopération en Europe (CSCE) réaffirme les mêmes droits dans la *Déclaration sur les principes qui régissent les relations entre les États participants*, promulguée à Helsinki, le premier août 1975, et signée par trente-cinq participants. Parmi les dix premiers énoncés, le plus important est le septième, «Sur le respect des droits de l'homme et des libertés fondamentales, y compris la liberté de pensée, de conscience, de religion et de croyance».

Nul doute, la source des droits de l'homme, c'est l'homme lui-même ou, plus exactement, la dignité de la personne humaine, dont la valeur est au-dessus de tout bien créé. Par suite, tous les êtres humains jouissent de ces droits, sans aucune discrimination. Cette dignité ne vient pas du dehors: elle est inhérente à l'homme et donc inaliénable. Ces droits dérivent de l'homme en tant que personne, inviolable de par sa dignité de naissance. Les droits de la personne possèdent une valeur universelle et sont intangibles. Il est donc naturel que les hommes agissent entre eux dans un esprit de fraternité et de solidarité.

Nous rejoignons ici les principes énoncés par *Gaudium et Spes* et *Dignitatis Humanae*. L'anthropologie chrétienne, toutefois, ajoute à l'affirmation des droits la clé ultime de leur interprétation: l'homme est créé à l'image et ressemblance de Dieu et appelé à partager la vie divine. «Le mystère de l'homme ne s'éclaire vraiment que dans le mystère du Verbe incarné [...] Le Christ, dans la révélation même du mystère du Père et de son amour, manifeste pleinement l'homme à lui-même et lui découvre la sublimité de sa vocation» (GS 22).

Vœux non comblés

Un exemple suffira. Il est vrai que le Concile a parlé du Christ et que l'on peut, en groupant des textes dispersés dans les divers documents, trouver d'importants éléments d'une christologie. Ainsi, le Christ est présenté comme Lumière des nations (LG 1), médiateur et plénitude de la révélation (DV 2), fondateur de l'Église et de ses ministères (LG 18), principe et vie de l'Église, notamment de son activité sacerdotale (LG 21; PO 3, 6, 12), de ses formes de vie consacrée (PC 1, 2, 12), de sa vie liturgique (SC 2, 7), de son activité apostolique (LG 34-36). Le Christ est le seul exégète de la condition humaine (GS 22) et le principe d'unité de tout le genre humain (GS 32). Cette christologie, toutefois, est rarement explicite, et, plus rarement encore, l'objet d'un large exposé.

L'Église a beaucoup parlé d'elle, mais pas assez du Christ. Le synode de 1985 en a pris conscience, lorsqu'il déclare dans sa Relation finale: «L'Église se rend plus crédible si elle parle moins d'elle-même et davantage du Christ crucifié, et témoigne par sa propre vie.» En d'autres termes, le Concile a réhabilité l'Église *(Lumen Gentium)* et l'homme *(Gaudium et Spes)*, mais il fallait aussi en quelque sorte «réhabiliter le Christ» par une importante Constitution. Car les problèmes les plus aigus que la théologie actuelle doit affronter relèvent de la christologie. N'est-il pas significatif, à cet égard, que l'encyclique programmatique de Jean-Paul II, *Redemptor Hominis*, propose le Christ comme «rédempteur de l'homme», comme «centre du cosmos et de l'histoire»; significatif aussi que la Commission théologique internationale ait consacré trois de ses sessions (1981, 1983, 1985) aux problèmes de la christologie? Les questions, en effet, que se posent les hommes et les femmes d'aujourd'hui portent sur les origines et les fondements mêmes du christianisme en Jésus Christ: sur la personne de Jésus, sur son identité de Dieu-parmi-nous, sur la connaissance que nous pouvons en avoir, sur les moyens d'accéder à son enseignement et à ses œuvres, notamment à ses miracles, à sa résurrection, à sa conscience de Fils du Père, à son projet ecclésial. Bref, les hommes et les femmes d'aujourd'hui se posent la question des questions: le

Christ est-il vraiment Dieu parmi nous, dans l'histoire, la chair et le langage de Jésus? Est-il celui qui seul peut donner à notre vie son sens ultime, et seul peut déchiffrer cette énigme que nous sommes à nous-mêmes? Le Christ n'a pas reçu, dans les textes du Concile, le traitement qui s'imposait pour répondre aux questions des hommes et des femmes de notre temps à son sujet.

* * *

Vatican II est sans doute la plus vaste opération de réforme jamais accomplie dans l'Église. À la lumière de la révélation, le Concile a rééquilibré et approfondi les thèmes centraux du christianisme: révélation, Écriture, tradition, magistère, Église, collégialité, vie consacrée, laïcat, liberté religieuse, activité missionnaire, dialogue avec les autres communautés religieuses, avec les grandes religions historiques, avec l'homme d'aujourd'hui. Que de changements opérés au niveau des attitudes et des textes! Certes, beaucoup reste à faire pour passer de la lettre à l'esprit, mais il faudrait être aveugle et cynique pour ne pas reconnaître les résultats acquis.

Trente ans d'une histoire accélérée ont toutefois fait surgir des problèmes inédits: les uns partiellement résolus, les autres toujours en quête de réponses. Sur certains points, la recherche paraît plus velléitaire que décidée, conditionnée par des motifs tout autres que théologiques. L'application du Concile se heurte encore à des foyers de résistance. Il faudra sans doute plusieurs décennies pour mesurer l'impact réel de Vatican II, et davantage encore pour en voir la pleine actuation. Nous pouvons toutefois espérer que les résistances humaines ne parviendront pas à annuler un Concile si visiblement assisté par l'Esprit.

Deuxième partie

Don du sens

1

Le témoignage comme confidence de Dieu

Depuis un siècle environ, la catégorie du témoignage est entrée progressivement dans le vocabulaire ecclésial. Le terme apparaît discrètement dans Vatican I, pour désigner l'Église en tant qu'elle constitue, par elle-même, et par toute sa présence au monde, «un grand et perpétuel motif de crédibilité et un témoignage irrécusable de sa mission divine». Avec Vatican II, il se produit une irruption massive de la terminologie du témoignage. Le thème est omniprésent. Des vocables comme témoignage, témoigner, témoin, reviennent plus de 100 fois et s'appliquent aussi bien à l'Église tout entière qu'à chaque groupe de chrétiens. Au synode de 1974, le thème est revenu avec une insistance nouvelle, cette fois dans le contexte de l'évangélisation. Enfin, la catégorie du témoignage est au cœur de la théologie fondamentale actuelle.

Le témoignage en contexte profane

Le témoignage appartient au groupe des analogies utilisées par l'Écriture pour introduire l'homme aux richesses du mystère divin: telles, par exemple, les catégories de l'alliance, de la parole, de la paternité et de la filiation. Si la révélation elle-même prend appui sur l'expérience humaine du témoignage pour exprimer l'un des rapports fondamentaux qui unissent l'homme à Dieu, la réflexion théologique est donc justifiée d'explorer les données de cette expérience. Sans doute, dans ce travail d'analyse, est-ce la révélation qui est normative et qui indique à la théologie le type de purification et de sublimation que doit subir la réalité humaine pour s'appliquer au mystère divin. D'autre part, si l'expérience humaine était sans rapport au Mystère de l'Être divin, la rencontre de Dieu et de l'homme serait impossible: il n'y aurait place que pour des monologues parallèles.

À son degré le plus faible, témoigner signifie rapporter ce qu'on a vu et entendu. Le témoin est celui qui peut informer sur des événements auxquels il a participé, sur des personnes ou des faits qu'il a connus, et qui, dès lors, est capable de rendre compte verbalement de ce qu'il sait, parce qu'il a vu et entendu. Le témoignage repose alors sur une expérience oculaire ou auriculaire. Le contexte le plus fréquent de ce type de témoignage est celui d'un procès. Déjà, à ce premier niveau, la foi au témoignage réclame une certaine démission de la raison et une certaine confiance, car la parole du témoin devient, pour celui qui n'a pas vu ni entendu, substitut de l'expérience elle-même.

En raison de ce contexte judiciaire, le témoignage n'a pas simple valeur d'information: c'est un récit en vue d'un jugement à porter sur des événements, sur les motifs d'un acte, sur le caractère d'une personne. Le témoignage est destiné à influer sur les jurés et sur le juge, qui s'appuient sur lui, comme sur un argument, pour penser, évaluer, décider. C'est pourquoi le récit du témoin, plus qu'un fait mental (constatation et description, information et reportage), est un fait moral: une déposition, à laquelle le serment confère une gravité particulière. Témoigner, dans un procès, c'est déclarer et se déclarer en faveur de quelqu'un ou contre quelqu'un. Il ne s'agit plus simplement de raconter ou de décrire, à la manière d'un journaliste, mais de s'engager soi-même, en pleine liberté, et de porter un jugement de valeur.

Nous arrivons ainsi au second niveau du témoignage, celui où le témoin s'engage tout entier dans sa parole, se compromet pour elle. Ainsi, dans un témoignage qui met en cause la vie de quelqu'un, le témoin non seulement exprime une conviction intime sur l'innocence ou la culpabilité de l'accusé, mais il se compromet tout entier dans sa déposition. En termes équivalents, il dit: «Je déclare cette personne innocente: nier cette innocence, serait me renier moi-même.» L'être et le dire ici coïncident.

Il arrive parfois, et c'est le troisième niveau du témoignage, que le témoin scelle son attachement à la cause qu'il défend par une profession publique de sa conviction intérieure qui peut aller jusqu'au sacrifice de sa vie. Cette confession, la plupart du temps, se fait dans un contexte d'hostilité, de haine, de la part de ceux qui ne partagent pas la même cause. Quand le témoin meurt ainsi pour appuyer son témoignage, il devient martyr, c'est-à-dire encore témoin. Cet engagement jusqu'au risque de la vie rejaillit sur le témoignage-parole qui, alors, n'est plus simple narration de choses vues ou entendues, mais action et mort tragique. On en vient alors insensiblement à appeler témoignage l'action même de risquer sa vie, en tant que ce don est la preuve vivante de la conviction intérieure et du dévouement du témoin à la cause qu'il défend. À ce moment, au niveau sémantique, il y a passage du témoignage-parole au témoignage-action. Et c'est le témoignage-action qui donne sens et valeur au témoignage-parole. Le point fixe autour duquel pivote le changement de sens est l'engagement du témoin dans son témoignage. Nous rejoignons ici le contexte biblique où le témoignage du Christ, le Témoin par excellence, est celui en qui le dire et l'agir coïncident, dans la transparence de son Être.

Le témoignage comme voie d'accès au mystère des personnes

Lorsque le témoin s'engage tout entier, par sa parole ou son action, il se dit lui-même, dans la plénitude de son existence libre. Dès lors, le témoignage acquiert une profondeur et une dignité singulières, quand il a pour objet le mystère intime de l'être personnel. À ce niveau, plus que dans un procès, le témoin ne fait qu'un avec ce qu'il dit. La personne se veut présente et transparente à l'auditeur, dans la vérité de son mystère intérieur. Elle peut se tromper, se faire illusion sur elle-même; en raison toutefois de la visée qui l'anime, son témoignage est irrécusable. Rien ne prévaut contre lui.

En effet, lorsque nous quittons l'univers des choses matérielles pour accéder au niveau des personnes, nous quittons le monde de l'évidence pour entrer dans celui du témoignage. À ce niveau, l'idéal scientifique, qui ne règne au surplus que sur l'un des foyers de la réflexion humaine, ne vaut plus.

Au niveau de l'intersubjectivité, qui est celui des personnes, nous nous heurtons au mystère. En effet, les personnes ne sont pas des problèmes qui se laissent enfermer dans des formules et résoudre dans une équation. Nous n'avons d'accès à l'intimité personnelle que par le libre témoignage de la personne sur elle-même, par une confidence qui est proprement une révélation, un dévoilement de son mystère intérieur. Dire que le témoignage est un type inférieur de connaissance, parce qu'il ne produit que des probabilités et non des certitudes, et parce qu'il échappe aux normes d'un certain idéal scientifique, serait donc manifester une déplorable ignorance de la question. La connaissance par témoignage n'est inférieure que là où, par suite de la nature de l'objet étudié, nous sommes capables d'arriver à une connaissance directe et immédiate du réel; mais elle n'est pas inférieure lorsqu'il s'agit de ces réalités que sont les personnes où le témoignage est la seule façon d'entrer en union avec la personne et de participer à son mystère.

Le témoignage appartient au mystère de la liberté. Parce qu'humaine, cette liberté, sans doute, est-elle fragile et toujours menacée. Seul Dieu peut donner à sa parole une garantie absolue, à cause de son identité éternelle et absolue avec lui-même. L'expérience humaine, de fait, nous renseigne sur la multiplicité des erreurs involontaires, même chez les êtres les plus authentiques. Et pourtant, en dépit de ces risques, le témoignage appartient à la grandeur et à la dignité de la personne. Il la fait participer à l'autonomie et à la liberté même de Dieu.

Il subsiste donc, dans le témoignage, une solitude dont le témoin lui-même ne saurait s'affranchir, et qui le rend vulnérable, exposé au refus. Même en Jésus, chez qui l'expérience qu'il a de son identité de Fils du Père donne à sa parole certitude et valeur absolues, le témoignage n'est pas assuré de recevoir l'accueil qu'il mérite, ce témoignage fût-il signé de son sang.

C'est que le témoignage, enraciné au cœur de la liberté humaine, fait appel à la liberté de celui qui le reçoit. Tandis que la démonstration fait d'abord appel à l'intelligence, le témoignage engage aussi, à des degrés divers, la volonté et l'amour. Il fait appel à la confiance: une confiance plus ou moins profonde, qui se mesure à l'importance de l'objet attesté et des valeurs risquées sur la parole. Déjà, lorsqu'une personne recourt au témoignage pour s'exprimer, elle fait appel à la confiance et promet, au moins implicitement, d'être sincère et vraie. Et, d'autre part, accueillir le témoignage de quelqu'un comme vérité, c'est déjà lui faire confiance, car c'est passer de l'autonomie à l'hétéronomie, c'est renoncer à soi pour s'en remettre à autrui. La possibilité d'un commerce entre les hommes repose même, en définitive, sur cette confiance réclamée par le témoin et sur la promesse, tacitement faite par lui, de ne pas la trahir. D'une part, donc, engagement moral du témoin, et, d'autre part, confiance, qui est déjà amorce d'amour, de celui qui adhère au témoignage. Envisagé du côté de l'auditeur aussi bien que du côté du témoin, le témoignage reste un fait moral encore plus qu'un fait mental.

Dans le cas extrême où la personne engage le tout de sa vie sur la parole du témoin, elle manifeste une confiance, une foi totale, qui est amour profond du témoin. À cet égard, la foi au Christ est donation totale de la personne au Christ, décision qui engage le tout de l'existence personnelle et le tout de l'existence humaine. La personne tout entière se livre au témoignage absolu.

Dès lors, nous n'avons plus à nous étonner que le christianisme soit la religion du témoignage et de la foi. La révélation, en effet, est essentiellement manifestation du mystère personnel de Dieu, qui est l'intériorité par excellence. Le christianisme est la religion du témoignage précisément parce qu'il est manifestation du mystère des personnes divines. Ce que le Christ révèle, en définitive, c'est le mystère personnel qu'il constitue comme Fils du Père, dans la chair et le langage de l'homme Jésus. Les apôtres, à leur tour, témoignent de leur intimité avec le Christ, Verbe de vie, Fils du Père, en relation intime avec le Père et l'Esprit, mais dans une communication si réservée qu'elle n'admet pas de partage. Tout l'Évangile se présente comme une confidence d'amour, un témoignage du Christ sur lui-même, sur la vie des personnes divines et sur le mystère de notre condition de fils.

Le témoignage en contexte biblique

Globalement, on peut dire que le témoignage biblique assume, mais en même temps exalte, jusqu'à les sublimer, les traits du témoignage humain. Sous la pression de la réalité nouvelle qui le charge, il y a irruption de sens: en hauteur, en profondeur et en largeur.

Dans l'Ancien Testament, le témoin est avant tout le prophète. Ce qui en constitue l'originalité comme témoin, c'est qu'il a été, au sein d'une expérience privilégiée, choisi et envoyé par Dieu. Il connaît Yahvé, parce que Yahvé lui a parlé et lui a confié sa parole. Il a été admis à une intimité particulière auprès de Dieu, appelé à partager sa connaissance, ses desseins, sa volonté, pour en être le héraut parmi les hommes. Le prophète a reçu la parole de Dieu, non pour la garder, mais pour la transmettre, pour la publier. Il est la bouche de Yahvé, le serviteur de la parole, l'interprète autorisé de tout ce qui arrive dans l'univers parmi les hommes et dans l'histoire, le témoin de Yahvé, dans un climat souvent d'hostilité et de persécution.

Le témoin, c'est aussi le Peuple d'Israël, choisi et appelé par Yahvé. Le Second Isaïe groupe dans un même texte tous les traits qui caractérisent Israël comme témoin: «Faites sortir le peuple aveugle, mais qui a des yeux, les sourds, qui ont cependant des oreilles. Que toutes les nations à la fois se rassemblent, que les cités se réunissent: Qui, chez elles, avait annoncé ces faits, nous avait laissé entendre les premiers événements? Qu'elles produisent leurs témoins et qu'elles se justifient, qu'on entende et qu'on dise: "C'est digne de foi." Mes témoins à moi, c'est vous — oracle du Seigneur — mon serviteur, c'est vous que j'ai choisis afin que vous puissiez comprendre, avoir foi en moi et discerner que je suis bien tel: avant moi ne fut formé aucun dieu et après moi il n'en existera pas. C'est moi, c'est moi qui suis le Seigneur, en dehors de moi, pas de Sauveur. C'est moi qui ai annoncé et donné le salut, moi qui l'ai laissé entendre, et non pas chez vous, un dieu étranger. Ainsi vous êtes mes témoins — oracle du Seigneur — et moi, je suis Dieu. Oui, désormais je suis tel: personne ne délivre de ma main; ce que je réalise, qui pourrait le renverser?» (*Is* 43, 8-13).

Quatre traits distinguent le Peuple-témoin: 1. Le témoin n'est pas quiconque se présente pour déposer, mais celui qui a été choisi et envoyé pour témoigner. — 2. Le témoignage porte sur le sens radical de l'expérience humaine: Yahvé s'atteste lui-même et se propose comme celui qui donne sens et consistance à toute la réalité humaine. Il n'y a pas d'autre Sauveur que Yahvé. — 3. Le témoignage est orienté vers la proclamation, la divulgation: il a une portée sociale. — 4. Cette proclamation implique un engagement, non seulement dans les paroles, mais aussi dans les actes et dans la vie.

Ainsi, le sens profane du témoignage est retenu dans ses principaux aspects. Une nouveauté, toutefois, est apportée par l'Ancien Testament: l'autorité du témoin ne vient pas de lui, mais de sa vocation privilégiée et de son envoi. On distingue, dans la mission du témoin-prophète, comme deux pôles d'activité, qui parfois se succèdent, mais le plus souvent se recouvrent: l'activité de la proclamation et celle de l'engagement de la vie.

Le témoignage apostolique

Le recours à la catégorie du témoignage, dans le Nouveau Testament, n'est pas occasionnel, mais répété et intentionnel. Une simple statistique sur la fréquence de *martus* (témoin) et de ses dérivés (substantifs et verbes) est hautement significative: le terme revient 198 fois.

Témoigner et témoin appartiennent avant tout à la terminologie des Actes et à la théologie de Luc. «Témoigner» caractérise l'activité apostolique au lendemain de la résurrection. Le titre de «témoins» désigne au premier chef les apôtres. Quatre traits les définissent comme tels: 1. Comme les prophètes, ils ont été choisis par Dieu (*Ac* 1, 26; 10, 41). — 2. Ils ont vu et entendu le Christ (*Ac* 4, 20), ils ont vécu dans son intimité (*Ac* 1, 21-22) et, par suite, possèdent une expérience vivante, directe, de sa personne, de son enseignement, de ses œuvres. Ils ont mangé et bu avec lui, avant et après sa résurrection (*Ac* 10, 41). En un mot, ils ont été les intimes et les commensaux du Christ. Les autres peuvent prêcher; au sens strict, seuls les apôtres peuvent témoigner. — 3. Ils ont reçu mission du Christ pour témoigner (*Ac* 10, 41) et, pour remplir ce mandat, ils ont été investis de la puissance de l'Esprit (*Ac* 1, 8). — 4. Un dernier trait des apôtres comme témoins, c'est l'engagement: une attitude qui se traduit par une fidélité absolue au Christ et à son enseignement reconnu comme la vérité et le salut de l'homme. Les Actes ne cessent de répéter que les apôtres annoncent la Parole de Dieu avec assurance *(parrèsia)*, c'est-à-dire avec un courage surnaturel, fruit de l'Esprit qui agit en eux et triomphe des réactions trop humaines devant les difficultés de l'apostolat: timidité, respect humain, peur des persécutions et de la mort. Sous l'effet de ce courage intérieur, les apôtres déclarent: «Nous ne pouvons certes pas, quant à nous, taire ce que nous avons vu et entendu» (*Ac* 4, 20). Ce à quoi saint Jean fait écho: «Ce que nous avons entendu, ce que nous avons vu de nos yeux, ce que nous avons contemplé et ce que nos mains ont touché du Verbe de vie [...] nous rendons témoignage» (*1 Jn* 1, 1-3).

Pour succéder à Judas et devenir «témoin de la résurrection», Matthias a dû remplir ces conditions. Il a été compagnon des apôtres tout le temps que le Seigneur Jésus a vécu parmi nous, c'est-à-dire du baptême, qui marque le début de son ministère, jusqu'à sa glorification comme Christ et Seigneur (*Ac* 1, 22; 2, 36). Il n'y a donc pas solution de continuité entre le Jésus terrestre et le Christ glorifié. Les apôtres sont comme la charnière entre le temps de Jésus et le temps de l'Église. Il est d'ailleurs significatif que Luc, au début des Actes (*Ac* 1, 13), répète la liste des apôtres, manifestant de la sorte que ce sont eux qui assurent la continuité entre la communauté d'avant et celle d'après Pâques. Le nom de Judas est absent de cette liste: il est désormais remplacé par celui de Matthias *désigné* par Dieu (*Ac* 1, 26). L'autorité du témoin, en effet, ne vient pas de lui, mais de Dieu qui l'envoie ou le désigne. Ainsi, appelé par Dieu, ayant vu et entendu Jésus, ouvert à l'intelligence des Écritures, fortifié par l'Esprit, Matthias est qualifié pour transmettre avec fidélité ce qui concerne Jésus et pour devenir témoin de sa résurrection (*Ac* 1, 21-26).

Le témoignage, en effet, porte à la fois sur les choses vues et entendues et sur le sens des événements arrivés. Il est à la fois narration et confession.

D'une part, parce que les apôtres ont vécu dans l'intimité du Christ, ils sont les témoins oculaires et auriculaires de toute sa carrière, du baptême à la résurrection (*Ac* 4, 20). «Et nous autres, dit Pierre, sommes témoins de toute son œuvre sur le territoire des Juifs [Galilée] comme à Jérusalem» (*Ac* 10, 39). Mais ils sont d'abord témoins de la résurrection, car c'est le fait essentiel qui autorise tout ce qui précède et tout ce qui suit. Ce Jésus que les Juifs ont crucifié, il est ressuscité (*Ac* 5, 30) et il est apparu (*Ac* 10, 40). «Et nous en sommes témoins» (*Ac* 5, 32): c'est l'expression qui revient dans la première partie des Actes, comme un leitmotiv.

Mais le témoignage ne porte pas seulement sur la réalité empirique, phénoménale des dits et gestes de Jésus. Les apôtres témoignent avant tout de la portée salvifique de ces faits: ils sont témoins du sens profond de son existence terrestre, à savoir le salut inauguré par sa mort et sa résurrection (*Ac* 5, 31; 10, 42).

Ac 10, 37-43 réunit dans un même texte ces deux composantes essentielles du témoignage apostolique. Pierre rappelle d'abord les événements de la vie terrestre de Jésus: son ministère, ses miracles, sa crucifixion, sa mort, sa résurrection, ses apparitions: «Vous le savez. L'événement a gagné la Judée entière; il a commencé par la Galilée, après le baptême que proclamait Jean; ce Jésus issu de Nazareth, vous savez comment Dieu lui a conféré l'onction d'Esprit Saint et de puissance; il est passé partout en bienfaiteur, il guérissait tous ceux que le diable tenait asservis, car Dieu était avec lui. Et nous autres sommes témoins de toute son œuvre sur le territoire des Juifs comme à Jérusalem. Lui qu'ils ont supprimé en le pendant au bois, Dieu l'a ressuscité le troisième jour, et il lui a donné de manifester sa présence, non pas au peuple en général, mais bien à des témoins nommés d'avance par Dieu, à nous qui avons mangé avec lui et bu avec lui après sa Résurrection d'entre les morts» (*Ac* 10, 37-41).

Après ce témoignage sur la carrière terrestre de Jésus, le texte enchaîne avec un témoignage qui porte cette fois sur la dimension intérieure et surnaturelle de cette réalité historique: «Enfin, il nous a prescrit de proclamer au peuple et de porter ce témoignage: c'est lui que Dieu a désigné comme juge des vivants et des morts; c'est à lui que tous les prophètes rendent le témoignage que voici: le pardon des péchés est accordé par son Nom à quiconque met en lui sa foi» (*Ac* 10, 42-43). Le vocabulaire de cette seconde partie est toujours celui du témoignage, mais la réalité attestée échappe à l'observation empirique: elle appartient cependant au même objet, car elle exprime le sens profond, l'être intime de ce que les yeux et les oreilles ont perçu. Ce Jésus de Nazareth, que les apôtres et le peuple juif ont vu et entendu, est désormais identifié comme le Juge des vivants et des morts. Sa mort n'est pas une mort banale, comme les autres: elle nous sauve du péché, elle opère notre salut.

Dans le témoignage apostolique décrit par les Actes, il y a donc union indissoluble de l'événement historique (dimension horizontale) et de sa portée religieuse et salvifique (dimension verticale). Il en va de même dans le kérygme de Paul. Pour lui, Jésus persécuté, crucifié, mort, ressuscité, glorifié, c'est le Christ. Ainsi, loin de nier ou de réduire la réalité historique, le témoignage apostolique la réaffirme et la confirme, pour en découvrir la dimension intérieure, qui échappe au regard. Il ne confère pas l'historicité à un événement non survenu, mais découvre la portée transcendante de ce qui est advenu. Sans Jésus (œuvres et paroles), le témoignage n'a plus de support: il croule.

Pour être complet, il faut ajouter au témoignage apostolique un troisième élément. En effet, lorsqu'il déclare le sens de l'événement historique, le témoignage n'en donne pas une interprétation arbitraire, mais s'appuie sur l'histoire vécue: celle de Jésus et celle du peuple juif. Ainsi, le jour de la Pentecôte, Pierre, qui déclare l'identité de Jésus, fonde son interprétation sur des faits de la vie de Jésus qui l'autorisent, à savoir ses miracles, sa résurrection et les apparitions. Pierre précise, en effet: «Ce Jésus que vous, vous aviez crucifié» (*Ac* 2, 36), «Dieu l'a ressuscité, nous tous en sommes témoins» (*Ac* 2, 32). Il dit encore: «Jésus le Nazôréen, cet homme que Dieu avait accrédité auprès de vous en opérant par lui des miracles, des prodiges et des signes au milieu de vous, comme vous le savez [...] Dieu l'a ressuscité» (*Ac* 2, 22-24). La résurrection elle-même est fondée sur les apparitions (*Ac* 10, 40-41) et celles-ci, à leur tour, sont fondées sur des expériences d'un intense réalisme, telles que manger, boire (*Ac* 10, 41; *Lc* 24, 42-43) et parler (*Jn* 20, 27). Le témoignage de Pierre sur l'identité de Jésus de Nazareth, comme Messie et Seigneur, s'appuie donc sur la réalité historique de sa vie et de ses œuvres. La même préoccupation se retrouve dans l'Évangile de Jean (*Jn* 20, 30-31). Le témoignage apostolique se réfère donc à l'histoire à un double titre: parce qu'il déclare le sens d'un événement qu'il suppose et réaffirme en l'interprétant; et parce que l'interprétation qu'il en donne se fonde elle-même sur l'authenticité des dits et gestes de Jésus. La catégorie du témoignage dit non seulement référence à Jésus, mais volonté de référence à Jésus. Si Jésus n'a pas accompli les œuvres qu'il a faites, le témoignage apostolique ne vaut plus, et l'Évangile n'existe plus.

Le thème du témoignage chez saint Jean

Chez saint Jean, le témoignage culmine comme narration, comme confession, comme engagement et comme intériorisation. Le Témoin, c'est le Christ (*Ap* 1, 5; 3, 14); et, pour le Christ, témoigner, c'est équivalemment manifester le Père, révéler le Père.

Le témoignage désigne la fonction révélatrice du Christ, et ce témoignage a pour objet le Christ lui-même, dans son mystère personnel de Fils. Aussi le Christ rend-il témoignage par toute sa présence et durant toute son existence. Pour lui, témoigner, c'est se révéler, se faire connaître: ce qu'il est et d'où il vient, c'est-à-dire du Père. Si cette révélation culmine dans la croix, c'est parce que dans la croix s'opère la suprême révélation du Christ, à savoir l'amour suprême du Père pour les hommes, manifesté dans l'amour suprême du Christ pour les siens.

Dans la perspective de Jean, le témoignage du Christ, encore plus que celui des prophètes, a un caractère public et juridique. Son témoignage se présente comme une déposition publique dans le vaste procès qui oppose Royaume de Dieu et Royaume de Satan, le Christ et le monde. En faveur du Christ, il y a le témoignage de Jean-Baptiste, de l'Écriture, de l'Apôtre, de l'Esprit Saint. Mais la parole du Christ se heurte à la contestation et à la haine. Confrontés avec le Christ, les Juifs, qui représentent l'ensemble du monde hostile à la vérité, rejettent son témoignage et se jugent eux-mêmes. Le témoignage du Christ opère ainsi le discernement des hommes. Le Christ, pourtant, a poussé son témoignage à la limite: il a été le «Témoin fidèle et véritable» (*Ap* 3, 14).

Le Christ est donc le Témoin absolu, celui qui porte en lui la garantie de son témoignage. L'homme, toutefois, ne saurait accueillir, par la foi, ce témoignage de l'Absolu, manifesté dans la chair et le langage de Jésus, sans une attraction intérieure (*Jn* 6, 44) qui est un don du Père et un témoignage de l'Esprit (*1 Jn* 5, 9-10). À ce moment, le témoignage s'intériorise presque complètement, car il est dit que celui qui croit au Christ a en lui le témoignage de Dieu. Le témoignage que le croyant possède en lui, c'est le témoignage que l'Esprit rend au Fils. Si le témoignage s'intériorise, c'est toujours en référence à la parole du Christ qui extériorise l'intimité de son dialogue avec le Père. Et Jean, pareillement, annonce ce qu'il a vu et entendu du Verbe de vie, afin que, par la foi en son témoignage, les hommes entrent en communion de vie avec le Père et son Fils. Le témoignage-confession ne se détache jamais du témoignage-narration.

Ainsi le témoignage biblique est essentiellement religieux. Il s'agit d'un témoignage sur Quelqu'un: le Dieu Sauveur (Ancien Testament) ou le Dieu-salut-en-Jésus-Christ (Nouveau Testament).

Il est à la fois proclamation extérieure de la Bonne Nouvelle du salut et engagement de la personne (paroles et actes), pouvant aller jusqu'au don de la vie par le martyre. C'est même cet aspect d'engagement qui maintient la continuité entre le témoignage profane et le témoignage intérieur de l'Esprit qui rend l'homme capable de s'ouvrir à l'Évangile et d'y adhérer par la foi. Sans ce témoignage intérieur de l'Esprit, le témoignage extérieur reste vain et stérile. La notion néotestamentaire de témoignage ne comprend pas encore explicitement le témoignage du sang, sauf dans l'Apocalypse, où il est dit que les disciples du Christ ont triomphé, «par le sang de l'Agneau et par la parole dont ils ont rendu témoignage: ils n'ont pas aimé leur vie jusqu'à craindre la mort» (*Ap* 12, 11). Le passage, toutefois, est légitime, car la vérité attestée dans le témoignage chrétien est la vérité de la mort comme rédemption. Le témoin-martyr atteste la victoire de la mort du Christ et sa vie indestructible. Il atteste l'Absolu du Christ, Témoin absolu.

Du témoignage-Révélation au témoignage-motif de crédibilité

Après ce que nous avons dit sur le témoignage profane et sur le témoignage religieux, nous comprenons mieux que la révélation soit conçue comme «témoignage». Dans le commerce des trois personnes divines avec les hommes, il existe un échange de témoignages qui a pour but de proposer la révélation et de nourrir la foi. Ils sont trois qui révèlent ou rendent témoignage, et ces trois ne font qu'un. Le Christ témoigne du Père, tandis que le Père et l'Esprit témoignent du Fils. Les apôtres, à leur tour, témoignent de ce qu'ils ont vu et entendu du Verbe de vie. Mais leur témoignage n'est pas la communication d'une idéologie, d'une découverte scientifique, d'une technique inédite, mais la proclamation du salut promis et enfin réalisé.

Dans cette perspective, le témoignage désigne avant tout l'engagement d'une vie authentiquement chrétienne. Cet accord entre l'Évangile et la vie donne à l'Évangile crédibilité et efficacité. Le salut annoncé est vraiment accompli, puisque l'homme nouveau annoncé par l'Évangile, vivifié par l'Esprit, est vraiment parmi nous. Grâce au témoignage, l'homme trouve l'Évangile devant lui, comme une réalité incarnée dans des êtres de chair et de sang. La vérité et la vie se font écho et coïncident. L'Évangile devient transparence. Le message fait corps avec le témoignage: le salut annoncé devient le salut présent. Cette harmonie entre l'annonce et la contemplation du salut est à elle-même signe de la présence de Dieu et de la vérité de l'Évangile. Lorsque le témoignage devient ainsi style de vie filial, vivifié par l'Esprit, nous passons du témoignage-révélation au témoignage-motif de crédibilité.

2

Le Christ martyr et le martyre des chrétiens

La liturgie du Carême nous achemine vers le mystère de la passion et de la mort du Christ, celui que l'Apocalypse appelle «le Témoin fidèle» (*Ap* 1, 5), «le Témoin fidèle et véritable» (*Ap* 3, 14), c'est-à-dire le Martyr et le premier-né de tous les martyrs de l'Église. Le Christ, qui a aimé les siens qui sont dans le monde, les a aimés jusqu'à l'extrême de l'amour (*Jn* 13, 1).

Nous proposerons ici quelques réflexions sur ce témoignage suprême de l'amour qu'est le martyre. Occasion d'autant plus opportune que la réflexion de l'Église sur le martyre s'est prodigieusement enrichie et approfondie durant le concile Vatican II.

C'est au deuxième siècle que la notion de martyre trouve des traits assez fermes pour devenir un terme classique: le martyr est le chrétien qui témoigne publiquement de sa foi au Dieu unique et à la divinité de Jésus Christ, et qui porte ce témoignage jusqu'à la mort. Ainsi, on dira de Justin et de ses compagnons: «Les saints martyrs [...] ont achevé leur martyre en confessant notre Sauveur.» Le martyr est celui dont l'assimilation au Christ va jusqu'au don suprême, celui de la vie, dans un acte d'amour qui est aussi un don de l'Esprit.

C'est à l'occasion des persécutions des premiers siècles de l'Église que s'est élaborée cette réflexion sur le martyre. Tous les récits anciens montrent que les chrétiens sont traduits devant des tribunaux, condamnés et mis à mort, souvent après des tortures atroces, qui visent à leur faire abjurer leur foi au Christ. Il leur suffit de «maudire le Christ» et d'adorer des images impériales pour être aussitôt libérés. Confesser la foi, pour eux, c'est s'unir au Christ, comme l'épouse à l'époux; le renier, c'est se séparer de lui. Ce n'est pas la mort que recherche le martyr, mais bien le Christ auquel il veut rester fidèle, associé à sa passion.

Deux conceptions du martyre

Au cours des siècles, cette notion du martyre s'est notablement appauvrie. Dans la théologie du martyre, on distingue la mise à mort *en haine de la foi* et le *témoignage d'amour pour le Christ.* On observe toutefois, jusqu'au XXe siècle avancé, que l'accent est mis de plus en plus sur la *haine de la foi* manifestée par le bourreau ou le persécuteur. L'Église n'a jamais donné de définition dogmatique du martyre. Très vite, cependant, s'est imposé un modèle ou scénario classique du martyre et de ses conditions. Le martyr chrétien est une victime innocente qui meurt pour sa foi aux mains d'un tyran opposé à cette foi. Une *mort en haine de la foi*, tel est le critère fondamental pour discerner si quelqu'un est candidat au titre de martyr. Ainsi, au moment de la canonisation de Brébeuf, Jogues et de leurs compagnons jésuites, le poids de la preuve reposait avant tout sur le fait — qui devait être incontestablement établi — que la victime avait été mise à mort en haine de la foi.

L'expression *haine de la foi* revient de façon obsédante, comme une idée fixe, dans tous les débats de l'époque. Or, dans bien des cas, par exemple celui des victimes des nazis, tels Maximilien Kolbe et Edith Stein, les motifs du tyran ne sont pas purement religieux, mais aussi politiques. Dans les deux cas mentionnés, il n'y a jamais eu confrontation entre la victime et le tyran. Bien plus, dans le cas d'Edith Stein, comme aussi de Noël Chabanel, nul n'a été témoin de leur mort.

Par bonheur, sur cette notion du martyre, comme sur tant d'autres, Vatican II, en retournant aux sources, c'est-à-dire au Christ martyr, a proposé un enseignement qui représente un saut qualitatif prodigieux par rapport à la théologie préconciliaire. Le martyre n'y est plus proposé *d'abord* comme une mort infligée par des ennemis, *en haine de la foi*, mais comme le *signe du plus grand amour.*

Doctrine de Vatican II sur le martyre

Dans la *Constitution sur l'Église*, au numéro 42, il est dit: «Jésus, Fils de Dieu, ayant manifesté sa charité en donnant sa vie pour nous, personne ne peut aimer davantage qu'en donnant sa vie pour lui et pour ses frères (*1 Jn* 3, 16; *Jn* 15, 13). À rendre ce témoignage d'amour devant tous et surtout devant les persécuteurs, quelques-uns parmi les chrétiens ont été appelés depuis la première heure, et d'autres y seront sans cesse appelés. C'est pourquoi le martyre dans lequel le disciple est assimilé à son maître, acceptant librement la mort pour le salut du monde, et dans lequel il devient semblable à lui dans l'effusion de son sang, est considéré par l'Église comme une grâce éminente et la preuve suprême de la charité. Que si cela n'est donné qu'à un petit nombre, tous cependant doivent être prêts à confesser le Christ devant les hommes et à le suivre sur le chemin de la croix, au milieu des persécutions qui ne manquent jamais à l'Église.»

Dans ce texte, le principe de discernement du martyre est décrit par: *donner sa vie pour le Christ et ses frères*, et il renvoie à deux textes de saint Jean sur le témoignage du plus grand amour. Le martyre se situe en continuité avec la mort du Christ qui a donné sa vie pour le salut de tous. Pour évoquer la *spécificité* du martyre, le Concile dit: *c'est une grâce éminente et la preuve suprême de la charité.* Notons que le témoignage est donné dans l'Église et reconnu comme tel par l'Église. Enfin, si le Concile déclare que le témoignage est donné devant tous et surtout devant les persécuteurs, il n'utilise plus l'expression *en haine de la foi.* Il la suppose sans doute, mais il n'en fait pas le critère le plus élevé et pratiquement déterminant; il met au premier plan un trait positif: le signe du plus grand amour pour le Christ, jusqu'au don de la vie.

Nouvel approfondissement de la notion de martyre

Dans la période postconciliaire, on assiste à un approfondissement et à un élargissement encore plus importants de la notion de martyre. Vatican II est dépassé.

Rappelons que, jusqu'au XXe siècle, la notion de martyre était liée au contexte des persécutions de l'Église primitive. Le scénario était fort simple: le persécuteur somme le chrétien de renier sa foi; si celui-ci refuse, il est supplicié. Or l'Église a été obligée de reconnaître que ce scénario, s'il est simple, voire simpliste, ne correspond pas toujours au contexte de notre époque. Devant des cas nouveaux, infiniment plus complexes, l'Église a été amenée à réviser la notion de martyre pour en approfondir et élargir le sens. Le progrès de cette réflexion s'est effectué moins par voie de raisonnements théologiques et juridiques que par voie de jurisprudence. Significatif, à cet égard, est le cas de Maximilien Kolbe.

Le 30 juillet 1941, un prisonnier s'était échappé du camp d'Auschwitz. En représailles, les chefs du camp nazi condamnèrent dix de ses compagnons à mourir de faim. Parmi ces victimes, se trouvait un père de famille horrifié à la pensée de mourir sans même revoir sa famille. Kolbe s'offrit à prendre sa place. Après seize jours de détention, il ne restait que quatre survivants du groupe des dix. Kolbe reçut une injection et mourut. Jamais il n'eut à renier sa foi devant un tribunal d'officiers nazis, mais il a volontairement offert sa vie pour un de ses compagnons de captivité. Il n'est pas mort martyr au sens classique du mot. Il a été cependant proclamé *martyr* sans base canonique, le 9 novembre 1982. Le pape désigne sa mort comme «signe de l'amour», comme martyre de la charité.

«Cette mort, dit Jean-Paul II, affrontée spontanément, par amour de l'homme, ne constitue-t-elle pas Maximilien Kolbe semblable au Christ, modèle de tous les martyrs, qui donne sa vie sur la croix pour ses frères? Une telle mort ne possède-t-elle pas une éloquence particulière et pénétrante pour notre époque? Ne constitue-t-elle pas un témoignage particulièrement authentique de l'Église dans le monde contemporain? Et, par conséquent, en vertu de mon autorité apostolique, j'ai décrété que Maximilien Kolbe qui, à la suite de sa béatification, était vénéré comme confesseur, sera désormais vénéré aussi comme martyr.»

La mort du Père Kolbe est un événement de salut. La vérité de l'Évangile, en effet, est l'annonce salvifique de la dignité et de la sacralité de l'homme. Le don de la vie, par amour, pour attester cette dignité de la personne humaine, est donc un témoignage ecclésial en faveur du Christ et de son Évangile.

Sur la base de ces textes, nous pouvons dire que le martyr — signe du plus grand amour — est un témoin qui s'est mis à la suite du Christ, jusqu'au don de sa vie, pour attester la vérité du salut. Reconnu comme tel par la voix du peuple de Dieu, il est authentifié par l'Église comme témoin fidèle du Christ.

Le témoignage des chrétiens

Ces considérations sur le martyre du Christ et des martyrs canonisés ne doivent toutefois pas nous faire oublier les dernières lignes du texte de Vatican II: «Tous doivent être prêts à confesser le Christ devant les hommes et à le suivre sur le chemin de la croix, au milieu des persécutions qui ne manquent jamais à l'Église.»

Effectivement, à plusieurs reprises, le Concile revient sur la nécessité et la valeur de ce suprême témoignage dans l'économie chrétienne. Les *prêtres* doivent être «prêts à aller jusqu'au sacrifice suprême, à l'exemple des prêtres qui, même de notre temps, n'ont pas hésité à donner leur vie» (Décret sur le ministère et la vie des prêtres, n. 13). Le *missionnaire* «doit rendre témoignage à son Seigneur, et même, si c'est nécessaire, jusqu'à l'effusion de son sang» (Décret sur l'activité missionnaire de l'Église, n. 24). «*Tous les chrétiens* doivent être prêts à confesser le Christ devant les hommes» (Constitution sur l'Église, n. 42). Le Décret sur l'œcuménisme recommande de son côté de reconnaître et d'apprécier «les valeurs réellement chrétiennes qui ont leur source au commun patrimoine et qui se trouvent chez nos frères séparés. Il est juste, poursuit-il, de reconnaître les richesses du Christ et sa puissance agissante dans la vie de ceux qui témoignent pour le Christ parfois jusqu'à l'effusion du sang» (n. 4. Voir aussi la Constitution sur l'Église, n. 15).

Il ne suffit donc pas de savoir ce qu'est le martyre: il faut aussi savoir le découvrir. Il existe aujourd'hui, et plus que jamais peut-être, une Église des martyrs en Amérique centrale, en Amérique latine et en Afrique. Hier, les martyrs ont donné leur vie plutôt que d'adorer César. Aujourd'hui, des chrétiens et des chrétiennes refusent, au risque de leur vie, d'encenser les despotes du pouvoir absolu et de l'argent, qui méprisent et piétinent le caractère sacré de la personne humaine. Le martyre est le partage d'une Église qui se range du côté des miséreux, des opprimés, des asservis, des torturés. Rien que dans le Tiers Monde, ces vingt dernières années, près de 300 prêtres ont versé leur sang par fidélité au Christ pauvre. Et les laïcs se comptent par milliers. Le martyre est signe d'une Église unie au Christ et aux valeurs qu'il représente.

3

Pourquoi des saints et des saintes dans l'Église?

Le nouveau calendrier liturgique de l'Église, en donnant la priorité au cycle des mystères du Christ, nous rappelle opportunément que les saints ne sont rien sans le Christ: tout ce qu'ils sont, ils le doivent au Christ et à son Esprit. Ce nouvel équilibre entre cycle christique et cycle sanctoral ne doit toutefois pas nous faire oublier ce que représentent les saints dans le mystère du Christ et de l'Église. Il existe une théologie des saints et de la sainteté dont il faut rappeler la richesse et la grandeur, sous peine de ne rien comprendre au mystère même du Christ et de l'Église.

Pourquoi des saints et des saintes dans l'Église?

La sainteté, dans l'Église, n'est pas une chose louable et souhaitable seulement: c'est une nécessité même du christianisme. Le synode de 1985, dans une rétrospective sur Vatican II, souligne à ce propos: «À travers toute l'histoire de l'Église, les saints et les saintes ont toujours été source et origine de renouvellement dans les moments les plus difficiles. Aujourd'hui, nous avons grand besoin d'avoir des saints, et sans nous lasser nous devons en demander à Dieu.» Et il ajoutait que le surgissement de la sainteté serait le véritable test de la fécondité du Concile. Davantage, il faut affirmer que le témoignage des saints, c'est-à-dire d'une vie en parfait accord avec l'Évangile, est une exigence absolue du christianisme lui-même, une nécessité de nature. Et cela, pour plusieurs motifs.

1. Tout d'abord parce que le christianisme n'est pas un système de pensée, une idéologie, un enseignement qui n'engagerait ni le prédicateur ni l'auditeur, mais un *message de salut, rattaché à un événement qui a changé le sens de la condition humaine.* L'Évangile nous dit en effet que l'homme, en Jésus Christ, est sauvé, que nous sommes enfants de Dieu et que déjà nous participons à la vie des personnes divines. Il en résulte aussitôt que, si le christianisme est incapable de démontrer que le salut annoncé est arrivé et que l'Esprit a vraiment été donné, il avoue son échec. Il ne suffit pas de prétendre que le salut est arrivé, mais qu'il est insaisissable, que la sainteté est donnée, mais que, paradoxalement, rien ne la trahit au dehors: s'il en est ainsi, la prétention du christianisme est vaine. Si la sainteté doit exister, et de fait elle existe, on doit pouvoir la rencontrer et la discerner dans ses fruits qui sont, comme le rappelle saint Paul: «amour, joie, paix, patience, bonté, bienveillance, foi, maîtrise de soi» (*Gal* 5, 22). De même, l'Église ne peut se contenter d'affirmer qu'elle est sainte et qu'elle a reçu du Christ les moyens de sanctifier les hommes, sans pouvoir toutefois les sanctifier. La vérité est que plus l'Église parle de sainteté, plus elle doit produire des témoins du salut. Plus elle raconte l'histoire du salut en Jésus Christ, plus elle doit raconter les victoires de la grâce du salut sur le péché des hommes. Tel est le sens profond des béatifications et des canonisations. L'Église perd toute crédibilité si elle ne produit pas des fruits de salut, c'est-à-dire des saints et des saintes.

2. En deuxième lieu, la présence des saints et des saintes est nécessaire parce que *l'essentiel du message chrétien est la révélation de l'amour infini de Dieu pour les hommes et les femmes à travers l'amour du Christ.* Or, comment des personnes qui ne connaissent pas Jésus Christ peuvent-elles croire à son amour si elles n'ont pas sous les yeux le spectacle d'hommes et de femmes qui ont eux-mêmes été conquis par cet amour et qui ont risqué pour lui le tout de leur vie? On ne peut introduire à l'amour d'une personne, si ce n'est par une contagion d'amour. Lorsque des chrétiens et des chrétiennes mènent une vie en accord avec l'Évangile, lorsqu'ils proposent l'Évangile, visible, en des êtres de chair comme nous, alors ceux et

celles qui sont témoins de ce spectacle contemplent Dieu qui est aimé et Dieu qui les aime. L'amour de Dieu est là, debout, devant eux. Cet amour des hommes et des femmes entre eux devient alors le sacrement ou le signe de l'amour de Dieu pour les hommes.

3. L'accord entre l'Évangile et la vie que les saints *rendent visible* est également nécessaire parce que le christianisme est la *révélation d'un nouveau style de vie.* Or ce style de vie est quelque chose de sublime et d'inédit: pensons au pardon des ennemis. Comment en donner quelque idée, sinon par une présentation concrète, par un exemple vivant? Un simple discours sur la vie de fils de Dieu serait inévitablement voué à l'échec. C'est pourquoi le Christ, le Témoin par excellence, est non seulement celui qui révèle aux hommes et aux femmes leur condition filiale, mais encore celui qui les *initie* à cette vie de fils, en menant lui-même une vie de fils. C'est pourquoi aussi il faut des témoins du Christ, des saints et des saintes, qui perpétuent dans l'Église cette vie de fils et de filles de Dieu révélée et vécue par le Christ, et qui illustrent pour chaque génération, y compris la nôtre, ce nouveau style de vie qu'est l'existence chrétienne pleinement vécue. Nous avons besoin de voir, *aujourd'hui*, que la transformation de l'humanité annoncée par le Christ, opérée par l'Esprit, est vraiment arrivée.

4. Les saints et les saintes sont également nécessaires pour *illustrer les insondables richesses du mystère du Christ* dont parle saint Paul dans sa lettre aux Éphésiens (3, 8-9). Comment en effet mesurer la «largeur, la longueur, la hauteur, la profondeur» de l'amour du Christ? Comment embrasser, par exemple, d'un seul coup d'œil, par une seule approche, la splendeur d'une cathédrale? Aucune approche ne parviendra à en condenser la beauté. Il faut multiplier les gros plans pour essayer de recomposer la splendeur de l'ensemble. À plus forte raison, comment une seule existence pourrait-elle épuiser le mystère du Christ? Il nous faut la sainteté aux multiples visages de la vie des saints et des saintes pour soupçonner, sans jamais l'atteindre, l'infinie grandeur de Dieu. Sans le dévouement jusqu'à l'épuisement de Pierre Claver pour les Noirs et les lépreux, de Vincent de Paul pour les pauvres, de Brébeuf pour les Hurons; sans la pureté de Stanislas Kostka, qui donne le vertige; sans le zèle délirant de saint Paul et de François Xavier pour le salut des âmes; sans la pauvreté de François et de Claire d'Assise jusqu'au plus total dénuement; sans l'humilité et l'effacement de saint Joseph

et du frère André; sans la tendresse de mère Teresa pour les déchets de l'humanité, comment pourrions-nous comprendre quelque chose de l'amour, du zèle, de la pureté, de la pauvreté, de l'anéantissement, de la tendresse du Christ pour nous? Nous n'arriverons jamais à épuiser le mystère du Christ, infini dans toutes ses dimensions. Mais la vie des saints et des saintes reproduit, comme en miniature, un à un, tous les traits de la personne du Christ. Présent au monde qui l'entoure, le saint nous semble venir d'un autre monde et en rapporter un air plus pur: il nous en fait pressentir la mystérieuse grandeur.

5. Aux hommes et aux femmes en quête de sens ou à la recherche du *sens perdu*, les saints et les saintes découvrent une *plénitude de sens* inépuisable. Dans les ténèbres du non-sens, le témoin du Christ apparaît comme celui qui a trouvé un sens à la vie. Il sait qui il est, ce qu'il fait, où il va. Il a trouvé dans le Christ la source d'un dépassement et d'un achèvement qui font contraste avec toutes les idéologies et toutes les attitudes narcissiques de l'homme contemporain. Le Christ apparaît comme le seul médiateur de sens, le seul exégète de l'homme et de ses problèmes. Son message est mystérieux, mais source de sens intarissable, toujours jaillissante. Car le Christ n'est pas seulement irruption de Dieu dans l'histoire de l'homme, mais irruption *massive* de sens. Le sens de l'homme, qu'il le sache ou non, c'est que l'amour de Dieu le couvre; c'est que l'homme est aimé et sauvé par le Père, dans le Christ et l'Esprit. La clé de son mystère, c'est que Dieu, en Jésus Christ, veut réengendrer en chaque homme un fils et lui *in-spirer*, lui *in-suffler* son Esprit d'amour, qui est un esprit filial. Le sens de l'homme, c'est qu'il est *appelé à l'Amour.*

Les saints comme réformateurs de l'Église

Les saints et les saintes sont aussi les *prophètes* du Nouveau Testament, choisis par Dieu pour aider l'Église à se réformer. Le Concile l'a répété avec force, l'Église a constamment besoin de se purifier, de se renouveler. Or l'histoire l'atteste également, s'il est vrai que le renouvellement des structures ou la création de structures plus adéquates sont de grande importance pour que l'Église ne cesse de marcher au rythme de chaque époque, il est encore plus vrai que l'essentiel de la réforme réside dans la conversion des mentalités et dans celle des cœurs. La conversion des cultures passe par la conversion des personnes. Les vrais réformateurs sont ceux qui ont donné à l'Église la seule chose dont elle ait vraiment besoin: des saints et des saintes. Et, de fait, les grandes réformes de l'Église viennent de l'intérieur, des membres du Peuple de Dieu suscités par l'Esprit. Dans les moments les plus désespérés de l'histoire, l'Esprit a fait jaillir la sainteté et le type de sainteté répondant aux besoins particuliers de chaque époque: saint Bernard, au XIIe siècle; saint François, sainte Claire et saint Dominique, au XIIIe siècle; saint Ignace de Loyola, saint Charles Borromée et sainte Thérèse d'Avila, au XVIe siècle; saint François de Sales, saint Vincent de Paul, saint Jean Eudes, au XVIIe siècle; saint Jean Bosco, saint Jean-Marie Vianney, au XIXe siècle.

La communion des saints

L'Église est essentiellement un Peuple de pèlerins, une caravane. Elle chemine à travers les siècles et porte constamment son regard vers l'horizon qui débouche sur le Royaume définitif. L'Église est en transit. Mais précisément parce que nous sommes en route, comme un train engagé dans un tunnel obscur, nous voulons savoir ce qu'il y a au bout du tunnel. Est-il vrai que notre voyage a une destination qui sera le bonheur et la vie pour l'éternité? Et c'est ici qu'interviennent les saints: ceux et celles qui ont achevé le voyage et qui savent. Le dogme de la communion des saints nous assure que tous ceux et celles qui vivent dans la sainteté achevée du paradis, ou dans la sainteté de purification des défunts, ou dans la sainteté en mûrissement et en devenir qu'est la nôtre, sont tous participants des moyens de sainteté et de croissance déposés dans l'Église. Bien plus, il y a solidarité vitale et mystérieux échange à l'intérieur de cette communauté des saints. Le Christ et ses membres saints, où qu'ils soient, communient entre eux. Ainsi, les contemplatifs et les souffrants de la terre représentent l'énergie spirituelle la plus dense du Corps mystique. Par leur prière et leur souffrance, ils emportent l'humanité vers les cieux nouveaux. Et, d'autre part, les saints et les saintes, les martyrs, déjà parvenus au terme, attestent que leur influence auprès de Dieu, par les faveurs obtenues grâce à leur intercession, que les promesses du bonheur attendu sont autre chose que de vaines paroles pour nous faire endurer un ici-bas plus proche de l'enfer que du ciel.

À qui s'adresse la sainteté?

Il ne suffit pas de parler des saints et de leur présence nécessaire dans l'Église. Il faut ajouter aussitôt: à qui s'adresse la sainteté? Où sont les saints? Le fait que, dans le passé, les saints canonisés aient été surtout des clercs ou des religieux et religieuses, a accrédité la conviction que la sainteté était le privilège d'une élite dont les laïcs seraient exclus. Si nous avions des doutes résiduels sur cette question des candidats à la sainteté, rappelons que la Constitution sur l'Église de Vatican II consacre un chapitre entier, le cinquième, à «l'appel universel à la sainteté». Observons toutefois un glissement de vocabulaire de Vatican I à Vatican II. Celui-ci a utilisé la catégorie du témoignage, du témoin de l'Évangile ou du Christ, plutôt que la catégorie de la sainteté. Mais une fois perçue cette transposition, nous constatons que le thème du témoignage est l'un des thèmes privilégiés de Vatican II. Aux yeux du Concile, témoigner signifie: accréditer l'Évangile comme vérité et salut de l'homme par une vie conforme à l'Évangile.

C'est le Peuple de Dieu tout entier qui doit témoigner du Christ: les évêques, les prêtres, les religieux et religieuses sans doute, mais aussi tous les laïcs. Chacun «doit être devant le monde le témoin de la résurrection et de la vie du Seigneur Jésus et signe du Dieu vivant» (LG 38). «Tous les chrétiens, partout où ils vivent, sont tenus de manifester, par l'exemple de leur vie et le témoignage de leur parole, l'homme nouveau qu'ils ont revêtu par le baptême et la force du Saint-Esprit qui les a fortifiés au moyen de la confirmation» (AG 11). Nul doute, pour Vatican II le grand signe de l'avènement du salut dans le monde, c'est la vie d'unité et de charité des chrétiens: c'est le témoignage de leur vie engagée, c'est-à-dire de leur vie de fils et de fille, de créature nouvelle, transformée et vivifiée par l'Esprit.

Le synode de 1987, suivi de l'exhortation sur les laïcs en 1988, est encore plus explicite: «Unis au Christ et constitués témoins du Christ ressuscité, les fidèles laïcs sont appelés à faire briller la nouveauté et la force de l'Évangile dans leur vie quotidienne, familiale et sociale» (CL 14). Ils sont invités à porter ce témoignage jusqu'aux cimes de la sainteté, car «le saint est le témoignage le plus éclatant de la dignité conférée au disciple du Christ» (CL 16).

Tous, sans exception, nous sommes appelés à la sainteté, quelle que soit notre condition. «Il n'y a qu'une tristesse, disait Léon

Bloy, c'est de n'être pas des saints.» Et Julien Greene, dans son *Journal*: «À vingt-six ans, on voulait tout simplement devenir un saint. On était dans le vrai.» Dans cette aventure de la sainteté, il y a toutefois deux excès à éviter. Il faut d'abord reconnaître qu'aucun saint ne ressemble à un autre saint. Nous n'avons pas à devenir la copie carbone de tel saint ou telle sainte. Nous vivons dans des contextes historiques très différents et, par suite, dans des conditions de vie bien différentes. Dieu attend de chacun et chacune de nous, suivant son âge, sa profession, son état, qu'il vive au jour le jour la grâce de son baptême et de sa condition de fils de Dieu. Un autre excès est de vouloir se construire soi-même sa sainteté. Ce volontarisme spirituel devient vite ascèse mal comprise et conduit aux scrupules ou aux maladies névrotiques. L'essentiel est de chercher en toute chose la volonté de Dieu et d'être docile aux suggestions de l'Esprit. La plupart du temps, la volonté de Dieu se manifeste dans les *événements*, «ces maîtres que Dieu nous donne», disait Pascal. Souvent, en effet, la volonté de Dieu se manifeste dans la maladie, les échecs, les incompréhensions. C'est alors que nous mesurons notre faiblesse, notre précarité. Cet aveu de notre néant devant Dieu est notre vraie grandeur, car elle engendre en nous une confiance éperdue en lui et en sa puissance. Et puis, il y a *l'amour du prochain*, qui reste le grand test de notre amour de Dieu. Car le saint, comme le Christ, est un être de tendresse et de compassion.

Dynamisme apostolique de la sainteté

Terminons par une réflexion sur le dynamisme propre de la sainteté. Apparemment, c'est le signe le plus fragile. Le saint, en effet, n'exige rien, ne violente personne. Et pourtant, c'est le signe le plus efficace, car la sainteté agit par attraction, par séduction. Les saints n'expliquent pas le christianisme par une démonstration ou un panégyrique: ils le montrent présent et agissant dans une existence qu'il a transformée. «Pourquoi les saints, disait Bergson, ont-ils des imitateurs? [...] Ils ne demandent rien, et pourtant ils obtiennent. Ils n'ont pas besoin d'exhorter, ils n'ont qu'à exister. Leur existence est un appel.»

Au regard le moindrement attentif, la sainteté découvre *une harmonie, un accord profond* entre l'Évangile et la vie. L'Évangile nous dit que le Christ est le Fils de Dieu venu dans le monde pour faire de nous des fils du Père, invités à mener une vie de fils, et à partager sa vie. Or voici que les saints et les saintes laissent voir, par transparence, le salut annoncé et opéré par le Christ. En eux, Évangile et vie se font écho et coïncident. Nous n'avons pas à nous demander ce que dit l'Évangile; il est là, devant nous, en des êtres de chair et d'os comme nous. Il ne s'agit pas d'une *démonstration*, mais d'une *«monstration» de l'amour qui les habite et les fait vivre.* Sans eux et des êtres comme eux, la terre serait un astre noir, où les hommes et les femmes mourraient de froid. Mais, grâce à eux, l'amour du Christ est là, espoir de demain.

Si le témoignage de la sainteté individuelle est déjà un signe puissant de la présence du salut dans le monde, combien plus convaincant est ce signe si le témoignage est le fait de tout un groupe, de toute une communauté, voire de toute l'Église. Si ce groupe, cette communauté, vivent de l'Évangile, il en résulte une image fidèle au Christ et à son Esprit. Il s'établit entre les membres de ce groupe un réseau de relations interpersonnelles tissé de paix, de transparence, de douceur, de sérénité, de miséricorde. Le témoignage rendu par les membres saints d'un groupe constitue une communauté sainte qui irradie, chez tous ceux et celles qui l'approchent, l'Esprit du Christ. Au contraire, le péché établit, dans une communauté divisée, des rapports ténébreux. On ne saurait taire l'importance de cet aspect communautaire du témoignage, surtout au niveau ecclésial. Vatican II a souligné avec force la responsabilité des membres de l'Église dans la formation de l'*image* qu'elle donne au monde. Le signe de l'Évangile peut être obnubilé, voire annulé par le *contre-témoignage* d'un christianisme scandaleux. Dans le Décret sur l'œcuménisme, le Concile déclare que la division des chrétiens est «pour tout le monde un objet de scandale et fait obstacle à la plus sainte des causes: la prédication de l'Évangile à toute créature» (UR 1). Partout où l'Église n'offre plus le témoignage de l'unité et de la charité, mais celui de la division (surtout parmi les responsables de l'Évangile), des oppositions, des exclusivismes, des intolérances irréductibles, non seulement l'Église n'attire plus, mais elle détourne du Christ, car c'est par l'Église que nous connaissons le Christ, et c'est par elle également que nous mesurons l'efficacité réelle de l'Évangile. «En cette période de l'histoire, disait le pasteur Schutz de Taizé, nous attendons des catholiques qu'ils ne se refusent pas les uns les autres. Si les divisions qui se manifestent entre eux empêchaient le dialogue, ce serait une épreuve sans égale pour le christianisme (*Dynamique du provisoire*, pp. 44-45). À cet égard, nous pouvons nous demander si la société occidentale, dans son ensemble, ne constitue pas un *contre-témoignage*, devenant par suite le lieu privilégié de prolifération des sectes les plus farfelues. Aurions-nous perdu la mémoire du *passé* et, avec elle, la mémoire de notre *identité*?

Dieu ne se laisse pas vaincre en générosité. Le brasier semble éteint, mais le feu couve sous la cendre. La présence de nombreux foyers de ferveur en est la preuve, comme aussi les innombrables formes de bénévolat inspirées par la plus authentique des charités.

4

Les témoins de la foi

La fête de la Toussaint se rattache étroitement à la fête du Christ-Roi. Le Christ, dit saint Paul, a voulu se constituer une Épouse parfaite qui puisse paraître devant Dieu «sans tache ni ride, [...] sainte et irréprochable» (*Ep* 5, 27). Entre le Christ et l'Église, l'union est si intime qu'elle est comparable à celle de la vigne et des sarments, du Corps et de la Tête, de l'Époux et de l'Épouse. Le Christ et l'Église sont inséparables. Aussi, après avoir fêté le Christ-Roi, chef de l'Église, fêtons-nous ses membres glorieux, l'immense foule de tous les saints et saintes, de tous les sauvés, de tous ceux et celles que le Christ a conquis par le sang de sa passion.

Pour comprendre toute la splendeur de cette fête, il faudrait pouvoir mesurer «ce que l'œil n'a pas vu, ce que l'oreille n'a pas entendu, et ce qui n'est pas monté au cœur de l'homme, tout ce que Dieu a préparé pour ceux qui l'aiment» (*1 Co* 2, 9). Il faudrait projeter sur écran géant l'immense défilé de tous ceux et celles qui constituent la Jérusalem céleste décrite par saint Jean dans l'Apocalypse.

Dans le groupe des apôtres, voici les géants de l'apostolat: saint Paul, qui a été saisi, empoigné par le Christ Jésus, qui ne veut rien savoir que le Christ Jésus et qui a littéralement brûlé sa vie pour lui; saint Vincent Ferrier, qui a converti à lui seul plus de 150 000 pécheurs; saint François de Sales qui a ramené à l'Église 60 000 protestants; saint Pierre Claver qui a baptisé 300 000 Noirs; le curé d'Ars qui, durant quarante ans, a confessé de seize à dix-huit heures par jour; saint François Xavier, l'aventurier du Christ, l'apôtre des Indes et du Japon, qui a rempli en dix ans plusieurs carrières d'hommes; et, à côté de lui, la petite Thérèse de l'Enfant-Jésus, carmélite cloîtrée que l'Église a proclamée patronne des missions.

Dans le groupe des docteurs de l'Église, voici les génies effrayants que furent saint Augustin et saint Thomas d'Aquin; puis saint Albert le Grand, saint Alphonse de Liguori, saint Ambroise, saint Basile, saint Bernard, saint Bonaventure, saint François de Sales, saint Grégoire, saint Pierre Canisius, saint Robert Bellarmin, saint Jean Chrysostome, saint Jean de la Croix, sainte Thérèse d'Avila.

Et voici les fondateurs d'ordres et de communautés: saint Benoît, saint Dominique, saint François d'Assise, saint Ignace de Loyola, saint Vincent de Paul, saint Alphonse de Liguori, saint Jean Bosco. Puis, la légion des martyrs de tous les siècles, qui ont témoigné du Christ au prix de leur vie. Enfin, le cortège des vierges, depuis Marie et Claire d'Assise jusqu'à Maria Goretti.

Ce sont tous ceux-là qui accompagnent l'Agneau, qui constituent la Jérusalem céleste, la cour du Christ-Roi. Et pourtant, ce défilé est bien incomplet. Il ne représente que la minorité de ceux et celles que nous célébrons. Les saints, en effet, ne sont pas seulement ceux dont le nom apparaît au calendrier liturgique, mais aussi la foule innombrable de tous ceux et celles qui ont vécu et sont morts pour le Christ, ignorés des hommes, mais connus de Dieu et couronnés par lui. Ceux que nous fêtons, ce sont les milliers de chrétiens et de chrétiennes de notre siècle, emprisonnés, affamés, torturés et dégradés, qui portent dans leur corps meurtri les stigmates du Christ. Ceux et celles que le Christ récompense, ce sont aussi tous les petits: travailleurs, ouvriers, journaliers, papas et mamans, enfants, étudiants, éducateurs, infirmiers, infirmières, bénévoles auprès des marginalisés, des drogués, des sidéens, tout ce peuple anonyme qui vit pour le Christ, par amour de lui, dans les autres.

À tous ces élus, à tous ces saints et saintes, nous pouvons poser la question: «Par quel moyen êtes-vous arrivés à ces sommets de sainteté? Quel est votre secret?» Tous répondront, unanimes: Nous avons commencé sur terre ce que nous continuons dans l'éternité: «Nous sommes restés unis au Christ», la Vigne, la Tête, la Source. Le Christ lui-même a dit: «Je suis la vraie vigne [...] Demeurez en moi comme je demeure en vous! [...] Je suis la vigne, vous êtes les sarments: celui qui demeure en moi et en qui je demeure, celui-là portera du fruit en abondance [...] Comme le Père m'a aimé, moi aussi je vous ai aimés [...] Si vous observez mes commandements, vous demeurerez dans mon amour» (*Jn* 15, 1-11). Tel est le secret de la sainteté: vivre unis au Christ, penser comme lui, juger comme lui, agir comme lui, vivre de sa vie, se revêtir de sa force. Tous ceux et celles qui ont ainsi vécu sont désormais avec lui, là où il est. Ils ne pouvaient se tromper, car ils suivaient celui qui a déclaré: «Je suis la Voie, la Vérité, la Vie.»

Terminons ces brèves réflexions par une comparaison. Imaginons une montagne très haute, dont le sommet est dans la lumière et le soleil, mais dont les pentes sont encore dans le brouillard et la tempête. Tous les hommes, toutes les femmes font l'ascension de la montagne. Déjà un certain nombre ont atteint le sommet; ils sont dans la lumière. Mais les autres sont encore dans le brouillard, le vent, la tempête. Parmi ces derniers, le bruit circule que là-haut, sur le sommet, c'est un feu de lumière. Ceux et celles qui sont engagés dans l'escalade le croient, mais ils sont dans le noir, fourbus, épuisés. Ils ont tout laissé en bas, et la montée est exténuante. Quelques-uns ont lâché le convoi et se sont perdus dans l'abîme. Il en est ainsi de l'Église. Les saints et les saintes sont dans la lumière. L'Église militante, elle, s'arrache lentement à la plaine, douloureuse. Mais elle tient bon, car la tête de la colonne est arrivée. Nous ne formons qu'un Corps. Les membres suivront. Voilà pourquoi toute l'Église est dans la joie: ceux et celles qui sont dans la lumière, ceux et celles qui sont dans l'ombre, mais sur le point d'arriver, attendus par leurs compagnons de route. C'est toute la montagne qui acclame le Christ glorieux: «Louange, gloire, sagesse, action de grâce, honneur, puissance et force à notre Dieu pour les siècles des siècles» (*Ap* 7, 12).

5

L'homme face au miracle

Le miracle est un *signe* incarné dans un prodige. Or un signe ne s'impose pas brutalement. Sa reconnaissance suppose toujours un pouvoir d'interprétation. Une guérison peut s'imposer comme un fait, mais elle n'est pas nécessairement reconnue comme un signe divin. Discerner le miracle n'est pas simplement un problème d'acuité mentale, de technique, mais d'attitude religieuse et morale. Discerner le miracle, c'est s'ouvrir au mystère de Dieu qui nous interpelle en Jésus Christ, et c'est reconnaître que l'homme est indigent et ne saurait se suffire. Une telle attitude demande que la personne entre en elle-même, jusqu'au niveau de profondeur où se pose la question du sens de la vie et du salut. Or, accepter de recevoir le salut, c'est renoncer à se suffire, et rien n'est plus dur à l'être humain que cette *mort-ification*. Suivant que cette attitude est présente ou absente, le miracle est interprété diversement: comme un signe de Dieu, comme un fait déconcertant, ou comme un scandale.

Les récits évangéliques illustrent tout l'éventail des attitudes de l'homme face au miracle. Les uns ne recherchent qu'un prodige, tels les Juifs qui, au lieu de voir dans la multiplication des pains un signe de Dieu qui rappelle, en plus grand, le signe messianique de la manne au désert, ne voient qu'un prodige: «Ce n'est pas parce que vous avez vu des *signes*, dit Jésus, que vous me cherchez, mais parce que vous avez mangé des pains à satiété» (*Jn* 6, 26). D'autres, par haine de Jésus, pervertissent le sens de ses œuvres et les attribuent à Satan (*Mc* 3, 22). À la limite, c'est l'aveuglement volontaire, le péché contre l'Esprit. «N'avons-nous pas raison de dire que tu es un Samaritain et un possédé?» disent les Juifs (*Jn* 8, 48). D'autres reconnaissent l'action de Dieu, mais ne s'engagent pas à fond. D'autres, enfin, découvrent le sens du prodige et reconnaissent en Jésus l'Envoyé de Dieu: c'est le cas de l'aveugle-né, du possédé de Gérasa, de Marthe et de Marie, des apôtres. Cette foi, cependant, n'arrivera à maturité qu'après Pâques.

Les miracles sont des signes adressés par le Christ pour orienter l'homme vers le royaume et l'inviter à la conversion. Ils agissent non comme des contraintes, mais comme une sollicitation s'ajoutant au secours de la grâce et à l'appel de l'Évangile, et se conjuguant avec eux. L'homme peut toujours résister à l'appel de Dieu, ou tout au moins lui trouver une explication satisfaisante à ses yeux.

Dès que la personne pressent que Dieu pourrait faire irruption dans sa vie et l'arracher à son autonomie, à sa sécurité, facilement elle regimbe, et facilement elle se réfugie dans les exigences de l'esprit scientifique. Une intelligence qui a des raisons de ne pas vouloir le miracle, observe Teilhard de Chardin, «trouvera toujours une lueur pour s'égarer ou un calmant pour s'assoupir» (*Études*, janvier 1909, p. 179). Dans le refus du miracle, il y a souvent un réflexe de défense. L'homme refuse de se livrer au jugement de Dieu.

À cet égard, le récit d'Alexis Carrel, dans son *Voyage à Lourdes* (Paris, 1949), confronté avec un cas de miracle, est saisissant: une jeune fille, Marie Ferrand, atteinte de péritonite tuberculeuse, et en phase terminale, recouvre soudainement la santé. Carrel a l'impression d'avoir reçu un coup de poing sur la tête. Il est abasourdi. Il se dit: «C'est la réalisation de l'impossible. J'ai dû faire une erreur de diagnostic. Il s'agissait peut-être d'une péritonite nerveuse. Cependant, il n'y avait pas de signes de péritonite nerveuse, mais tous les symptômes de péritonite tuberculeuse. On ne peut raisonnablement faire une autre hypothèse. Ses parents sont morts phtisiques, ses frères aussi. Elle a eu une pleurésie tuberculeuse à répétition, puisque son médecin lui a retiré deux litres de liquide. Elle a eu de la tuberculose pulmonaire et des hémoptysies. Puis, les médecins et les chirurgiens ont cru à une péritonite tuberculeuse. On ne pouvait vraisemblablement faire une autre hypothèse, lorsqu'on avait touché son ventre. Si je n'avais écrit à mesure mon observation, je douterais de l'exactitude de mes souvenirs. Il est absolument certain que son état était extrêmement grave. Elle a guéri [...] me voilà mêlé à une histoire de miracle. Tant pis! Coûte que coûte, j'irai jusqu'au bout, comme s'il s'agissait d'expérimentation sur un chien. Je ne veux être ici qu'un instrument enregistreur exact. Et si vraiment c'est un miracle, il faut admettre la puissance surnaturelle» (p. 67-69).

Depuis le début, Carrel se raidissait contre l'impression obsédante des scènes qu'il avait vues et dont il avait consigné le récit, chaque jour, dans son agenda. «Ces faits, disait-il, étaient d'une gravité considérable; car il ne s'agissait pas d'une simple adhésion à un théorème de géométrie, mais à des choses qui peuvent changer l'orientation de la vie» (p. 80). Carrel avait d'abord été catholique, puis stoïcien, puis kantien, puis sceptique et dilettante, puis de plus en plus malheureux. Il était certain d'avoir assisté à une grande guérison, mais «peut-être, dans sa pensée intime, lui était-il impossible d'en rester là» (p. 85). Il priait et disait: «Vierge douce, secourable aux malheureux qui vous implorent humblement, gardez-moi. Je crois en vous. Vous avez voulu répondre à mon doute par un miracle éclatant. Je ne sais pas le voir, et je doute encore. Mais mon plus grand désir, et le but de toutes mes aspirations, est de croire, de croire éperdument, aveuglément, sans plus jamais discuter ni critiquer. Votre nom est plus doux que le soleil du matin. Prenez le pécheur inquiet et au cœur agité, au front plissé, qui s'épuise à chercher des chimères. Sous les conseils profonds et durs de mon orgueil intellectuel gît, malheureusement étouffé encore, le plus séduisant de tous les rêves, celui de croire en vous et de vous aimer, comme les moines à l'âme blanche» (p. 85-86).

À la fin, Carrel ne parle plus en savant qui pose ou évalue des hypothèses. Son attitude est celle de l'homme qui se reconnaît faible et pécheur, malheureux, durci par l'orgueil, mais qui s'ouvre à Dieu, qui se *liquéfie* en lui, dans les profondeurs de l'âme où s'opère la mystérieuse rencontre de Dieu et de l'homme.

Dans l'ordre du salut, nous sommes tous petits, indigents. Le salut nous est offert comme un *don*.

6

Héritage légué par les martyrs canadiens aux hommes et aux femmes d'aujourd'hui

Dans l'héritage que nous ont légué les martyrs canadiens, quels sont les éléments que nous pouvons retenir comme toujours actuels, toujours valables pour revivifier une société tombée dans un état de tiédeur et d'indifférence, une société qui a besoin d'une nouvelle évangélisation, voire d'une première évangélisation? Ces éléments sont nombreux, mais pour être bref, nous en retenons cinq: 1. le détachement de soi et la pureté du cœur; 2. l'attachement au Christ; 3. le zèle apostolique; 4. la magnanimité; 5. l'esprit de prière.

Ces éléments, il est relativement aisé de les extraire de leur vie, car les martyrs canadiens représentent un groupe homogène; non seulement ils sont tous jésuites, ou hommes au service des jésuites, comme les donnés René Goupil et Jean de La Lande, mais ils constituent un groupe qui partage une même formation, celle des *Exercices* de saint Ignace, et qui a été marqué par un maître spirituel commun: le père Louis Lallemant, qui a inspiré toute la génération des jésuites français de la première moitié du XVIIe siècle.

L'ouvrage publié sous le titre de *Doctrine spirituelle du Père Louis Lallemant* reproduit des notes de retraites et d'exhortations spirituelles recueillies par ses disciples.

Le père Lallemant a été maître des novices d'Antoine Daniel et d'Isaac Jogues. Brébeuf lui-même l'a eu comme directeur spirituel, alors qu'il faisait ses débuts dans l'enseignement au collège de Rouen; puis, comme professeur de morale ou de «cas de conscience», comme on disait à l'époque; il l'a retrouvé enfin, après son premier retour de la Nouvelle-France, au moment de prononcer ses derniers vœux. Cette influence de Lallemant s'est prolongée chez les missionnaires de la Huronie, grâce à la présence de plusieurs autres de ses disciples, tels Simon Le Moyne, Le Jeune, Vimont, Ragueneau. En 1638, à la fin des quatre années de supériorat de Brébeuf, sur huit missionnaires de la Huronie, quatre ont été formés par Lallemant ou ont vécu dans son entourage. On peut donc justement parler d'un *milieu Lallemant*, groupant des hommes qui partagent une même vision spirituelle.

Détachement de soi et pureté du cœur

Disons tout de suite que la doctrine de Lallemant n'est pas un produit insolite, différent de l'esprit des Évangiles ou de celui des *Exercices* de saint Ignace. Ce qui caractérise cette spiritualité, c'est d'abord le détachement de soi et la pureté du cœur, afin de mieux s'attacher au Christ. Dialectique du détachement-attachement que nous retrouvons dans l'évangile de la messe pour la fête des martyrs: «Celui qui aime sa vie la perd; celui qui s'en *détache* en ce monde la garde pour la vie éternelle.» Et, d'autre part, l'attachement au Christ, que nous retrouvons dans les paroles fortes et martelées de saint Paul, dans la lecture du même jour. Au début: «Qui pourra nous séparer de l'amour du Christ?» Et, à la fin: «Rien ne pourra nous séparer de l'amour de Dieu manifesté en Jésus Christ notre Seigneur.»

Dans la doctrine spirituelle de Lallemant, le détachement évangélique s'exprime à travers le thème de la deuxième conversion: il faut *franchir le pas*, disait Lallemant, c'est-à-dire sortir de soi, de son égoïsme, faire le pas décisif de la velléité à la volonté du don total de soi à Dieu et à Jésus Christ. «Nous combattons contre Dieu des années entières. Nous résistons aux mouvements de la grâce, accablés de notre amour-propre; nous n'osons franchir le pas et nous donner pleinement à Dieu.»

Nous avons tous assez vécu pour prendre à notre compte ces paroles de Lallemant. Nous savons combien cette radicalité du détachement de soi, du déracinement accepté de nos vues personnelles, de nos positions arrêtées sur tout et sur tous, de nos préjugés, de nos intérêts propres, de nos habitudes de vie intouchables, est le lien ultime le plus résistant qui nous empêche de nous donner totalement au Christ, comme saint Paul.

Le détachement de soi dans une société fondée sur le règne du moi n'est-il pas le plus urgent des impératifs? Dans cette société, il n'y a plus de place pour les autres, et encore moins pour l'Autre. Il ne reste plus que le *moi* promu au rang de valeur suprême: mesure de tout, y compris de Dieu lui-même, qui doit régler ses initiatives sur les décrets de l'homme. Le symbole des années quatre-vingt-dix, c'est Narcisse, épris de lui-même, qui se penche sur son idole insaisissable et stérile. Ce surinvestissement du moi conduit aux phénomènes de désintégration de la famille et de la société: celle-ci est incapable de conscience collective, impuissante à créer un projet commun.

À cette société qui a perdu tout sens de l'altérité vraie, de l'amour vrai, les martyrs canadiens apportent les valeurs chrétiennes d'ouverture aux autres, de don de soi jusqu'au martyre, de respect des autres fondé sur leur relation à Dieu et au Christ, sur leur dignité de fils de Dieu, destinés à partager sa vie. En Jésus Christ, il n'y a plus de moi isolé et isolant, hermétique aux autres, mais la famille des enfants de Dieu, tous unis pour former un même Corps dans un même Esprit.

Attachement au Christ

Le détachement du moi narcissique n'a de sens qu'en vue d'un attachement au Christ. Quand nous découvrons l'intensité de cet attachement chez les martyrs de la Nouvelle-France, nous en avons le souffle coupé. Nous n'avons d'autre point de comparaison, pour le comprendre, que l'amour de saint Paul pour le Christ. C'est cet amour passionné du Christ qui a permis à ces hommes de persévérer dans l'une des missions les plus dures de toute l'histoire de l'Église. Comme saint Paul, ils ont été saisis, empoignés par le Christ (*Ph* 3, 12). Jogues, dans le récit qu'il fait de sa captivité et des effroyables tortures qu'il a endurées, n'a de pensée que pour le Christ bafoué, frappé, torturé, suspendu au bois de sa croix. De même, toute la vie de Brébeuf est centrée sur le Christ. Ses réactions les plus spontanées, ses moindres décisions, ses pensées, ses désirs, ses jugements vont au Christ, s'inspirent de lui. De Brébeuf, on peut dire ce qu'on disait de Bérulle: «Il ne voulait que Jésus Christ; il ne s'entretenait que de Jésus Christ; sa langue ne parlait que de Jésus Christ; sa plume ne traçait que Jésus Christ; sa conduite ne tendait qu'à établir Jésus Christ.» Cette expérience continuelle de vie avec Jésus Christ s'exprime dans son extraordinaire dévotion au Christ de l'eucharistie, spécialement dans la célébration quotidienne de la messe et dans ses longues heures d'adoration devant le Saint Sacrement. Voici une note de son *Journal* spirituel qui décrit bien le mouvement christocentrique de son âme: «Comme je m'apprêtais à méditer sur les perfections de Jésus Christ, estimant que tous ses autres titres doivent se ramener, comme à un centre, à son extraordinaire amour pour nous, aussitôt je crus voir une rose immense, merveilleuse de grandeur et de variété, dont toute la diversité procédait du même centre.» C'est déjà, avant la lettre, la dévotion au cœur de Jésus.

Chez Brébeuf, comme chez Jogues, cet amour du Christ s'adresse avant tout au Christ de la passion: «Je ne vois rien de plus fréquent, dans ses Mémoires, écrit Ragueneau, que les sentiments qu'il avait de mourir pour la gloire de Jésus Christ, désirs qui lui continuaient des huit ou dix jours de suite.» Brébeuf estimait n'avoir jamais assez fait pour le Christ: conviction qui s'exprime dans son vœu du martyre.

À notre grand étonnement, l'aspect de la résurrection du Christ comme événement eschatologique du mystère pascal n'est pas souligné par les missionnaires. Louis Lallemant lui-même n'a que trois pages sur la «vie glorieuse» du Christ qu'il identifie avec la période qui s'étend de la résurrection à l'ascension. Cette attention, voire cette fixation sur la passion, trouve une première explication dans le fait que les missionnaires de la Huronie vivent dans un climat de violence, où le martyre de tous les jours peut devenir en un instant le témoignage ultime du plus grand amour. La vérité est que les missionnaires de la Nouvelle-France étaient des martyrs à temps plein. À son arrivée en Huronie, Jérôme Lallemant estimait que s'il n'y avait pas de chrétiens en Huronie, c'est qu'il n'y avait pas encore eu de martyrs. Il dut bientôt corriger ses vues. «J'avoue, dit-il, que depuis que je suis ici et que je vois ce qui s'y passe, à savoir les combats, les batailles, les attaques et les assauts à toute la nature que souffrent ici les ouvriers de l'Évangile, [...] je commence à douter si quelque autre martyre est nécessaire que celui-ci pour l'effet que nous prétendons; et je ne doute pas qu'il ne se trouvât plusieurs personnes qui aimassent mieux tout d'un coup recevoir un coup de hache sur la tête que de mener des années durant la vie qu'il faut mener ici tous les jours.» Rappelons aussi que le *vade-mecum* de l'époque est *l'Imitation de Jésus Christ*, toute centrée sur la passion. À vrai dire, une réflexion théologique élaborée sur la résurrection, tout comme sur la révélation, est chose toute récente.

Ce thème de l'attachement au Christ Seigneur et Sauveur est au cœur de la crise religieuse de notre société. Autrefois, on disait: «Le Christ, oui, mais l'Église, jamais!» Aujourd'hui, on en vient à dire: «Le Christ, un homme, un prophète, oui, mais le Christ, Verbe incarné, vrai Dieu comme le Père, au sein de la Trinité, ce discours est vraiment trop dur à entendre!»

Dans notre société, on ne voit plus en Jésus qu'un homme bon, compatissant, ami des pauvres et des pécheurs, brave prédicateur et guérisseur efficace, mais évidemment rien de plus, et surtout pas le Fils de Dieu. La grande pierre d'achoppement pour nos contemporains, c'est l'Incarnation de Dieu dans l'histoire, la chair et le langage de Jésus. Or le christianisme repose essentiellement sur ce mystère de base qu'est l'Incarnation. «Et le Verbe s'est fait chair et il a habité parmi nous» (*Jn* 1, 14). Le discours chrétien est non une gnose, une idéologie, mais une histoire, c'est-à-dire un discours dont les mots sont des événements libres et signifiants, articulés entre eux par Dieu lui-même. Si l'Incarnation ne passe pas au tribunal de la raison, rien ne passe.

La grande faille du Nouvel Âge, c'est précisément d'avoir éliminé le Christ et d'avoir remplacé un Dieu personnel par l'énergie cosmique anonyme: on se donne à une personne, mais pas à une énergie anonyme! Impossible, pour notre société, de sortir de son néo-paganisme sans un retour au Jésus historique, mais identifié comme Christ, Seigneur et Sauveur, Fils de Dieu, ressuscité et glorifié, assurance et garantie de notre gloire. L'homme d'aujourd'hui ne peut échapper à la mort spirituelle que s'il se *refonde* sur Jésus Christ, seul capable de le régénérer et de lui donner son dynamisme de propulsion.

La clé du mystère de l'homme, c'est que Dieu, en Jésus Christ, veut ré-engendrer en chaque homme un fils et lui in-spirer, lui insuffler son esprit d'amour. Qu'il le sache ou non, l'homme est aimé et sauvé par le Christ Sauveur. L'attachement au Christ, chez les martyrs de la Nouvelle-France, n'a rien perdu de son actualité. L'homme de notre société, qui a renié ou délaissé le Christ, doit renouer avec lui. Tel est le message qu'il faut proclamer avec toute l'intrépidité des apôtres.

Zèle apostolique

Le zèle apostolique, chez les martyrs, jaillit spontanément de leur amour du Christ. Rien ne traduit mieux l'ardeur de ce zèle que l'*Avertissement d'importance* rédigé par Brébeuf à l'intention des jésuites de France qui rêvent de se consacrer aux missions de la Nouvelle-France. Si le tableau des souffrances qui les attendent, loin de les effrayer, les enflamme davantage, Brébeuf leur dit: «Venez, mon cher frère, ce sont des ouvriers tels que vous êtes, que nous demandons ici.» «Jésus Christ, dit-il encore, est notre vraie grandeur; c'est lui seul et sa croix qu'on doit chercher courant après ces peuples.» Et, dans son *Journal*, nous trouvons ce texte stupéfiant d'audace: «Ô mon Dieu, que n'êtes-vous connu! Que ce pays n'est-il tout converti à vous! Oui, mon Dieu, si tous les tourments que les captifs peuvent endurer en ces pays devaient tomber sur moi, je m'y offre de tout mon cœur.»

Les pères Brébeuf, Daniel, Jogues et Lalemant, écrit Marie de l'Incarnation, avaient reçu l'Esprit du Verbe incarné, «cet Esprit, dit-elle, qui fait courir par terre et par mer les ouvriers de l'Évangile et qui les fait des martyrs vivants avant que le fer et le feu les consument». Ce zèle apostolique rejoint, par-delà les mers et les continents, celui de François Xavier.

Il faut y insister: si ces hommes poursuivent leur quête des âmes, dans l'union à Dieu et dans l'union entre eux, c'est qu'une même passion les réunit: ils se sont donnés, consacrés au Christ, dans un amour inconditionnel.

Les Églises locales ont besoin de l'exemple de ce zèle ardent des martyrs de la Nouvelle-France. Il nous faut lire et relire le témoignage de ces hommes devant des situations tragiques où leur vie est en péril, comme dans la crise de 1637, où la mission huronne faillit sauter: «Nous sommes peut-être, écrit Brébeuf, sur le point de répandre notre sang et d'immoler nos vies pour le service de notre bon maître Jésus Christ [...] S'il veut que dès cette heure nous mourions, ô la bonne heure pour nous! S'il veut nous réserver à d'autres travaux, qu'il soit béni!» Cent fois, ces missionnaires auraient eu raison de tout abandonner devant une mission impossible. Et pourtant, ils sont restés, ils sont même revenus. Bressani et Jogues, torturés et martyrisés, sans avoir toutefois reçu le coup fatal, ont été sauvés et conduits en France par les Hollandais. Humainement parlant, ils auraient pu, ou même dû rester en France. Mais leur zèle est si grand qu'ils ont décidé de revenir en Huronie: Jogues pour y être capturé et martyrisé par les Iroquois; Bressani, pour évangéliser, moins par sa parole que par sa présence: «par ses mains mutilées, ses doigts coupés, qui l'ont rendu meilleur prédicateur que nous le sommes, observe Ragueneau, [...] et ont servi plus que toutes nos langues à faire concevoir plus que jamais à nos chrétiens hurons les vérités de la foi».

Souci d'inculturation

Un trait important de ce zèle apostolique est le souci d'inculturation des martyrs canadiens. Il va sans dire que le terme d'inculturation était rigoureusement inconnu au XVIIe siècle, mais les missionnaires en ont vécu la réalité bien avant la lettre. L'inculturation, hier comme aujourd'hui, est comme une réplique de cette première inculturation qui, en Jésus, s'est réalisée existentiellement. Enraciné dans la culture et les traditions de son temps et de son pays, Jésus les assume et les confirme dans tout ce qu'elles ont d'évangéliquement valide, mais il maintient à leur égard une liberté critique. Il corrige et réoriente ce qui est dévié ou perverti, puis il conduit son peuple à un dépassement que seul il peut apporter comme Verbe de Dieu.

Sans avoir élaboré une théorie de l'inculturation, les missionnaires en ont perçu et vécu les exigences. Dans une première étape, ils se sont appliqués à étudier et à comprendre les traditions et coutumes des Hurons, conscients qu'ils arrivent dans une nation où l'action salvifique de Dieu s'est déjà exercée. Cette étape représente la contribution majeure de Brébeuf. Dans ses *Relations* de 1635 et 1636, il décrit ce qu'il observe, mais en même temps il cherche les vestiges de Dieu, les marques visibles ou latentes de son amour dans l'histoire des Hurons. Il souligne notamment leur croyance à un super-Esprit, à une survie, à l'immortalité des âmes, leur culte des morts. Il cherche partout des *entrées* pour l'Évangile et il met en valeur, comme il dit, les *bons déportements* de ses ouailles.

Au chapitre de l'inculturation, il faut souligner l'acceptation par les missionnaires du régime alimentaire des Hurons, à base de maïs, de poisson et d'eau claire. Ils en adoptent aussi le mode de logement, *la cabane*, en modifiant seulement l'aménagement intérieur. Et surtout ils se consacrent à l'étude de la langue. À la différence de tant de missionnaires modernes ou contemporains qui ont cherché à franciser ou à angliciser les autochtones, pas un instant les missionnaires de la Huronie n'ont songé à franciser les Hurons. À un peuple de tradition orale, sans écriture, ils ont fait le don d'un dictionnaire et d'une grammaire. Cette maîtrise de la langue a été en bonne partie le fruit du labeur acharné de Brébeuf, d'abord seul durant trois ans, puis en équipe. En 1639, c'est-à-dire après huit ou neuf ans d'étude, la conquête de la langue est chose accomplie. Une entreprise titanesque, car il s'agit d'une langue sans point de comparaison avec les langues européennes. On estime qu'il fallait une moyenne de six ans aux candidats les plus doués pour maîtriser la langue: ce fut le cas de Brébeuf, Chaumonot, Daniel et Garnier. Après sept ans, le supérieur Jérôme Lallemant ne s'exprimait qu'imparfaitement. Enfin, toujours au chapitre de l'inculturation, notons le souci d'utiliser, au service de la catéchèse, les images et les tableaux, mais en les adaptant à l'imaginaire amérindien particulièrement sensible à la suggestion de l'image, en raison probablement de la croyance aux songes.

Dans la présentation du message évangélique, les missionnaires ont tâtonné, reconnu leurs erreurs, modifié leurs attitudes pour s'adapter à une réalité toujours mieux comprise: trop sévères au début, plus tolérants vers la fin.

Cet effort d'inculturation, en un temps record (quinze ans) est un puissant incitatif pour nos sociétés qui vivent de plus en plus au sein d'une population bigarrée. Chacune des ethnies nous arrive avec sa culture, sa religion, souvent différente, ou avec un christianisme déjà inculturé. Pensons notamment aux Portugais, aux hispanophones, aux Italiens, aux Haïtiens. Nous-mêmes vivons d'une foi culturellement qualifiée. D'où la nécessité d'un renoncement quotidien, d'une ouverture à l'autre, de la conscience aussi d'états conflictuels possibles, résultant de tentations subtiles de domination, qui ne sauraient se résorber sans beaucoup d'humilité et de charité.

Magnanimité

Le groupe des missionnaires de la Huronie se caractérise par une charité fraternelle qui est de l'ordre de la magnanimité; une qualité particulièrement chère à saint Ignace qui invitait chaque retraitant qui allait entreprendre les *Exercices* à la demander à Dieu comme la plus précieuse des grâces.

Effectivement, il n'y a chez les missionnaires de la Nouvelle-France aucune petitesse. On chercherait en vain dans leurs écrits l'indice d'une rancœur, d'une jalousie. On trouve au contraire, chez Brébeuf notamment, de nombreux passages où il exalte ses compagnons de travail et ses supérieurs — par exemple Jérôme Lalemant qui ne partage pas sa conception de la mission et qui en change la stratégie —, tandis qu'il met un délicieux acharnement à se faire oublier, à travailler dans le rang. Parlant du groupe des missionnaires de la Huronie, Brébeuf écrit au Général de la Compagnie, en 1641: «Tous s'excitent à la vertu, à la mortification et à l'abnégation propre, au point que je doute qu'il puisse se trouver quelque part ailleurs autant de vertu dans un groupe aussi restreint.»

Quel est le lien de cohésion entre ces hommes qui se donnent corps et âme à une mission qui est un défi de tous les jours? Qu'est-ce qui les maintient dans la paix et dans une collaboration sans rivalité, sans mesquinerie? Le secret de cette union entre eux, de cette magnanimité, est leur amour passionné et partagé pour le Christ dont ils se proclament les serviteurs.

Esprit de prière

Sur ce point encore, les martyrs canadiens doivent beaucoup à leur maître, le père Louis Lallemant. Le recueillement et la prière sont nécessaires, disait-il, à l'homme d'action qui veut produire des fruits: «Assaisonnons nos fonctions à l'égard du prochain de recueillement, d'oraison et d'humilité. Dieu se servira de nous pour de grandes choses, quoique nous n'ayons pas de grands talents.» Et encore: «Un homme intérieur fera plus d'impression sur les cœurs par un seul mot animé de l'Esprit de Dieu qu'un autre par un discours entier qui lui aura coûté beaucoup de travail, et où il aura épuisé toute la force de son raisonnement.» Les réflexions de Lallemant visent une action apostolique dont il cherche les conditions de fécondité. Ses paroles nous situent au cœur de la spiritualité ignatienne: contemplatifs dans l'action. Il n'y a pas, chez nos martyrs, dualité de vocation: contemplative et apostolique, mais unité profonde, la contemplation se prolongeant dans l'action, et l'action elle-même devenant contemplation.

Par tempérament et par goût intérieur, Brébeuf, plus que ses compagnons, semblait destiné à la vie contemplative, mais il a été emporté, comme malgré lui, sur les voies de la mystique apostolique, semblable en cela à son père saint Ignace dont la vie mystique a reçu de Dieu une orientation apostolique. Effectivement, toute la vie de Brébeuf, même sa vie mystique, est liée à son activité apostolique: administration, prédication, soin des malades, courses apostoliques. Son vœu du martyre est inspiré par les persécutions qu'il traverse. Son vœu du plus parfait lui-même est celui d'un apôtre soucieux de servir le Christ dans le vécu quotidien; ce qui ne l'empêche pas de consacrer à l'oraison comme telle de longues heures et d'empiéter sur ses nuits. «Dieu, disait-il, nous a donné le jour pour être au service du prochain, et la nuit pour converser avec lui.»

Ce trait de la spiritualité des martyrs canadiens, commun d'ailleurs à toute forme de spiritualité, répond à un besoin urgent de notre société. Ne pourrions-nous pas, tout au moins, pratiquer cette forme d'oraison qui consiste à ne pas cloisonner action et prière, mais à rencontrer Dieu au cœur même de notre action: dans le travail, les épreuves et dans les «événements», ces maîtres que Dieu nous donne, disait Pascal? Voir Dieu en toutes choses et toutes choses en Dieu.

* * *

Si nous remontons à la source des traits que nous venons de mentionner, nous constatons que la spiritualité des martyrs canadiens est rigoureusement ignatienne, avec certains aspects plus accusés dus à l'influence de Louis Lallemant. L'essentiel procède des *Exercices* spirituels. On y retrouve même l'itinéraire des quatre semaines de la démarche ignatienne. Au départ, l'horreur du péché, la pureté du cœur, le détachement de soi, l'indifférence de la première semaine, avec une insistance particulière sur la nécessité d'une conversion radicale: «franchir le pas». En deuxième lieu, l'attachement inconditionnel au Christ du règne et à l'instauration de son royaume: l'équivalent de la deuxième semaine. Troisièmement, un regard prolongé sur le Christ de la passion (troisième semaine) suivi jusqu'au martyre. Le thème de la résurrection (quatrième semaine) est moins élaboré que chez saint Ignace. Fort heureusement, ce thème a été repris et approfondi au cours des dernières décennies, éclairant du même coup et renouvelant la théologie du martyre elle-même. Sous l'influence de Louis Lallemant, la spiritualité des martyrs remet justement en valeur la prière qui fructifie dans l'action.

Bref, le détachement de soi, l'attachement au Christ, le zèle apostolique, la magnanimité, l'esprit de prière: tels sont les traits essentiels et toujours actuels de l'héritage reçu des martyrs canadiens. Leur témoignage est de nature à susciter et nourrir la foi, l'espérance et la charité dans notre vie quotidienne.

7

Le témoignage comme engagement chrétien

La notion d'engagement, inhérente à celle du témoignage, établit la continuité entre les deux versants du témoignage: *actif*, quand il désigne la révélation ou la confidence de Dieu à l'homme; *passif*, quand il désigne l'attraction exercée par une existence en plein accord avec l'Évangile. Lorsque l'Évangile vécu et l'Évangile prêché se répondent parfaitement, l'existence vécue devient alors motif de crédibilité, signe de la vérité de l'Évangile.

Ce type d'action silencieuse et efficace, avec le terme qui la qualifie, à savoir le «témoignage», s'est imposé peu à peu dans la période préconciliaire, grâce aux mouvements d'action catholique qui enseignaient que l'influence des laïcs dans la société doit s'exercer par voie non de domination, mais de présence et d'animation. Dans un monde sécularisé, l'Église doit être une communauté de membres vivants, actifs, responsables, qui portent l'Évangile et l'esprit de l'Évangile, au sein de leurs occupations familiales, professionnelles, sociales. Le témoignage agit par infusion de sens et rayonnement de vie. La catégorie du témoignage a connu une telle popularité qu'elle en est venue à supplanter l'expression courante de «sainteté». Effectivement, depuis le Concile, on parle volontiers de témoignage de vie pour désigner la sainteté de vie, en tant qu'elle est force d'attraction pour ceux et celles qui vivent hors de l'Église. Cette préférence donnée à la catégorie du témoignage se manifeste nettement dans les documents conciliaires, comme aussi dans la récente exhortation postsynodale de Jean-Paul II, *Christifideles Laici*, du 30 décembre 1988.

Le témoignage dans Vatican II

Ce transfert sémantique exprime la mutation profonde, au niveau des perspectives, qui s'est opérée dans l'Église, entre Vatican I et Vatican II. Là où Vatican I proposait l'Église (unité, sainteté, expansion, stabilité, fécondité) comme un signe dressé à la vue des nations, Vatican II personnalise et intériorise le signe de l'Église et parle plutôt du témoignage des chrétiens. Ce sont les chrétiens eux-mêmes, par leur vie sainte, et ce sont les communautés chrétiennes, par leur vie d'unité et de charité, qui posent le signe de l'Église. C'est en vivant parfaitement leur condition de fils et de filles du Père, rachetés par le Christ et sanctifiés par l'Esprit, que les chrétiens et les chrétiennes font entendre aux autres hommes que le salut est vraiment parmi nous. Ce que Vatican I entendait par le signe de l'Église se concentre désormais dans la catégorie du témoignage. Une fois perçue cette transposition, on constate que le thème du témoignage est l'un des thèmes majeurs et privilégiés de Vatican II. Comme un leitmotiv, il revient dans toutes les constitutions et dans tous les décrets. Aux yeux du Concile, témoigner signifie: accréditer l'Évangile comme vérité et salut de l'homme par une vie conforme à l'Évangile.

Ce témoignage doit revêtir une forme individuelle et communautaire tout à la fois. C'est le Peuple de Dieu tout entier qui doit répandre son vivant témoignage par une vie théologale fervente. Mais «puisque le Peuple de Dieu vit dans les communautés diocésaines et paroissiales surtout [...] c'est aussi aux communautés qu'il appartient de rendre témoignage au Christ devant les nations» (AG 37). Ces affirmations générales sont ensuite reprises et appliquées à chaque groupe de chrétiens. Évêques et pasteurs doivent présenter «une image de l'Église qui permette aux hommes de juger de la force et de la vérité du message chrétien. Par leur vie et leur parole [...] qu'ils fassent la preuve que l'Église, par sa seule présence, avec tous les dons qu'elle apporte, est une source inépuisable de ces énergies dont le monde d'aujourd'hui a le plus grand besoin» (GS 43). Les prêtres «doivent offrir à tous un vivant témoignage de Dieu» (LG 41). Ils «doivent, par leur comportement quotidien et leur sollicitude, montrer aux fidèles et aux infidèles, aux catholiques et aux non-catholiques, le visage d'un ministère vraiment sacerdotal et pastoral, et rendre à tous le témoignage de la vérité et de la vie» (LG 28). À propos des religieux, le Concile déclare: «Que tous les religieux, par l'intégrité de la foi, la charité envers Dieu et le prochain, l'amour de la croix et l'espérance de la gloire future, répandent la Bonne Nouvelle du Christ dans le monde entier, pour que leur témoignage soit visible à tous et pour que notre Père qui est aux cieux soit glorifié» (PC 25). Les laïcs sont invités au même témoignage d'une vie sainte. Chacun d'eux «doit être devant le monde le témoin de la résurrection et de la vie du Seigneur Jésus et signe du Dieu vivant» (LG 38). Dans les écoles publiques, les professeurs doivent «rendre témoignage par leur vie autant que par leur enseignement, au Maître unique, le Christ» (GE 8). C'est en terre de mission surtout que la vie d'unité et de charité des chrétiens devient un signe particulièrement urgent, car en eux se concentre alors toute l'Église comme présence et manifestation du Christ. Le premier de tous, le missionnaire, «par une vie vraiment évangélique, par une grande patience, par la longanimité, par la douceur, par une charité sans feinte (cf. *2 Co* 6, 4ss), doit rendre témoignage à son Seigneur, et même, si c'est nécessaire, jusqu'à l'effusion du sang» (AG 24). Dans ce rôle de témoins, les laïcs sont solidaires du missionnaire, «car tous les chrétiens, partout où ils vivent, sont tenus de manifester, par l'exemple de leur vie et le témoignage de leur parole, l'homme nouveau qu'ils ont revêtu par le baptême et la force du Saint-Esprit» (AG 11). Ce thème général du témoignage reçoit souvent des déterminations qui en précisent l'objet et l'orientation. Les plus fréquentes sont: la charité, l'humilité, le service, l'unité, la pauvreté.

Nul doute, dans la pensée de Vatican II, le grand signe de l'avènement du salut dans le monde, c'est la vie d'unité et de charité des chrétiens; c'est le témoignage de leur vie vraiment engagée, c'est-à-dire montrant des hommes et des femmes qui vivent une vie de fils, de créature nouvelle, transformée et vivifiée par l'Esprit. Dans ces déclarations, ce qui est nouveau, ce n'est pas la doctrine elle-même, qui est traditionnelle, mais bien la manière de l'exprimer: ce sont les vocables et l'accent. Pour désigner cette sainteté de vie par laquelle Dieu nous donne un signe de l'établissement de son Royaume en Jésus Christ, le Concile privilégie les expressions: le témoignage de la vie, les témoins vivants du Christ. Ce recours à la catégorie du témoignage-engagement, de la part de l'homme, comme réponse au témoignage-confidence de Dieu qu'est la révélation, manifeste le souci du Concile de parler un langage qui réponde à la sensibilité et à la mentalité de l'être humain du XXe siècle. Or, celui-ci, formé dans un contexte de pensée personnaliste et existentiel, répugne à un type de sainteté platonique et abstrait. S'il est «touché» et s'il «se rend», ce sera devant l'expérience d'une consécration totale à Dieu et aux hommes. Mais, précisément, parler de sainteté en termes de témoignage, c'est évoquer un engagement de toute la personne, «à corps et âme perdus», au service du Christ et de ceux et celles qu'il a assumés en lui, jusqu'au risque du martyre. Celui-ci, dans les textes du Concile, est «grâce éminente et preuve suprême de la charité» (LG 42; cf. PO 13, AG 24, UR 4).

Ce signe de l'avènement du salut par voie de témoignage semble bien celui qui exerce le plus de séduction sur l'homme contemporain. À un homme jaloux de ses droits, de son autonomie, le témoignage se présente sous les traits de la discrétion: il agit par attraction, sans violenter. À un homme qui mesure tout suivant le paramètre de l'efficacité, le témoignage propose des actes, des faits: la condition humaine peut être changée, puisque de fait elle est changée. À un homme techniquement développé, mais sous-développé au plan moral et d'une fragilité psychologique déconcertante, le témoin apparaît comme un être en santé, heureux, «bien dans sa peau», rayonnant de joie et de paix, malgré la souffrance et la mort. Une telle rencontre peut susciter le désir de participer à cette plénitude de vie. Ajoutons que, dans une société pluraliste et sécularisée, le témoignage-engagement est plus urgent qu'autrefois. Par son style de vie plus que par ses discours, le chrétien atteste la présence du salut dans le monde. Par sa manière différente de vivre les situations communes, il peut amener ceux et celles qui le côtoient à s'interroger sur l'esprit qui l'inspire.

Le témoignage dans l'exhortation *Christifideles laici* (1988)

La montée du laïcat dans l'Église représente un mouvement irréversible. L'activité des laïcs s'exerce dans toutes les sphères de la vie: non seulement au niveau des œuvres sociales, caritatives, pastorales, mais aussi à tous les niveaux de l'enseignement proprement religieux, de la catéchèse jusqu'aux fonctions de la recherche et de l'enseignement universitaire. Effectivement, des centaines d'hommes et de femmes enseignent la théologie dans les facultés du monde entier. Dans maints pays, ils sont nettement majoritaires. À cette présence et influence accrues des laïcs dans l'Église correspond évidemment une responsabilité accrue, au niveau du témoignage. C'est l'aspect qui a été souligné par le Synode de 1987 et par l'exhortation *Christifideles Laici* qui a suivi en 1988.

«Unis au Christ, le grand Prophète (*Lc* 7, 16), et constitués dans l'Esprit témoins du Christ ressuscité, les fidèles laïcs [...] sont appelés à faire briller la nouveauté et la force de l'Évangile dans leur vie quotidienne, familiale et sociale» (CL 14). Immergés dans le monde, qui est leur milieu habituel de travail, c'est dans le monde qu'ils manifestent le Christ par «le témoignage de leur vie de foi, d'espérance et de charité» (CL 15; LG 31). Ils sont invités à porter ce témoignage jusqu'aux cimes de la sainteté, car «le saint est le témoignage le plus éclatant de la dignité conférée au disciple du Christ» (CL 16). On peut même affirmer que le renouveau attendu du Concile dépendra en grande partie de l'influence accrue des laïcs dans l'Église et de la qualité de leur témoignage. Le rôle des laïcs est particulièrement important dans les pays du Premier Monde qui ont un besoin urgent d'une seconde évangélisation. «À eux, en particulier, il convient de témoigner que la foi constitue la seule réponse que tous [...] entrevoient et appellent aux problèmes et espoirs que la vie suscite en chaque homme et en chaque société» (CL 34). L'Exhortation apostolique souligne que «la synthèse vitale que les fidèles laïcs sauront opérer entre l'Évangile et les devoirs quotidiens de la vie sera le témoignage le plus beau et le plus convaincant pour montrer que ce n'est pas la peur, mais la recherche du Christ et l'attachement à sa personne qui sont le facteur déterminant pour que l'homme vive et grandisse» (CL 34).

Fécondité du témoignage personnel

Le langage des faits vient corroborer les déclarations du Concile et du Synode sur les laïcs. Pour l'homme contemporain, le témoignage d'une vie engagée est le plus décisif de tous les signes de la venue du salut en Jésus Christ. On dispute à Dieu, souvent avec âpreté, le droit de faire des miracles, le droit d'intervenir dans un univers que l'on estime «chasse gardée», réservée à l'espèce humaine, mais on accepte plus volontiers que Dieu puisse agir directement au cœur de l'homme pour le convertir et le transformer. Si la voix de Jean XXIII a trouvé un écho si profond au cœur des hommes et des femmes de toutes races et de toutes confessions, un écho qui se répercute encore, n'est-ce pas parce que cette voix avait l'accent de l'Amour authentique, de la charité du Bon Berger appelant ses brebis? «Tu es chargé de crier l'Évangile sur les toits, disait Charles de Foucauld, non par tes paroles, mais par ta vie.» Oui, les hommes d'aujourd'hui réclament moins des prédicateurs que des témoins silencieux de l'amour du Christ, des hommes et des femmes en qui l'Évangile apparaisse en exercice comme valeur attractive. Si une telle rencontre se produit, elle peut éveiller le désir du salut et rendre la foi possible.

Quelques exemples suffiront à illustrer cette force d'attraction du témoignage. Chez les convertis d'abord. Presque toujours, la conversion est occasionnée, ou provoquée, amorcée ou accélérée par un choc initial. Or ce premier choc, au dire des convertis eux-mêmes, a été le plus souvent produit par la rencontre d'une vie profondément engagée, dans l'esprit du radicalisme évangélique. Ce fut le cas de Charles de Foucauld, Gabriel Marcel, G.K. Chesterton, Raïssa et Jacques Maritain, Ernest Psichari, Henri Ghéon, Thomas Merton, Edith Stein, Karl Stern. Gabriel Marcel déclare: «Les rencontres ont joué un rôle capital dans ma vie. J'ai rencontré des êtres chez lesquels je sentais la réalité du Christ tellement vivante qu'il ne m'était plus permis d'en douter.» Et Daniel-Rops: «Voir de ses yeux ce qu'est un christianisme vécu et incarné, il n'y a rien de plus déterminant.» Parfois la rencontre avec le Christ se fait «en direct», dans une expérience mystique, comme dans le cas de A. Frossard. Mais, la plupart du temps, ce qui est décisif, c'est la rencontre et la confrontation d'une vie enracinée dans le Christ. Dans ce type de rencontre, le salut devient transparent. On ne conclut pas au salut: on le voit en exercice.

En effet, ce ne sont pas des discours que nous devons présenter à des hommes et des femmes qui hurlent de détresse, mais le prix d'une vie personnellement donnée, consacrée à nos semblables. On n'explique pas autrement la puissance d'attraction de femmes et d'hommes, comme le P. Maximilien Kolbe, mort à Auschwitz en 1941, pour avoir sacrifié sa vie en se substituant volontairement à un père de famille condamné à mourir de faim; ou comme l'archevêque Oscar Romero, du Salvador, mort en 1980, assassiné durant la célébration de la messe, martyr de sa défense des pauvres (des sans-voix) et de sa protestation contre les expulsions, les persécutions, les tortures. Comment expliquer le rayonnement de l'humble frère André, qui déplace vers l'Oratoire dédié à saint Joseph (Montréal) des caravanes humaines venues des deux Amériques et même de l'Europe? Et le phénomène plus déconcertant encore de Thérèse de l'Enfant-Jésus, la jeune carmélite prisonnière de son cloître, proclamée patronne des missions?

Mais n'allons pas si loin: pensons à mère Teresa. Musulmans, bouddhistes, croyants, indifférents, athées, s'inclinent devant ce foyer d'amour qu'elle allume sur son passage. Par elle, tous se sentent interpellés, mis en question, appelés à une révision de leurs valeurs, voire à une conversion totale. En elle, le Christ vit et passe en faisant le bien. S'adressant aux pays du Premier Monde, elle déclarait: «La plus grande maladie actuelle n'est ni la lèpre, ni la tuberculose, mais le sentiment d'être indésirable et abandonné de tous; le plus grand péché est l'absence d'amour et de charité, la terrible indifférence pour ce prochain qui, au bord de la route, est en butte à l'exploitation, la corruption, l'indigence et la maladie [...] Il y a parmi vous, les pays riches, une pauvreté d'amour, de solitude, d'immortalité; c'est la pire maladie du monde.»

Mère Teresa veut amener le monde occidental à sortir des eaux glaciales de l'égoïsme et du calcul. Elle n'est ni sociologue, ni économiste, ni politicienne. Elle ne fait pas de propagande. Pour elle, l'amour prime sur «l'efficacité»: peu importent les résultats immédiats. Elle est l'amour qui rayonne, illumine, réchauffe, qui donne sans attendre de retour. Nous pressentons en elle une densité d'amour s'ouvrant sur une lumière capable de déchirer les ténèbres les plus opaques. Comme au temps du Christ, elle est l'amour présent parmi nous. Elle veut que le dernier regard du plus malheureux des mourants soit la rencontre d'un regard qui le couvre d'amour. Elle en est convaincue: le monde d'aujourd'hui a bien plus besoin de cœurs chargés d'amour que de navires chargés de blé. Mère Teresa nous parle d'amour avec des gestes d'amour. Sa vie n'est pas une démonstration, c'est une «monstration» de l'amour qui l'habite et la fait vivre. Du même coup, elle «démontre» que le monde est vivable si l'amour parvient à y pénétrer.

Le témoignage communautaire

Le témoignage d'une vie personnelle en accord avec l'Évangile constitue déjà un signe de la présence du salut dans le monde. Mais combien plus convaincant est ce signe, si le témoignage est le fait non seulement de quelques individus, mais d'un groupe, voire de toute une communauté, voire de toute l'Église. Dans ce cas, la qualité des membres de la communauté affecte la qualité de la communauté elle-même et l'image qu'elle donne au monde. Si cette communauté vit de l'Évangile, elle affirme du même coup l'emprise sur elle de l'Évangile reconnu comme valeur suprême. Lorsque tous ses membres ou la plupart de ses membres vivent de l'Évangile, il en résulte une image fidèle au Christ et à son esprit. Le témoignage rendu par chacun des membres se nourrit lui-même de chacun des témoignages reçus. Il se produit, de l'individu à la communauté, et de la communauté à l'individu, comme un flux et reflux incessants. Il s'établit, entre les membres de la communauté, comme un réseau de relations interpersonnelles, tissé de justice, de charité, de paix, de pureté, de douceur, de sérénité, de miséricorde. Le témoignage communautaire est une résultante, et non une simple addition ou juxtaposition de témoignages individuels. Il constitue une réalité nouvelle, originale.

Le témoignage rendu par les membres saints d'une communauté constitue une communauté sainte, qui irradie chez tous ceux et celles qui l'approchent l'Esprit du Christ. Celui qui entre en contact avec ce milieu a l'impression de respirer un air plus vif, plus tonifiant. Au contraire, le péché établit, entre les membres d'une communauté divisée, des rapports interpersonnels peccamineux. Le langage populaire, d'ailleurs, ne s'y trompe pas: elle présente un corps et un visage de péché. On ne saurait taire ou réduire l'importance de cet aspect du témoignage, surtout au niveau ecclésial. Car, en définitive, c'est l'image que l'Église présente au monde qui en fait un signe expressif et contagieux, ou un signe négatif du salut qu'elle prêche. Vatican II a souligné, devant la conscience chrétienne, la responsabilité des membres de l'Église dans la formation de l'image qu'elle donne au monde. Le signe de l'Évangile peut être obnubilé ou même annulé par le contre-témoignage d'un christianisme scandaleux. Dans le Décret sur l'activité missionnaire, le Concile déclare: «La division des chrétiens nuit à la cause très sacrée de la prédication de l'Évangile à toute créature et, pour beaucoup, elle ferme l'accès à la foi» (AG 6). Et, dans le Décret sur l'œcuménisme, le Concile déclare que la division des chrétiens est «pour le monde un objet de scandale et fait obstacle à la plus sainte des causes: la prédication de l'Évangile à toute créature» (UR 1). Partout où l'Église n'offre plus le témoignage de l'unité et de la charité, mais celui de la division et de la haine, des factions, des clans, des exclusivismes, non seulement elle n'attire plus les êtres humains, mais elle les détourne d'elle-même et, par la suite, du Christ, car c'est par l'Église que nous connaissons le Christ, et c'est par elle également que nous mesurons l'efficacité réelle de l'Évangile.

Au contraire, les faits démontrent combien est attirant le témoignage des personnes rassemblées dans l'unité et la charité. Pensons, par exemple, à la communauté des jeunes de San Egidio (Saint-Gilles), à Rome, devenue par la ferveur de la prière et des services caritatifs multiformes qu'elle exerce, lieu de rassemblement aussi bien des non-croyants que des croyants; ou encore à la communauté monastique de Taizé, fondée en 1940 et devenue haut lieu de prière pour des visiteurs de toutes confessions religieuses. Pensons aussi au rayonnement mondial du mouvement de l'Arche, fondé par Jean Vanier en 1964, à Trosly-Breuil, en France, et qui accueille les plus démunis des démunis, les personnes affectées de déficience mentale et condamnées à vivre et à mourir sans espoir «d'en sortir». Ce qui caractérise l'Arche, c'est un engagement absolu, voire héroïque, au service de ces personnes handicapées, accompagné d'un esprit de prière à rendre jaloux les moines les plus fervents. Des jeunes de trente ans, en moyenne, consacrent les plus belles années de leur vie à secourir des détresses capables de faire frémir les sensibilités les mieux équilibrées. À l'Arche, on cherche à créer des foyers d'amour pour faire «palper» quelque chose de l'Amour du Verbe de vie. Pour des personnes qui en ont assez des théories, c'est du «jamais vu», capable de fissurer les cœurs et d'y faire entrer l'Amour. Rappelons enfin le témoignage fulminant donné par les familles paysannes de la région de Macambria, au nord-est du Brésil. Ces pauvres sont porteurs d'une puissance inédite, celle même de Dieu, obligeant les riches à s'interroger et à se convertir. Ces populations opprimées du Brésil n'ont d'autre arme entre les mains que leur souffrance: une souffrance qui pourrait conduire à la haine, au massacre, mais ils ont choisi plutôt la voie du pardon. Ils voient dans le pardon une action créatrice, capable de vaincre l'injustice à la racine, transformant l'injuste en juste, l'oppresseur en ami et en frère. Le pardon fait crouler les murailles de la séparation et rétablit l'amour fraternel. Le pardon est semence de justice. Les oppresseurs reconnaissent leurs fautes et sont sauvés, libérés, guéris par le témoignage tenace et fidèle des opprimés qui ne cessent de pardonner. Ces communautés locales, qui témoignent du Christ, au fond de leur misère, se retrouvent partout dans le monde: en Inde, au Nigeria, en Amérique centrale, en Amérique latine. Le témoignage de leur pardon est germe d'un amour à naître: celui de l'oppresseur pour l'opprimé. Le Christ n'a pas connu d'autre témoignage envers ses ennemis.

Simples sondages, ces exemples sont pourtant significatifs. Ils manifestent que le témoignage-engagement d'une vie consacrée au Christ est le grand motif de crédibilité de la révélation. On ne conclut pas au salut: on le voit, vivant, debout, face à soi.

Nécessité du témoignage

Le témoignage d'une vie en parfait accord avec l'Évangile n'est pas, pour le christianisme, chose simplement souhaitable et hautement recommandable, mais une exigence absolue, une nécessité de nature. Et cela pour plusieurs motifs:

• D'abord, parce que le christianisme n'est pas un pur système de pensée, philosophique ou scientifique, communicable par un enseignement qui n'engagerait ni le professeur, ni l'auditeur, mais un message de salut, rattaché à un événement qui a changé le sens de la condition humaine et qui met en question l'existence de quiconque le reçoit. L'Évangile nous dit que l'être humain, en Jésus Christ, est sauvé, que nous sommes enfants de Dieu et que déjà nous participons à la vie des personnes divines. Dès lors, si le christianisme était incapable de montrer ce changement de la condition humaine annoncé par l'Évangile, il avouerait son échec. Il ne suffit pas de prétendre que l'événement du salut est arrivé, mais qu'il est insaisissable, que la sainteté est donnée, mais que, paradoxalement, rien ne la trahit au-dehors dans le comportement de ceux et celles qui ont reçu l'Esprit. Non, la sainteté doit exister et, de fait, elle existe: on peut la rencontrer, si on la cherche d'un cœur humble et disponible. Elle s'atteste en fruits de charité, de joie, de paix, de serviabilité, de bonté, de confiance, de douceur, de maîtrise de soi (*Ga* 5, 22). De même, l'Église ne peut se contenter d'affirmer qu'elle est sainte et qu'elle a reçu du Christ les moyens de sanctifier les hommes, sans pouvoir toutefois les sanctifier effectivement. Plus l'Église parle de sainteté, plus elle doit produire des témoins du salut. Plus elle raconte l'histoire du salut en Jésus Christ, plus aussi elle doit pouvoir raconter les victoires de la grâce du salut sur le péché des hommes. Tel est le sens profond des béatifications et des canonisations. L'Église ne serait pas ce qu'elle est si elle ne produisait pas des saints, c'est-à-dire des fruits du salut.

• Deuxièmement, l'accord entre l'Évangile et la vie est nécessaire, parce que l'essentiel du message chrétien est la révélation de l'amour infini de Dieu pour les hommes à travers l'amour de Jésus Christ. Or, comment les hommes qui ne connaissent pas Jésus Christ peuvent-ils croire à son amour s'ils n'ont pas sous les yeux le spectacle de personnes qui ont déjà été conquises par cet amour et qui ont risqué pour lui le tout de leur vie? Comment introduire à l'amour d'une personne, si ce n'est par une contagion d'amour? Lorsque des chrétiens et des chrétiennes mènent une vie parfaitement évangélique, ceux qui sont témoins de ce spectacle contemplent Dieu qui est aimé et Dieu qui les aime. Ils ont, dans cet amour, la révélation de l'amour de Dieu. L'amour des hommes entre eux devient le sacrement ou le signe de l'amour de Dieu, l'expression visible de l'amour de Dieu pour les hommes.

• Enfin, l'accord entre l'Évangile et la vie est nécessaire, car l'Évangile est la révélation d'une nouvelle forme d'existence, d'un nouveau style de vie. Or, ce style de vie auquel Dieu veut former les hommes, étant à la fois sublime et inédit, comment Dieu pouvait-il l'apprendre aux hommes, si ce n'est par une présentation concrète et exemplaire? C'est pourquoi le Christ, le Fils de Dieu, le Témoin par excellence, est non seulement celui qui révèle aux hommes leur condition filiale, mais encore celui qui les initie à cette vie filiale, en menant lui-même, parmi eux, sous leurs yeux, une vie de Fils. Et c'est pourquoi il faut des témoins du Christ, des saints et des saintes qui perpétuent, dans l'Église, cette vie filiale révélée et vécue par le Christ et qui illustrent, pour chaque génération, ce nouveau style de vie qu'est l'existence chrétienne pleinement vécue.

Dans le miracle, la nature seule est touchée. Ici, c'est l'être humain lui-même qui est changé. Par le témoignage-engagement transparaît à nos yeux la transformation de l'humanité opérée par l'invasion de la grâce en Jésus Christ.

Dynamisme du témoignage

Il s'agit ici de montrer comment le témoignage de la vie agit sur l'esprit et sur le cœur de l'être humain pour lui faire entendre que le salut annoncé par l'Évangile, attesté par le Christ, les apôtres, les chrétiens authentiques, est vraiment parmi nous.

Ce qui caractérise le témoignage de la vie, c'est sa discrétion. Le saint n'exige rien, ne demande rien: il se contente d'exprimer par toute sa vie la réalité surnaturelle dans laquelle il baigne. Le saint, observe Bergson, «a senti la vérité couler en lui comme une force agissante. Il ne s'empêcherait pas plus de la répandre que le soleil de déverser sa lumière. Seulement, ce n'est pas par de simples discours qu'il la propagera» (*Les deux sources de la morale et de la religion*, Paris, 1932, p. 249). La sainteté agit sans violenter. Sa force d'attraction tient à sa discrétion même. Signe apparemment le plus fragile, elle peut être aussi le plus efficace, car elle agit au niveau des personnes et fait appel à l'expérience morale de chacun.

La sainteté agit d'abord comme une valeur: par attraction et séduction d'un bien. Elle révèle à celui qui la rencontre une qualité de vie que l'homme n'aurait pas soupçonnée sans elle, et à laquelle secrètement il désire participer. Elle montre à l'être humain, dans une vie semblable à la sienne, un idéal dont l'attrait n'est jamais totalement absent au fond de son cœur. Elle n'explique pas la valeur du christianisme par une démonstration ou un panégyrique: elle le montre présent et agissant dans une existence qu'il a transformée. «Pourquoi les saints, dit encore Bergson, ont-ils des imitateurs? [...] Ils ne demandent rien, et pourtant ils obtiennent. Ils n'ont pas besoin d'exhorter; ils n'ont qu'à exister, leur existence est un appel» (Bergson, *ibid.*, 29-30).

S'il est vrai que les valeurs les plus hautes sont celles qui laissent le plus de jeu à la liberté (l'exigence de la valeur étant en raison inverse de son élévation), leur force d'attraction est en raison directe de leur hauteur. À cet égard, le spectacle d'une vie chrétienne authentique suscite, chez ceux et celles qui ne s'y ferment pas, un vif désir de participer à cette splendeur. La sainteté est un appel, non une pression: elle s'offre à l'homme comme une promesse d'achèvement et de dépassement à laquelle on aspire. Peu de personnes répondront effectivement à ce discret appel, car il est appel à un nouveau style de vie, acquis au prix de durs sacrifices. Peu importe: sans bruit, comme sans en avoir l'air, le témoignage de la vie éveille l'attention, suscite la sympathie et amorce, sans le forcer, le mouvement par lequel peut-être les âmes s'arracheront à leur inertie pour se mettre en marche vers Dieu. Une question désormais est posée. Celui qui a rencontré la sainteté «va-t-il donner la préférence à la vie suivant l'amour dont il vient, par la médiation d'autrui, de recevoir la révélation personnelle, d'éprouver l'attirance et comme la tentation, ou à la vie suivant l'égoïsme? Cette option reste entièrement libre [...] Mais l'homme est arraché à son indifférence pour être mis en face d'une décision qu'il ne peut plus éluder» (Y. de Montcheuil).

Au regard plus attentif, la sainteté découvre une harmonie entre l'Évangile et la vie. La sainteté donne un corps à l'Évangile et le fait passer à l'ordre de l'existence. L'Évangile dit que le Christ est le Fils de Dieu venu dans le monde pour faire de nous des fils du Père appelés à mener une vie de fils et à partager la gloire du Christ. Or voici que dans le saint apparaît cet homme nouveau annoncé par l'Évangile, tout pénétré de charité, vivant et agissant sous l'emprise de l'Esprit. Le saint laisse voir, par transparence, le salut annoncé et opéré par le Christ. En lui, Évangile et vie se font écho et coïncident. Le saint montre et, par le fait même, démontre l'aptitude de l'Évangile à transformer l'existence humaine. Cet accord entre l'Évangile annoncé et l'Évangile vécu est un signe de la vérité de l'Évangile. Le saint atteste, par sa présence dans le monde, que le salut est vraiment accompli puisque l'homme nouveau, vivifié par l'esprit d'amour, est vraiment parmi nous.

Cet accord entre l'Évangile et la vie constitue un signe d'autant plus frappant qu'il ne s'agit pas d'un accord quelconque, à l'échelle commune, mais d'un accord dans le dépassement. Il y a dépassement dans l'idéal, à savoir l'Évangile, et dépassement dans la réalité. Dans un monde où règnent le péché, la division, l'égoïsme, la jalousie, le saint émerge. Homme comme nous, il domine cependant notre niveau de mesquinerie et de médiocrité. Il respire un air plus pur, venant d'un autre univers. Il représente, dans l'univers actuel, et par rapport à l'agir concret et habituel de l'homme, un dépassement. On sait que l'homme peut être généreux, mais la générosité de Pierre Claver pour les Noirs, celle de Vincent de Paul pour les pauvres, celle de Jean de Brébeuf pour les Hurons, celle de Charles de Foucauld pour les Touaregs, celle de mère Teresa pour les déchets de l'humanité, dépassent toute commune mesure et donnent le vertige.

Ajoutons encore que ce dépassement n'est pas un dépassement vertical et simple, comme peut l'être l'héroïsme du martyre, mais un dépassement multiforme et paradoxal. La vie du saint reproduit, comme en miniature, les paradoxes de la vie du Christ. Présent au monde et à toutes ses misères, le saint donne cependant l'impression de revenir d'îles étrangères et d'en rapporter des produits exotiques. Tout entier à Dieu, il est également toute tendresse pour les hommes. Abîme d'humilité et de simplicité, il est souvent intrépide et fougueux pour parler de Dieu et revendiquer ses droits. Foyer de pureté et de pénitence, il a cependant la conviction d'être le plus grand pécheur. À l'initiative rebondissante et créatrice, il joint l'obéissance la plus filiale.

On conçoit que la personne qui contemple cette harmonie, dans le dépassement, entre l'Évangile et la vie, cette intensité, cette plénitude, cette constance et cette fécondité de la charité, éprouve le désir de communier à cet univers de valeurs que lui découvre le témoignage d'une vie authentiquement chrétienne. Le spectacle de la sainteté dispose à l'audition de l'Évangile, car il est déjà l'Évangile se déployant sous les yeux. En définitive, ce qui fait la force du témoignage de la vie, c'est qu'il montre le salut en exercice dans notre monde. Le signe, ici, est la splendeur de la transformation opérée. L'homme lui-même est changé et vivifié par l'Esprit d'amour. Le monde attend le passage des saints. Si la sainteté et les saints sont invisibles ou absents, les hommes vivent dans le brouillard et meurent de froid.

Spécificité du témoignage contemporain

Précisons à quelles conditions le témoignage personnel et communautaire peut devenir, pour les hommes et les femmes de notre temps, signe de la venue du salut en Jésus Christ. Pour être efficace, ce témoignage doit revêtir des modalités nouvelles et bien spécifiques.

- L'homme contemporain est plus sensible qu'autrefois au respect, par le chrétien, des valeurs humaines reconnues dans le monde séculier. Par exemple: la compétence professionnelle, l'efficacité du travail, le souci et le respect de la vérité, la probité et l'humilité dans la recherche scientifique, la franchise et la sincérité dans les rapports humains, la cohérence entre les paroles et les actes, le respect de la parole donnée, le respect de la liberté de conscience, le respect du bien d'autrui, le sens du service public. L'homme contemporain éprouve du respect pour celui qui est engagé dans sa tâche et la remplit avec fidélité. Il s'incline devant celui qui sait participer aux joies, comme aussi aux souffrances, aux angoisses des hommes et des femmes de son milieu, qui s'efforce d'améliorer les institutions sociales de son pays. Au contraire, si le chrétien ne manifeste pas de respect, ou manifeste trop peu de respect pour ces valeurs reconnues par le monde séculier, sa profession de foi chrétienne, fût-elle ouverte et véhémente, risque de rester sans écho.
- Autrefois, dans une chrétienté homogène, ou au sein de nations entièrement catholiques, la charité n'avait à s'exercer qu'entre catholiques, les missionnaires assumant seuls la responsabilité de porter l'Évangile hors des frontières visibles de l'Église. Il en va tout autrement aujourd'hui. Dans un monde maintenant de plus en plus unifié, les murs de séparation n'existent plus: toutes les familles spirituelles (protestants, juifs, musulmans, bouddhistes, hindouistes, etc.), toutes les formes de croyance et d'incroyance se côtoient, se fréquentent, fusionnent. C'est au cœur de cette humanité nouvelle (où n'existent plus les zones fermées de chrétienté), que les membres de l'Église doivent témoigner de la charité du Christ. Selon le mot très beau de Charles de Foucauld, chacun doit devenir «le frère universel». Dans le même sens, R. Schutz écrivait: «Donnez-nous la preuve existentielle que vous croyez en Dieu, que vos sécurités sont bien en lui. Prouvez-nous que vous vivez l'Évangile dans sa fraîcheur première, en esprit de pauvreté, dans la solidarité avec tous, et non pas seulement avec votre famille confessionnelle.»
- D'autre part, si le témoignage de la charité doit devenir plus universel, plus œcuménique et plus missionnaire qu'autrefois, il

doit aussi s'intensifier entre catholiques eux-mêmes. L'Église, dans ses communautés locales, et comme communauté mondiale, doit apparaître, au sein des autres communautés, comme une communion particulièrement fervente dans l'Esprit. Elle doit devenir de plus en plus ce qu'elle est (à savoir, messianique et divine), donnant au monde, par le rayonnement ardent de sa charité, le signe efficace de l'amour de Dieu parmi les hommes. «Pour un catholique, observe encore R. Schutz, être solidaire de tous les baptisés, cela signifie d'abord être solidaire, à l'intérieur de son Église, de toutes les familles spirituelles qui animent le catholicisme. En cette période de l'histoire, nous attendons des catholiques qu'ils ne se refusent pas les uns les autres. Si les divers courants qui se manifestent empêchaient le dialogue, ce serait une épreuve sans égale pour l'œcuménisme.» À cet égard, le schisme de Mgr Lefebvre, tout comme les attitudes intolérantes de ceux qui ne reconnaissent d'autre paradigme doctrinal que leurs schèmes mentaux considérés comme des absolus, constituent sans doute le plus grave contre-témoignage de l'Église du temps présent. Il est vrai que le témoignage du catholique doit être un témoignage d'appartenance à l'Église, mais il est également vrai que l'Église, au sein des groupes qui l'habitent, doit promouvoir ce dialogue qu'elle a proclamé avec tant de force à Vatican II.

L'eucharistie, temps fort du témoignage

Le lieu par excellence de l'unité de charité que constitue le témoignage personnel et communautaire est l'eucharistie comme assemblée et comme sacrifice. La célébration eucharistique, en effet, recueille tous les moments de la vie du Christ et tous les moments de la vie de l'Église.

L'eucharistie recueille d'abord tous les moments de la présence du Christ: elle présuppose en effet la présence du Christ parmi les hommes, au temps de sa vie mortelle, et nous la rappelle par la lecture de l'Évangile. En outre, elle reproduit, par la présence réelle du Christ dans le sacrement où il se donne en nourriture, la synthèse de la présence personnelle et spirituelle du Christ glorieux avec le Christ, Verbe incarné dans l'histoire.

L'eucharistie recueille aussi tous les moments de la vie de l'Église. Elle est le repas du souvenir, le mémorial de la passion et de la mort salvifique du Christ, qui a donné naissance à son Église.

Dans le présent, elle est communion de tous les fidèles au Christ vivant et glorifié, et communion des fidèles entre eux dans la charité. Enfin, repas d'espérance, elle figure et anticipe le repas eschatologique où tous les élus seront réunis à la table du Seigneur. Ce qui s'accomplit dans l'eucharistie est donc déjà un rassemblement dans l'unité d'amour, mais c'est en même temps un appel à une extension de cette unité à tous les hommes, car la célébration eucharistique ne représente pas seulement l'unité réelle et actuelle des membres du même corps: elle est aussi animée d'un dynamisme unificateur, qui tend à rassembler les êtres humains pour constituer le Corps mystique du Christ. Par ceux et celles qu'il vivifie et nourrit, le Christ agit et opère la croissance de son Corps. S'il est vrai que l'Église est le signe de la communion d'amour que la Trinité cherche à établir parmi les hommes, il faut dire que ce signe se concentre et trouve son expressivité la plus élevée dans l'assemblée eucharistique.

Les hommes et les femmes de notre temps veulent trouver dans l'Église, dans les communautés chrétiennes, dans chaque chrétien, dans chaque chrétienne, un reflet de l'amour du Christ, de cet amour pur et sans ombre, ardent, fidèle, donné, livré, jusqu'au sacrifice de sa vie pour le salut de tous. Si les hommes et les femmes d'aujourd'hui rencontrent, grâce à l'engagement du témoignage chrétien, l'existence de cet amour, aimant les personnes en elles-mêmes, sans l'ombre d'une répulsion, alors ils auront fait la découverte d'un monde nouveau; ils auront le désir de participer à cette plénitude, car ils auront découvert que Dieu est Amour.

8

Mission évangélisatrice de l'Église

Dans la mouvance des deux derniers synodes romains qui ont souligné l'urgence d'une nouvelle évangélisation, le cardinal Jean-Claude Turcotte déclarait dans une allocution programmatique: «Le grand défi de notre Église diocésaine, [...] c'est celui d'une nouvelle évangélisation dont notre milieu a un immense besoin.» Cette tâche, ajoutait-il, doit mobiliser toutes nos énergies. Tous les groupes sont invités à se faire les artisans de cette «tâche urgente». L'occasion nous semble opportune de bien définir ce que nous entendons par mission et évangélisation.

Dans l'exhortation apostolique *Evangelii Nuntiandi*

Comme en bien des domaines, nous assistons, depuis quelques décennies, à un élargissement des concepts de *mission* et d'*évangélisation*. Ainsi, la mission, ou l'activité missionnaire de l'Église, est utilisée aujourd'hui dans un sens englobant, plus compréhensif, à l'intérieur duquel se situent *les missions*, caractérisées par l'implantation de l'Église dans une région et une culture données.

La notion d'*évangélisation* a connu un élargissement parallèle encore plus spectaculaire. Évangélisation, depuis Vatican II, exprime la totalité de la mission de l'Église.

Le Synode sur l'évangélisation dans le monde moderne, en 1974, suivi de l'exhortation apostolique *Evangelii Nuntiandi* de

Paul VI, représente une étape importante dans cette évolution sémantique de la notion d'évangélisation, même s'il n'élimine pas toute ambiguïté résiduelle. «La tâche d'évangéliser tous les hommes constitue la mission essentielle de l'Église» (EN 14). Cette tâche engage toute la personne: les paroles, les œuvres et le témoignage de la vie; elle cherche à atteindre la conscience personnelle, l'activité humaine, les milieux de vie, la culture et les cultures (EN 18). En dépit de cette perspective plus large, Paul VI, lorsqu'il définit l'évangélisation, pense d'abord à la proclamation explicite de l'Évangile: «Il n'y a pas d'évangélisation vraie si le nom, l'enseignement, la vie, les promesses, le règne, le mystère de Jésus de Nazareth Fils de Dieu, ne sont pas annoncés» (EN 22). La pensée reste encore partagée entre la notion traditionnelle et la notion élargie d'évangélisation.

Document du Secrétariat pour les non-chrétiens (1984)

Ce document s'intitule: «Attitude de l'Église catholique devant les croyants des autres religions: réflexions et orientations concernant le dialogue et la mission». Cette fois, l'évangélisation est présentée comme une réalité *complexe et articulée*, comme un *processus unitaire* dont les éléments constitutifs sont: 1. la présence et le témoignage de la vie; 2. l'engagement au service des hommes; 3. la prière et la contemplation; 4. le dialogue; 5. la proclamation de la Bonne Nouvelle du salut en Jésus Christ par le kérygme et la catéchèse.

Observons aussitôt que cet ordre pourrait être modifié en situant la vie liturgique, la prière et la contemplation après le kérygme et la catéchèse dont elles sont le développement et l'aboutissement naturels. L'ordre serait alors: 1. la présence de vie; 2. le service; 3. le dialogue; 4. la proclamation de la Bonne Nouvelle; 5. la sacramentalisation. Tous ces éléments appartiennent au processus total de l'évangélisation, bien que chacun n'ait pas la même place ni le même poids dans la mission de l'Église. Ainsi, le dialogue précède normalement la proclamation, mais il peut tout aussi bien ne pas aboutir. Le processus atteint son terme et son sommet dans la sacramentalisation.

Redemptoris Missio (1990), *Dialogue et Annonce* (1991)

Ces deux documents marquent un nouveau pas dans l'intelligence du concept d'évangélisation. *Redemptoris Missio* précise que «l'évangélisation est une réalité unitaire, mais complexe. Elle comporte le témoignage personnel, le dialogue, la promotion humaine, l'inculturation, mais surtout l'annonce, suivie de la fondation de la communauté ecclésiale». Enfin *Dialogue et Annonce* souligne que «l'annonce et le dialogue, chacun à sa place, sont considérés tous les deux comme des composantes et des formes authentiques de l'unique mission évangélisatrice de l'Église. Tous deux tendent à la communication de la vérité salvatrice». Le dialogue interreligieux est clairement reconnu «comme un des éléments de la mission» (DA 9). Dans les cas où l'annonce est possible, le dialogue constitue une étape intermédiaire vers la conversion. Quand l'annonce est impossible, le dialogue se définit comme «l'ensemble des rapports religieux et constructifs [...] afin d'apprendre à se connaître et s'enrichir les uns les autres» (DA 9). Il est rencontre interpersonnelle, avec un préjugé de sympathie, une attente ouverte, une espérance qui se soumet au rythme de Dieu, dépouillée de toute volonté de succès humains, de tout projet d'implantation missionnaire au sens courant du mot. Expliquons brièvement chacun des éléments du processus d'évangélisation intégrale.

Éléments constitutifs du processus d'évangélisation

1. La présence et le témoignage silencieux d'une vie chrétienne engagée. Ce témoignage sans paroles fait surgir des questions sur la source qui inspire un tel style de vie.

2. La promotion des droits de la personne sous forme d'action pour lutter contre l'injustice, les discriminations, les structures d'oppression, la torture.

3. Le service du prochain, notamment des plus démunis: pauvres, handicapés, drogués, victimes de la violence.

4. Le dialogue entre chrétiens et croyants d'autres traditions religieuses. Dans ce dialogue où chacun cherche à comprendre la position de son partenaire, ses principes de base, ses perspectives, il y a appel à une conversion mutuelle. Consciemment ou non, les partenaires du dialogue s'évangélisent mutuellement sous l'action de l'Esprit. Ce dialogue devrait poser la question du *sens* de la vie dans un monde apparemment dépourvu de sens.

5. L'inculturation qui permet à l'Évangile de s'incarner dans différentes cultures et, en même temps, introduit les peuples, avec leur culture, dans sa propre communauté. Elle accueille les peuples avec tous les bons éléments qu'ils possèdent déjà, les renouvelant de l'intérieur et les élevant à un niveau insoupçonné de grandeur.

6. Le kérygme ou l'annonce globale de la Bonne Nouvelle du salut opéré par le Christ. L'élément unifiant du kérygme, c'est la personne de Jésus, identifié comme Christ et Seigneur. Le kérygme établit un lien indissociable entre l'événement Jésus et sa portée salvifique.

7. Au premier choc de la Bonne Nouvelle succède normalement la catéchèse qui détaille et explicite le kérygme. Celui-ci, toutefois, reste pour la catéchèse le point de départ et de référence constant. Ainsi l'explication des sacrements, des normes de la vie morale, n'ont de sens que dans la lumière du mystère pascal. L'entrée dans l'Église s'épanouit dans un climat de prière et de contemplation.

Ces phases ne sont pas le chemin obligé pour renouer avec le Christ et l'Église, mais elles nous paraissent répondre au cheminement d'un grand nombre de ceux et celles qui viennent ou reviennent au Christ.

9

Traits spécifiques de la révélation

Implications dans le monde des communications

Avant de répondre à la question: comment communiquer l'Évangile, il faut d'abord savoir quelle est la réalité à communiquer, quels sont les traits spécifiques qui la définissent et la distinguent. La communication d'un système philosophique, d'une découverte scientifique, d'une recette de cuisine, d'une technique artisanale, du kérygme chrétien, se pose en des termes bien différents. Les paragraphes qui suivent se proposent comme des éléments de réflexion pour amorcer une étude en atelier.

Traits spécifiques de la révélation christique

Structure sacramentelle de la révélation chrétienne

La théologie traditionnelle avait une tendance invincible à confondre la révélation-parole avec la révélation par paroles. Par suite, elle étudiait avec attention l'enseignement formel de Jésus, mais accordait une importance secondaire à ses exemples, à ses attitudes, à son comportement: un matériel destiné surtout à la piété. Vatican II, dans *Dei Verbum* (n. 2 et 4), affirme au contraire que la révélation s'effectue par l'union intime de gestes et de paroles, tous deux éléments constitutifs de la révélation. Cette structure *sacramentelle* de la révélation (événement et parole d'interprétation) représente la révolution la plus considérable introduite par *Dei Verbum*. La théologie n'a pas fini de récupérer les implications de ce principe de base.

Principe incarnationnel

L'Incarnation est le temps de la plénitude, le moment où le rythme de l'histoire se précipite et se concentre dans la personne du Verbe fait chair. La nouveauté est radicale et absolue: Dieu non seulement entre dans l'histoire, mais y entre en assumant la chair de l'homme, avec tous les risques et les limites du langage, de la culture, de l'institution. *Dei Verbum* proclame le Christ «Médiateur et Plénitude de la Révélation» (DV 2). Le Christ n'apporte pas seulement la révélation: il est la Révélation même, l'épiphanie de Dieu dans l'histoire humaine.

Ce principe incarnationnel s'exprime avec densité dans *Dei Verbum* (n. 4): «C'est lui [Jésus Christ, le Verbe fait chair] qui, par toute sa présence et par la manifestation qu'il fait de lui-même, par paroles et par œuvres, par signes et par miracles, et plus particulièrement par sa mort et par sa résurrection glorieuse d'entre les morts, par l'envoi enfin de l'Esprit de vérité, achève en la complétant la révélation, et la confirme en attestant que Dieu lui-même est avec nous pour nous arracher aux ténèbres de la vie et de la mort et nous ressusciter pour la vie éternelle.» Il s'ensuit:

- que la révélation et l'Incarnation appartiennent au même mystère de l'élévation de la nature et de l'expression humaines. L'Incarnation, comme la révélation, est à la fois automanifestation et autodonation de Dieu. En se révélant, Dieu se donne; en se donnant par l'Incarnation, il se révèle;
- que toutes les dimensions de l'homme sont assumées et utilisées pour servir d'expression à la personne absolue: paroles, actions, exemples, attitudes, comportement habituel, passion, mort, résurrection. Le Christ s'engage tout entier dans la révélation du Père et de son amour.

Révélation d'un nouveau style de vie

Ce que le Christ vient révéler, c'est simultanément le mystère de Dieu et le mystère de l'homme. Aussi le Christ, Fils du Père au sein de la Trinité, «homme parmi les hommes» (DV 4), illustre le nouveau style de vie auquel ils sont appelés: un style de vie filial.

C'est par mode de vie autant que d'enseignement formel que s'opère la révélation de l'homme à l'homme. Par Jésus Christ, Dieu veut réengendrer en chaque homme un fils et lui insuffler son esprit d'amour: un esprit filial. En révélant à l'homme son mystère intime, Dieu lui révèle sa vocation ultime.

Centralité absolue du Christ dans la révélation et dans la foi

Le Christ, étant à la fois Dieu révélant et Dieu révélé, occupe dans la révélation et dans la foi une position qui distingue le christianisme de toutes les religions. D'autres religions ont eu des fondateurs, mais aucun d'entre eux ne s'est proposé à ses disciples comme objet de foi absolue. Croire au Christ, c'est croire à Dieu. Par suite, l'option de foi est d'une gravité unique. Si le Christ est Dieu, la foi est une option pour Dieu, et toute la vie doit pivoter sur cette option dramatique qui engage l'homme jusqu'au plus intime de son être. Un tel engagement, aussi profond, est l'œuvre conjuguée de la liberté et de la grâce.

Caractère trinitaire de la révélation

La révélation engage toute la Trinité. Le Père se révèle par le Fils qui est sa Parole, sa parfaite image. Mais c'est l'Esprit qui rend soluble dans l'âme la parole du Christ. Sans l'Esprit qui ouvre l'intelligence et le cœur, comment la personne s'ouvrirait-elle à ce qui lui est étranger? L'Écriture ne cesse d'affirmer que la révélation du Christ ne saurait être accueillie dans la foi sans une révélation intérieure (*Mt* 11, 25-27; 16, 17), une ouverture du cœur (*Ac* 16, 14), une illumination qui est une nouvelle création (*2 Co* 4, 4-6), une attraction intérieure (*Jn* 6, 44-45), un témoignage de l'Esprit (*1 Jn* 5, 6). Dans la révélation comme dans la foi, il y a toujours action conjuguée de la proclamation extérieure et de l'action intérieure de l'Esprit: le kérygme notifie la Bonne Nouvelle, tandis que l'Esprit invite l'homme à s'abandonner au Dieu invisible et à fonder sur lui toute sa vie.

Implications dans le domaine de la communication

La communication de l'Évangile doit s'opérer par discours et par praxis

Tout comme le témoignage du Christ a été indissolublement un *docere* et un *facere*, de même la transmission de l'Évangile à travers les siècles n'inclut pas moins la praxis d'un style de vie filial que la proclamation de la foi. De fait, c'est par le témoignage conjugué de leur enseignement et de leur vie que les apôtres ont transmis ce qu'ils avaient appris du Christ «en vivant avec lui et en le voyant agir» (DV 7). À son tour, l'Église «perpétue dans sa doctrine, sa vie et son culte, et transmet à chaque génération tout ce qu'elle est elle-même, tout ce qu'elle croit» (DV 8). C'est tout le peuple chrétien, pasteurs et fidèles, qui est invité au «maintien, à l'exercice et à la profession de la foi transmise» (DV 10). Par suite, la communication de l'Évangile ne saurait se réduire à un simple processus d'information. Communiquer l'Évangile signifie que celui qui «communique», qui proclame le salut, est en même temps le témoin vivant d'une foi qui a d'abord illuminé et transformé sa vie. Sinon, l'Évangile risque de devenir une idéologie, un système, une gnose.

Nécessité d'une communication-témoignage: au niveau individuel et communautaire

La communication de l'Évangile doit assumer la forme du témoignage:

- l'Évangile proclame que l'homme, en Jésus Christ, est sauvé. Dès lors, si le christianisme était incapable de montrer le changement de la condition humaine annoncé par l'Évangile, il avouerait son échec. De même, plus l'Église parle de sainteté, plus elle doit produire des témoins du salut. D'où la nécessité de la présence des saints et des saintes à travers les siècles;
- le cœur du message du Christ est la révélation de l'invraisemblable amour de Dieu pour les hommes manifesté par le Christ, appel du Père à l'amour. C'est à cet excès d'amour que les Apôtres ont connu et reconnu l'amour de Dieu pour les hommes (*1 Jn* 4, 16). À leur tour, par leur vie d'amour, ils ont conquis d'autres personnes à l'Amour. L'expérience d'une telle rencontre ne peut se communiquer que par voie de témoignage. Comment des hommes et des femmes qui n'ont pas connu Jésus Christ peuvent-ils être conquis à un Amour sans mesure avec l'amour humain, s'ils ne rencontrent pas eux-mêmes des personnes qui ont été conquises par l'Amour et pour qui la vie n'a de sens que si elle est un être-pour-le-Christ? Lorsque des chrétiens font de l'amour du Christ l'absolu de leur vie, ceux et celles qui sont témoins de ce spectacle contemplent Dieu qui est aimé et Dieu qui aime. Exemples de

Maximilien Kolbe, de mère Teresa. Témoignage des convertis: Charles de Foucauld, Gabriel Marcel, Daniel-Rops, Chesterton, Jacques Maritain, Ernest Psichari, Karl Stern, Thomas Merton, Edith Stein, etc.;

• le témoignage d'une vie personnelle en accord avec l'Évangile est déjà un signe de la présence du salut dans le monde; mais le signe possède un impact bien plus puissant s'il s'agit d'un témoignage communautaire. Le témoignage communautaire (Église entière, Églises locales, groupes de chrétiens unis par la prière et l'eucharistie) constitue une réalité nouvelle, originale. C'est une résultante non une simple addition ou juxtaposition de témoignages individuels. Le témoignage d'une communauté sainte irradie, chez tous ceux et celles qui l'approchent, l'Esprit du Christ.

En régime chrétien, la «communication» participe à l'élévation de l'homme par l'Incarnation et par la grâce

Les mass media sont «gratifiés» d'une dimension nouvelle qui tient à la spécificité de la révélation chrétienne: *a)* ce qui est communiqué, c'est l'Évangile, parole révélée et inspirée, parole efficace; *b)* celui qui communique et qui invite à la foi est lui-même témoin vivant de l'Évangile qu'il propose; *c)* l'auditeur de la parole est une personne en qui opère l'Esprit du Christ. Les techniques sont les mêmes (radio, télévision, cinéma, presse), mais la réalité communiquée, celui qui communique et celui qui «écoute» représentent une condition unique. À cet égard, il faut privilégier les formes de communication où ces trois composantes se trouvent dans des conditions maximales de présence et de dialogue.

Multiplicité des formes de communication

Si la révélation s'est opérée non seulement par paroles, mais par gestes, attitudes, comportements, symboles, il s'ensuit que la communication de l'Évangile ne doit pas se limiter au seul discours formel, mais accueillir toutes les formes de l'expressivité humaine: le symbole (feu, eau, pain), les attitudes, le comportement (pas de discours de Jésus sur la solitude, la souffrance, la torture, la mort, mais des attitudes, un comportement habituel), la narration (paraboles, récits de miracles, passion).

Deux menaces de la communication actuelle

- Le risque d'exagérer l'efficacité des techniques de communication. La communication reste toujours l'œuvre conjuguée de l'homme et de la grâce. Il appartient à l'Esprit de faire fructifier la communication comme il veut et quand il veut. La communication suppose toujours le respect de l'auditeur et de l'Esprit. Par suite, elle s'opère avec assurance (la *parrèsia* apostolique) et conscience de ses limites;
- le danger de tenir pour suspecte toute forme de proclamation. Le christianisme, dit-on parfois, n'a pas besoin de publicité. Il agit de lui-même, par infusion de sens et rayonnement de vie. Certes, dans des milieux hostiles à l'audition de la parole, l'évangélisation doit prendre la forme silencieuse et implicite d'une vie toute inspirée par l'Évangile. Mais, normalement, la communication implique une «notification» du salut en Jésus Christ qui, même dans des conditions idéales, produira toujours un effet de choc et de scandale.

10

Qu'est-ce qu'un Évangile?

Le genre littéraire «Évangile» est une création spécifique du christianisme. Les Évangiles sont uniques, tout comme l'événement auquel ils se réfèrent.

De l'Évangile oral à l'Évangile de Marc

Le terme «Évangile» représente un usage fort ancien dans l'Église. Paul l'emploie sans même éprouver le besoin de l'expliquer (*1 Th* 1, 5; 2, 4; *Ga* 2, 5. 14; *1 Co* 4, 15; *Rm* 10, 16). Cet usage prend source, semble-t-il, dans l'Ancien Testament où il se rattache à la figure du messager, du héraut qui proclame la royauté de Yahvé et, par sa parole efficace, inaugure l'ère messianique. Dans le texte clé de *Is* 52, 7, le «porteur de bonnes nouvelles», le messager de joie annonce qu'avec la délivrance, par Cyrus, des captifs de Babylone, l'ère du salut est ouverte. Le psaume 96 fait écho à cette Bonne Nouvelle: «Proclamez son salut de jour en jour; [...] Dites parmi les nations: Le Seigneur est roi» (*Ps* 96, 2. 10). L'entrée de toutes les nations dans l'histoire du salut nous introduit déjà au contexte du Nouveau Testament.

Dans le Nouveau Testament, c'est Jésus qui apparaît comme le messager de la Bonne Nouvelle messianique (*Mt* 11, 5; *Is* 35, 5-6; 61, 1). En lui, le temps du salut devient réalité, de même que les signes qui l'accompagnent. Le contenu essentiel de cette Bonne Nouvelle, c'est l'avènement imminent du Royaume, dont Jésus proclame les exigences: «Convertissez-vous, le Règne des cieux s'est approché» (*Mt* 4, 17). Bien plus, le Royaume annoncé commence avec lui: là où est Jésus, les forces ennemies reculent, la puissance de vie et de salut annoncée par les prophètes est à l'œuvre. Guérisons et exorcismes montrent que le règne de Satan est réduit en pièces et que le Règne de Dieu est à l'œuvre (*Lc* 7, 22; *Mt* 12, 28).

On s'explique dès lors le transfert de sens que l'on observe dans le langage du Nouveau Testament. Jésus n'apparaît pas seulement comme le messager de la Bonne Nouvelle, mais aussi comme celui dont parle le message. Jésus annonce le Royaume, mais, en définitive, cette annonce concerne Jésus lui-même, constitué Roi messianique par sa résurrection et son exaltation à la droite du Père: c'est lui qui sauve. Dans le langage des chrétiens, qui considèrent la mort et la résurrection du Christ comme le cœur de l'Évangile, cette perspective est encore plus claire.

Évangile est l'un des vocables les plus utilisés par saint Paul: soixante fois dans ses lettres. Proclamer l'Évangile, pour saint Paul, c'est équivalemment proclamer le Christ, surtout dans sa mort et sa résurrection, qui constituent l'avènement du salut eschatologique. On peut donc attribuer à saint Paul, sinon l'introduction du terme «Évangile» dans le Nouveau Testament, du moins sa diffusion pour désigner la prédication active par l'Église du message du salut.

Marc, en introduisant le terme dans la tradition synoptique, ne contredit pas l'usage paulinien, mais le commente et l'amplifie. Aujourd'hui, on ne saurait parler du genre littéraire «Évangile» sans se référer aussitôt à Marc, car c'est lui qui l'a créé comme réalité, même si ce terme ne désigne pas encore chez lui l'Évangile écrit. Il a conçu toutefois son œuvre écrite dans une relation si intime avec l'événement et la proclamation du salut que celle-ci, tout entière, justifie le titre d'Évangile.

Pour Marc, l'Évangile est encore plus un événement qu'un message. Et cet événement embrasse toute l'existence du Christ, mais, par rapport au point culminant de cette existence, à savoir la passion et la résurrection, le reste représente un début, un commencement. D'où les mots qui servent d'exergue à son œuvre: «Commencement de l'Évangile de Jésus Christ» (*Mc* 1, 1). C'est par le ministère de Jean-Baptiste, par le baptême et la prédication de Jésus, que le salut annoncé par les prophètes a commencé à se réaliser. Marc, à partir du présent de l'Église, veut remonter aux débuts *(archè)* d'une histoire, c'est-à-dire aux premières manifestations en ce monde de l'action décisive de Dieu. Dans sa conception de l'Évangile, Marc se distingue donc de Paul, qui pense surtout à la passion et à la résurrection du Christ. Pour Marc, toute l'existence de Jésus, du baptême à la résurrection, est un Évangile.

En reliant aussi étroitement son œuvre à l'événement total de l'existence du Christ et à la Bonne Nouvelle du salut, Marc a favorisé le rapport entre Évangile oral et Évangile écrit. Il a été comme le catalyseur qui a facilité le transfert. L'œuvre de Marc est devenue le prototype de l'Évangile. Par la suite, Matthieu, Luc et Jean ont adopté le schéma littéraire de Marc, même s'ils ne définissent jamais leur œuvre comme un Évangile. C'est au cours du IIe siècle seulement que le mot «Évangile» sert à désigner nos écrits canoniques actuels. Justin parle des «Mémoires des apôtres», qui «sont appelés Évangiles» (1re *Apologie* 66, 3). Le Canon de Muratori désigne l'Évangile de Luc comme *«tertius Evangelii liber»*, et l'Évangile de Jean, comme *«quartum Evangelium»*. Les titres actuels datent du IIIe siècle. Même quand l'Évangile écrit finit par prévaloir, l'Église a toujours conscience que le mot désigne avant tout le contenu de l'œuvre, à savoir la proclamation du salut en Jésus Christ, et qu'au fond il ne saurait y avoir qu'un seul et unique Évangile: c'est pourquoi Irénée parle de «l'Évangile tétramorphe» (*Adv. Haereses*, II, 7-8).

Traits caractéristiques du genre littéraire «Évangile»

On ne peut assimiler les Évangiles à aucun des genres littéraires anciens: ni au type de la grande histoire, à la manière de Polybe, Thucydide, Tite-Live, ni au type des biographies grecques, ni au genre des «Mémoires» à la manière de Xénophon écrivant sur Socrate, ni au portrait littéraire. Dans le Nouveau Testament, les Évangiles représentent un cas unique. Les autres écrits manifestent qu'ils ne sont pas sans information sur la vie du Christ; fondamentalement, toutefois, c'est l'événement de la croix et de la résurrection qui retient leur attention. Le reste de l'activité du Christ est à peine mentionné. Seuls les Évangiles s'intéressent aussi visiblement à l'activité terrestre du Christ. D'autre part, les rédacteurs des Évangiles ne sont pas des écrivains travaillant en studio, sur la base de documents d'archives, et préoccupés d'écrire la vie de Jésus, de la naissance à la mort. En effet, on ne trouve pas, dans les Évangiles, de développement sur les origines de Jésus, sur sa formation, son caractère, sa personnalité. On ne trouve pas de chronologie précise, ni de topographie: coordonnées pourtant fondamentales en histoire. Les indications de lieu et de temps restent vagues, génériques: «ensuite, en ce temps-là, après, à la maison, sur le lac, en route, sur la montagne». L'ensemble même de la tradition est structuré par une trame élémentaire avec des soudures stéréotypées. Dans ces conditions, comment caractériser un genre qui évolue manifestement à l'intérieur de l'histoire et qui, cependant, prend ses distances à l'égard de l'histoire à un degré souvent déroutant? Nous ne pouvons que décrire chacun de ses traits pour laisser ensuite se composer la physionomie qui émerge de cette description.

1. Les Évangiles sont *la proclamation de la Nouvelle absolument unique* et originale (la *Ur-Kunde*), parce qu'elle a pour objet l'événement premier de l'histoire humaine, à savoir l'intervention décisive de Dieu en Jésus Christ. La manifestation du Christ parmi les hommes est le «commencement» historiquement unique, l'*archè*, car en lui et par lui le salut promis et attendu durant des siècles s'accomplit. La plénitude des temps, c'est «maintenant», «aujourd'hui». Par suite, l'Évangile ne peut être une proclamation neutre: il se présente comme un appel à la décision ultime. Tous les hommes sont appelés à la conversion. Quiconque veut lire correctement les Évangiles doit laisser retentir en lui cet appel prodigieux qui, en Jésus, notifie le salut. Les auditeurs de Pierre, au jour de la Pentecôte, ont éprouvé ce saisissement et ils «ont accueilli la parole» (*Ac* 2, 36-41).

2. Les Évangiles *se rattachent à une tradition déjà formée*, qui a elle-même été une relecture, dans l'Esprit, de l'événement Jésus à la lumière de Pâques, de l'Ancien Testament et de l'expérience de l'Église naissante. Cette dépendance s'exprime dans le fait que s'insèrent, dans le cadre de leur récit, des unités ou séquences déjà constituées. Les Évangiles, avant d'être des œuvres définitivement composées, sont donc les témoins d'une littérature qu'ils recueillent, organisent et confirment. Observons aussi que cette tradition vivante a été saisie et fixée à différentes étapes de son évolution avant d'être finalement insérée dans l'œuvre du dernier rédacteur. Les évangélistes rapportent une tradition qui a subi l'influence de

plusieurs théologies: théologies qui n'ont pas été complètement oblitérées par la rédaction finale. D'autre part, les évangélistes, à leur tour, récrivent, chacun suivant sa perspective propre, ce qu'ils ont reçu des traditions et théologies antérieures, car tous ont conscience d'annoncer la Bonne Nouvelle du salut aux hommes d'un certain milieu et de répondre à leurs problèmes.

3. Le *cadre* des Évangiles, commun à tous, doit sa structure et ses thèmes essentiels au kérygme primitif, tel qu'on peut le reconstituer à partir des lettres de Paul (*1 Co* 15, 3-5; 11, 23-27; *Rm* 1, 1-4) et des discours des Actes (*Ac* 2, 22-36; 3, 12-26; 4, 8-12; 5, 29-32; 10, 34-43; 13, 16-41). Les Évangiles développent et amplifient ce schéma traditionnel dont les grandes lignes sont les suivantes: le temps de l'accomplissement des promesses est arrivé. Jésus est de la race de David. Après la prédication du Baptiste, il a commencé son ministère en Galilée, guérissant les malades et libérant tous ceux qui étaient tombés au pouvoir de Satan. Puis il est monté à Jérusalem, où il a souffert et a été crucifié. Il est ressuscité des morts et est apparu à de nombreux témoins. Il est maintenant exalté. Tous les hommes sont invités à la pénitence et à la conversion. Marc s'en tient à ce cadre qui s'impose à lui, en prenant comme base la passion et la résurrection.

4. L'annonce du salut prend la forme d'une *narration historique*. Puisqu'il s'agit d'abord d'une «proclamation» du salut, on ne peut concevoir les Évangiles comme une vie de Jésus. D'autre part, cette proclamation prend la forme d'un exposé historique, car le salut annoncé est un événement qui se rattache à une existence terrestre et historique. Décrire le déroulement de cette existence, c'est en même temps proclamer l'événement du salut. Marc a été le premier à exposer ainsi la Bonne Nouvelle dans le cadre schématisé de l'existence de Jésus. Il l'a fait, non par simple amour du passé, mais par respect de la réalité. En effet, ce n'est pas à n'importe quel Christ glorieux que nous adhérons par la foi, mais à celui qui a été glorifié parce qu'il a accepté la kénose de sa vie terrestre, humble et souffrante. Chez Marc, ce mouvement de l'existence de Jésus, axé sur la passion-résurrection, est un profil de la vie de Jésus, avec un seul voyage à Jérusalem, avant la passion, et dans un cadre quadripartite qui ne retient que les grandes articulations de la vie de Jésus. Marc, toutefois, non seulement adopte la forme narrative d'événements décrits au passé, ou au présent

historique, mais il distingue nettement les plans temporels. Il décrit, pour l'Église présente, l'histoire du salut dans son commencement (prédication du Baptiste, baptême et prédication de Jésus), son déroulement en Galilée et dans les régions voisines, et sa fin tragique (récit de la passion suivant une séquence chronologique plus rigoureuse des événements). En outre, l'activité du Christ, comme Fils de l'homme, embrasse le futur, le présent et le passé. Le Fils de l'homme, qui a été condamné devant le Sanhédrin, est celui qui, dès à présent, a le pouvoir de pardonner les péchés (*Mc* 2, 10) et celui aussi qui viendra un jour sur les nuées du ciel. Passé, présent et futur coulent ensemble, mais restent distincts.

Chez Luc, cette perspective historique est encore plus accusée, car l'histoire de Jésus reçoit un prolongement en avant, avec les récits de l'enfance, et après, avec l'histoire des apôtres. L'histoire du salut est caractérisée par une continuité historiquement constatable et par un processus de développement dont le Christ occupe le centre. Jésus comme l'Église parcourent des étapes. Luc devient ainsi le premier historien du christianisme, s'efforçant de retracer et de fixer les grandes périodes de l'histoire du salut.

5. Les Évangiles sont à la fois *narration* et *confession*: narration sur Jésus et témoignage de la communauté qui croit en lui. Bien plus, narration et témoignage sont si intimement fondus que le récit est confession et que le témoignage de foi est narration ou récitatif sur Jésus, tout comme dans les «credo» de l'Ancien Testament qui sont le récit succinct des actes sauveurs de Dieu (*Dt* 26, 5-9; 6, 20-24; *Jos* 24, 2-13). On ne trouve rien de semblable dans la littérature profane. La raison fondamentale en est que, pour le narrateur-témoin qu'est l'évangéliste, le Seigneur ressuscité, vivant et toujours présent, est identiquement Jésus de Nazareth, sauveur par sa vie et par sa mort. En le racontant, on le confesse: «Seigneur est Jésus». C'est parce que les Évangiles ont ainsi pour objet la personne historique de Jésus, Christ et Seigneur, qu'ils sont à la fois histoire et kérygme.

6. Si les Évangiles sont la proclamation du salut en Jésus Christ à des groupes humains géographiquement et culturellement distincts, ils présentent un caractère d'*actualisation* et de *dialogue*. Chaque Évangile se réfère à une communauté déterminée et à une situation concrète: communauté de Jérusalem, communauté d'Antioche, communautés grecques, communautés d'Asie et de

Rome. Les Évangiles enregistrent le dialogue de l'Église avec les hommes et les problèmes de ces communautés. Ainsi, l'Évangile de Matthieu, rédigé en Syrie, dans les années quatre-vingts, répond aux questions d'une communauté judéo-chrétienne, en discussion avec la synagogue qui se trouve elle-même en pleine réorganisation après le désastre de 70. L'évangéliste répond à ces questions en s'appuyant sur une tradition qui tire son autorité de Jésus lui-même: de son message surtout. Ainsi, le dialogue de Jésus avec les Juifs de son temps se poursuit, par l'Église, avec d'autres partenaires et d'autres milieux, les divers Évangiles étant comme les partitions de ce dialogue polyphonique. On ne peut lire les Évangiles en faisant abstraction de ce caractère actualisant.

11

Kérygme, catéchèse, parénèse

Ces trois termes désignent les formes et les étapes d'un même processus d'évangélisation, en usage dès le début de l'Église. Par suite, il y a avantage à les grouper pour mieux les définir et les distinguer.

Kérygme

Kérygme, substantif (dérivé du verbe grec *kèrussein*), désigne la prédication globale de la Bonne Nouvelle du salut opéré par le Christ: c'est le premier choc de l'Évangile qui retentit à travers les siècles. Pour l'essentiel, il s'agit d'annoncer cet événement et d'inviter à la conversion et à la foi.

Parce que l'événement est unique et de répercussion infinie, son annonce ressemble à celle du cri du héraut qui annonce une victoire sans précédent. Kérygme dit éclatement, puissance expansive. Ainsi, le jour de la Pentecôte, Pierre crie à haute voix, devant la foule, la Bonne Nouvelle du salut par le Christ, à dessein de la rendre publique, officielle (*Ac* 2, 14). Cette intention publicitaire se manifeste de multiples façons. Pierre et Paul s'adressent à des foules (*Ac* 1, 15-22; 3, 12-26). Leur message se propage dans tout le milieu juif et gentil. Ils multiplient les appels à l'attention, les mises en demeure: prêtez l'oreille (*Ac* 2, 14), écoutez (*Ac* 2, 22), faites pénitence (*Ac* 2, 38), sauvez-vous (*Ac* 2, 40). Tout manifeste, chez les apôtres, le désir dévorant d'étendre partout et à tous la Parole de Dieu. Sous l'emprise de l'Esprit, ils sont saisis d'une sorte de fièvre, qui les contraint d'annoncer, d'évangéliser. Comment pourraient-ils se taire? La plénitude des temps est arrivée: «maintenant», «aujourd'hui». Rien de plus important ne saurait désormais se produire. Tous les hommes sont appelés au salut. Nul ne peut rester indifférent.

L'élément unifiant du kérygme, dans ses formules brèves, c'est la personne de Jésus, identifié comme Christ et Seigneur (*Ac* 8, 5; 19, 13; *1 Co* 1, 23). Si, au-delà de ces formules synthétiques, nous passons aux exemples de prédication que sont les discours des Actes (*Ac* 2; 3; 5; 10; 13), le kérygme s'enrichit des points suivants: les temps de l'accomplissement sont arrivés; ils sont marqués par le ministère, la passion, la mort, la résurrection et la glorification de Jésus. Le salut s'accomplit par la foi au Christ et par le baptême qui opère la rémission des péchés et confère l'Esprit. Le kérygme établit un lien indissociable entre l'événement Jésus et sa portée salvifique.

Le kérygme n'est pas du passé... dépassé. Aujourd'hui comme hier, le choc de la Bonne Nouvelle doit ébranler les hommes et les femmes du monde entier. Cette proclamation par l'Église (LG 26) rend l'événement du salut éternellement présent. Le kérygme actuel doit retentir, afin que Jésus soit reconnu et identifié comme le Christ, Seigneur, Sauveur universel, Centre de l'histoire, invitant chaque homme à la conversion et à la foi, qui est adhésion de toute la personne qui se livre au Christ qui s'est livré lui-même tout entier: une foi transformante et opérante (DV 5).

Catéchèse

Au premier choc de la Bonne Nouvelle succède normalement *la catéchèse* qui détaille et explicite le kérygme. La catéchèse présente des instructions plus élaborées s'adressant aux nouveaux convertis, des exposés d'allure plus didactique, où l'on explique les Écritures à la lumière de l'événement chrétien. C'est ainsi que les premiers chrétiens «étaient assidus à l'enseignement des apôtres» (*Ac* 2, 42). Les apôtres se tenaient dans le Temple et enseignaient le peuple (*Ac* 5, 25. 28). Ils nomment sept diacres afin de se consacrer exclusivement à la prière et au service de la Parole

(*Ac* 6, 4). Paul demeure un an et demi à Corinthe, enseignant aux gens la Parole de Dieu (*Ac* 18, 11).

Le kérygme, toutefois, reste pour la catéchèse le point de départ et de référence constant. Ainsi, l'explication des sacrements, les normes de la vie morale, n'ont de sens que dans la lumière de l'événement pascal.

À partir des IIe et IIIe siècles, la catéchèse désigne communément l'enseignement préparatoire au baptême des adultes. Par la suite, l'émancipation de l'Église donne aux catéchèses un caractère de plus en plus formel: pensons aux catéchèses de saint Cyrille de Jérusalem, de Théodore de Mopsueste, aux explications de saint Ambroise sur les sacrements de l'initiation (baptême, confirmation, eucharistie), au *Discours* de saint Grégoire de Nysse, au *De Catechizandis rudibus* de saint Augustin. On s'achemine ainsi vers des formes d'enseignement qui annoncent nos catéchismes modernes ou contemporains: catéchismes de Luther, de Pierre Canisius, du concile de Trente, des conférences épiscopales, de Vatican II. Il s'agit certes de préparer au baptême, mais davantage d'approfondir la foi des croyants.

Parénèse

La *parénèse* ne diffère de la catéchèse que par l'orientation, qui est celle de la conduite morale, et par la tonalité, qui est celle de l'exhortation. Ainsi, plusieurs lettres de saint Paul, après un exposé doctrinal, se terminent par une parénèse (*Rm* 12-15; *Ga* 5-6; *Ep* 4-6).

Dans l'Ancien Testament, Israël reçoit le Décalogue afin de vivre conformément à une Alliance avec le Dieu trois fois saint. Pareillement, dans le Nouveau Testament, si les chrétiens sont appelés par Dieu, pour devenir fils de Dieu, ils doivent vivre conformément à cette vocation. La vocation au Christ a comme corollaire nécessaire une vie selon le Christ. Les préceptes accompagnent la vocation. «Si vous êtes conduits par l'Esprit, vous n'êtes plus sous la loi» (*Ga* 5, 18), «mais sous la grâce» (*Rm* 6, 14). Vivre dans le Christ, c'est adopter le style de vie du Christ, ses vues et ses goûts. Les exhortations, les appels à la vigilance, à la pratique des vertus, les préceptes particuliers de la parénèse, précisent et actualisent le précepte général de l'amour, dans le détail de la vie quotidienne. L'ouverture à l'Amour ne rend pas inutile un certain «balisage», pour ne pas se perdre dans les brouillards et risquer le naufrage. La parénèse n'est donc pas simple moralisme, mais réalisme d'une vie dans le Christ, qui n'est pas sans normes, bien qu'au-delà des normes, dans son élan et son objectif.

12

La solitude: vie en faillite ou vie réussie

Une enquête menée dans un grand pays d'Europe révèle que, pour 65% des personnes interrogées, la solitude est l'épreuve la plus lourde à porter. Dans une enquête parallèle, menée cette fois en milieu ecclésiastique, les étudiants ont déclaré qu'ils redoutent neuf fois plus la solitude que la mort.

Paradoxe du XXe siècle qui ne parle que de communication, de dialogue, de partage, et cependant éprouve plus que jamais le sentiment de la solitude. L'homme vit en groupe, travaille en groupe, pense en groupe mais, d'autre part, se sent incompris, abandonné, refoulé, rejeté. La solitude est vécue comme la plus obsédante des pauvretés. Elle détraque le cœur et l'esprit, comme si l'organisme n'avait plus d'anticorps pour lutter contre le vide qui le dévore. L'homme se sent comme expulsé de lui-même sans que personne puisse ou veuille le rejoindre.

La solitude semble bien l'un des traits du non-sens de notre société. Mais si nous en parlons ici, c'est avant tout parce qu'elle est inséparable de la condition humaine. À cet égard, elle appartient au mystère de l'homme, de sa condition de créature «finie» devant Dieu. À sa manière, elle pose la question du sens: un sens partiellement accessible par les ressources humaines, mais jamais pleinement trouvé sans un éclairage d'en haut, celui du Christ.

Mais dès que nous parlons de solitude, nous utilisons un terme ambigu. Il y a, en effet, bien des sortes de solitude: la solitude souffrante et subie, imposée par les événements; la solitude mauvaise et agressive, c'est-à-dire le mutisme et l'isolement; enfin, la solitude féconde, acceptée, ouverte et accueillante (par exemple, celle des saints, celle du Christ lui-même). À vrai dire, la seule distinction valable passe entre la solitude mauvaise ou isolement, et la solitude féconde, seule authentique. Le problème est de passer de l'isolement à la solitude-recueillement, de la vie en faillite à la vie réussie.

Formes de la solitude

Une première forme de solitude nous est imposée par le style de vie du monde moderne, surtout dans les grandes villes. Dans les petits villages, on se connaît trop. Dans la grande ville, au contraire, qui réunit tant de gens et qui devrait développer le sens de la communauté, on vit en cellule et en parallèle, comme des rames de métro, dans le parfait anonymat. On longe les autres comme on longe les murs. Pas de chaleur humaine, mais l'indifférence des icebergs. On peut croiser le voisin pendant des années, sans l'identifier, ni s'identifier. Il peut mourir sans qu'on le sache, sans même qu'on s'en soucie. Le voisin est rarement le prochain. La vie des grandes entreprises, avec leur forêt de bureaux et de machines, n'améliore guère la situation. À force de vivre avec les machines, on risque de s'occuper machinalement de tout et de tous. L'aptitude à la rencontre humaine s'atrophie. Les salles de télévision, avec leurs fauteuils confortables, mais isolés, sont le symbole d'une indifférence qui finit par engendrer le délaissement, puis l'isolement agressif.

Une deuxième forme de solitude subie est celle qui naît du manque de compréhension de la part de ceux et celles qui nous sont proches: parents, amis, compagnons et compagnes de travail. Solitude d'autant plus pénible qu'elle provient de ceux et celles sur qui, normalement, nous devrions pouvoir le plus compter. Ce type de solitude se rencontre dans les familles où des époux vivent côte à côte, murés l'un à l'autre: solitude «à deux» des couples désaccordés, en guerre ouverte ou larvée, avant de «décrocher» pour ensuite s'engager dans l'aventure des partenaires d'occasion et des malheurs «en chaîne»; par suite aussi, solitude du jeune «monoparental», qui ne sait plus à qui il appartient, proie désignée de toutes les tentations. Ce phénomène d'incompréhension et de solitude conséquente se retrouve, non moins virulent, entre les diverses classes de la société (ouvriers et patrons, syndicats et gouvernants) et entre les diverses générations: drame de l'incompréhension entre enfants et parents (parents démunis ou dénaturés; enfants qui désertent le foyer en claquant la porte pour se joindre à des groupes clandestins: désœuvrés, inadaptés, drogués).

Une troisième forme de solitude subie, involontaire, mais la plus pénible, la plus déchirante, est celle qui prend les noms d'abandon, de rejet. Quiconque l'a connue ne veut même plus s'en souvenir, car c'est l'expérience d'une désintégration de tout l'être. Expérience de jeunes prêtres, ardents, pleins de zèle, mais abandonnés à eux-mêmes, dans des milieux déchristianisés, glacés et glaçants, sans possibilité de «refaire le plein» spirituellement et intellectuellement. Sort des personnes déplacées ou des «réfugiés». Au début, on leur fait bon accueil, mais la lune de miel, dans le pays d'adoption, est de courte durée. Dans le métro, dans les trains, dans l'autobus, leur accent, leurs traits ou leur couleur révèlent vite «l'étranger». Rares sont les foyers, plus rares encore les cœurs, qui les accueillent avec la chaleur d'une amitié fidèle.

Passons aux personnes du troisième ou du quatrième âge: condition maintenant ordinaire dans nos pays d'Occident, où la longévité s'est notablement accrue. La personne âgée se sent souvent comme un mort en sursis: elle passe le plus clair de son temps dans son lit, ou face à la télévision, ou assise à la fenêtre, contemplant un monde qui ne la regarde plus, car elle ne rapporte rien à la société. C'est à peine si on s'en souvient en période électorale! Dans certains pays, l'entrée à l'hospice est comme l'antichambre de la mort, où l'on jette l'irrécupérable. Pas étonnant qu'un tel abandon engendre l'amertume, voire l'isolement agressif.

Les plus frappés par la solitude-abandon sont les grands malades, les malades «chroniques». Ils se sentent diminués physiquement et socialement, spatialement mis à l'écart. Ils n'appartiennent plus au monde des vivants. Êtres déchus, encombrants, insignifiants, ils inspirent souvent le dédain, la répugnance biologique qu'on éprouve devant un objet destiné à la pourriture du tombeau et du charnier. On attend leur mort pour s'emparer de leur héritage. Le grand malade peut sortir de cette crise, purifié, grandi; mais il peut aussi sombrer dans la «mauvaise solitude» qui le coupe de lui-même et des autres.

Il y a enfin l'abandon-déréliction-rejet de tous les démunis devant la puissance brutale des régimes d'oppression, politiques, militaires, économiques. Chaque injustice dans le monde laisse la victime «seule», face à la tentation du suicide. Cette condition n'est-elle pas celle des peuples qui, depuis des siècles, vivent dans une solitude «collective»: dominés, opprimés, asservis, piétinés, sans même l'espoir d'en sortir, comme le naufragé qui, après chaque tentative pour émerger, se sentirait saisi par la nuque et impitoyablement «recalé»?

Remarquons que l'expérience de la solitude subie est une épreuve, mais pas nécessairement une faillite de l'existence. Au contraire, si elle est vécue en union avec celui qui est à la fois Solitude et Plénitude, avec le Christ, elle peut devenir, comme la solitude des contemplatifs et comme celle des souffrants, la plus puissante énergie spirituelle du monde. Sinon, elle peut tourner à l'isolement, à la solitude mauvaise.

La solitude mauvaise ou l'isolement

L'isolement, c'est une solitude qui a *suri* au lieu de *mûrir*. Il se rencontre chez des personnes qui ont connu tôt l'échec dans leur vie, mais ne l'ont jamais accepté ni surmonté. L'isolé devient amer, agressif, hargneux à l'égard de tout et de tous. L'incompris, le mal-aimé, devient un mal-aimant, un méprisé qui répond par le mépris. Il traîne sa vie et jette sur tout et sur tous un regard désabusé. Cette tentation guette celui et celle qui vieillissent et qui voient leurs chances de succès diminuer, puis disparaître. «J'ai donné ce que j'avais à donner: qu'ils s'arrangent!» Une vie qui pouvait fructifier devient stérile.

Les milieux chrétiens ne sont pas exempts de ces tensions, non moins féroces que celles des colonies animales. Si on n'appartient pas à telle collectivité, à telle idéologie, à telle tendance, on est exclu de tout, non seulement du pouvoir, des faveurs, mais encore de l'oxygène nécessaire pour respirer. De tels milieux, au lieu de s'épanouir en charité, deviennent des enfers où chacun se claquemure, se protège, se défend ou attaque. Si on rencontre les autres, c'est pour les heurter ou les broyer. La peur est omniprésente, comme une guillotine toujours prête à trancher des têtes. En vérité, l'homme isolé est hideux: il a besoin d'être *sauvé*.

Les issues à la solitude

Il n'y a qu'une seule issue véritable à la solitude: par en haut, par un dépassement. Mais cette solitude féconde est elle-même une *conquête*. Elle exige qu'on se recueille, pour se trouver, comme le Christ se retirant à l'écart, pour prier, pour se retrouver comme Fils dans l'intimité du Père. Sans le recueillement, le retrait devient sécheresse, désert intolérable. Si on quitte le tourbillon, le remous, c'est pour se retrouver en eau calme. On revient à soi pour retourner aux autres, mais plus riche, avec quelque chose à offrir.

Un autre élément de la solitude véritable, c'est l'ouverture aux autres. Recueillement et ouverture constituent une seule opération. La solitude, en ramenant l'homme au centre, le révèle à lui-même, dans sa liberté, dans le mystère de son irremplaçable unicité, dans sa finitude aussi, avec son besoin de connaître, d'aimer, d'agir, pour s'accomplir. Sinon, il s'atrophie et il meurt. La solitude apprend aussi à voir les autres d'un regard purifié, non comme une ombre indifférente ou comme un objet à posséder, à exploiter, mais comme un égal mystère de liberté et d'unicité, qui ne se découvre que par voie de confidence, de libre témoignage. Exclusivisme et totalitarisme sont ennemis de la vraie solitude. Seule la solitude vraie conduit à l'amitié et à l'amour authentiques. La solitude alors ressemble à la Solitude divine, qui est à la fois plénitude infinie et désappropriation infinie. La vraie solitude conduit finalement au renouvellement de soi. Qui plonge au cœur de soi et s'ouvre aux autres se crée un être nouveau. La vraie solitude est source de progrès, de créativité, d'intégration. La dialectique de la vie est celle de la solitude et de la communion: un rythme à deux temps. Intellectuellement et spirituellement, il n'y a pas de fécondité sans solitude.

Solitude radicale inévitable

Cela dit sur la solitude authentique et féconde, le discours n'est pas complet. En effet, même dans les conditions les plus favorables, même dans les milieux les plus protégés, subsiste toujours, au fond de nous, une solitude radicale, inévitable: celle qui tient au fait de notre mystère personnel. Percevoir ce que *nous sommes*, c'est prendre conscience que nous sommes tous et chacun des «cellules secrètes», des retraites mystérieuses. À certains moments, cette prise de conscience est ressentie comme un état de détresse. Mais elle peut être bénéfique et devenir un appel vers celui qui se trouve là où nul ne peut pénétrer, plus intérieur à nous-mêmes que nous-mêmes; un appel aussi vers des solitudes semblables à la nôtre, celles des personnes qui nous entourent, qui ont besoin de nous et avec qui nous éprouvons le besoin de communiquer dans un circuit ininterrompu de sympathie et d'amour.

Cette solitude radicale tient au mystère de notre unicité (nous sommes tous un échantillon unique, inimitable), qui nous apparente au mystère de l'unicité de Dieu. Quiconque n'a jamais éprouvé cette solitude n'a pas pénétré bien avant dans les profondeurs du cœur humain. Cette solitude tient aussi au fait de notre indigence. Faits pour Dieu, nous ne pouvons être comblés que par lui. En effet, qu'il le sache ou non, l'homme porte en lui une invincible nostalgie de Dieu, une soif d'infini qui ne trouvera à s'apaiser qu'en lui. Les appuis humains sont tous fragiles: ils nous manqueront ou nous décevront. Un jour, en tout cas, au dernier jour, nous nous trouverons seuls, sans coussins et sans écran, devant Dieu. C'est là la solitude foncière, inévitable. Plus vite nous en prendrons conscience, plus vite aussi notre solitude sera comblée, car alors la Plénitude nous couvrira de son amour et viendra combler notre indigence.

Cette rencontre de notre solitude avec la Plénitude ne saurait s'opérer dans le fracas, le tintamarre, mais dans le recueillement et le silence qui laissent l'âme écouter, ouvrir la porte à la grande Présence. Lorsqu'on se recueille ainsi, la voix de Dieu, qui est brise légère, s'amplifie et se laisse percevoir. La solitude est alors habitée par la présence de l'Autre, qui est lumière, chaleur, nouvel amour, force nouvelle, joie nouvelle, harmonie entre Dieu et nous. Une cancéreuse en phase terminale à qui je disais: «Vous devez vous sentir bien seule à certains moments» me répondit avec un sourire éclairé par le dedans: «Oh non! Quand je suis seule, nous sommes toujours deux!» On ne saurait mieux dire. La mort, en effet, est la rencontre de notre solitude radicale, native, avec le Toi divin qui dévoile enfin son visage. La mort, c'est la solitude arrivée à son point de maturité: la solitude comblée par la Plénitude.

Le Christ et nos solitudes

Il y a dans notre vie des moments de solitude qui tiennent à la fatigue, à une dépression physique passagère. Nous avons alors recours à l'aide du médecin, des experts. Un ami peut aussi nous aider à franchir de mauvaises passes. Mais alors même que notre «performance» physique est normale, nous n'arrivons jamais à éliminer ces formes de solitude humaine qui jalonnent inévitablement toute existence. Il y a des moments où les appuis humains ne peuvent plus rien. C'est alors qu'il faut le regarder, Lui. Car le Christ n'a pas de discours sur la solitude, comme il en a, par exemple, à l'égard du prochain. Il a bien dit: «Je ne vous laisserai pas orphelins» (*Jn* 14, 18). C'est bien court. Plus que jamais, il faut se rappeler que la révélation s'est accomplie non moins par les exemples, les attitudes du Christ que par ses paroles formelles. De fait, la réponse du Christ au problème de nos solitudes n'est pas un discours, mais *une attitude.*

Si le Christ n'avait pas connu nos solitudes, nos incompréhensions, nos abandons, nos rejets, nous pourrions murmurer et argumenter contre lui, comme Job avec Dieu. Mais, sur le chemin de la solitude, le Christ nous a précédés, jusqu'à l'abîme: il a connu littéralement toutes les formes de la solitude.

Il a connu l'amitié trahie. «Il est venu dans son propre bien et les siens ne l'ont pas accueilli» (*Jn* 1, 11). Il a aimé son peuple qu'il a soulagé dans toutes ses misères, avec des tendresses de mère; il l'a éclairé, exhorté. Il a aimé surtout les Douze, qu'il a faits ses compagnons de route et de table. Jusqu'à la fin, il les appelle «ses amis». Mais il se retrouve seul. Tous le lâchent, même les plus fidèles. Il est devenu un «séparé», un «isolé». Pierre le renie, Judas le trahit. Les hommes l'abandonnent, mais lui seul ne les abandonne pas. Rejeté de tous, il ne rejette personne.

Au moment de la passion, arrêté comme un criminel, Jésus tombe au pouvoir de ses ennemis. Le drame de la solitude de Jésus, c'est aussi le drame de l'amour haï, ridiculisé, condamné, crucifié. Le Christ est seul, sans défense, face à l'opposition conjuguée de ses adversaires. Les faibles, les jaloux, les envieux, les haineux: tous sont présents, unis contre lui. Le péché est là, cru, froid, cruel, brutal, contre l'innocent. Une seule voix unanime: «À mort, qu'on le crucifie, qu'on le fasse disparaître!» On le livre: on se le passe de main à main, comme un objet de troc, jusqu'au bourreau, jusqu'à la croix. Le Christ a vécu tout ce que la haine, la cruauté, la peur, l'envie, la faiblesse peuvent faire de nous. Il expérimente l'acharnement de l'homme à mentir, à faire souffrir, à dégrader, à avilir, à faire disparaître tous ceux et celles qui ne pensent pas comme lui. Jésus éprouve le sentiment que nous pouvons connaître dans les moments les plus noirs de l'existence: il n'y a vraiment rien à attendre de personne! Et cependant, à cette humanité capable de tout, il reste fidèle. Pas un mot de reproche, de répulsion, de rejet. Jésus nous prend où nous sommes, prisonniers de nos refus obstinés, dans notre enfer. Tout le péché du monde ne parvient pas à le séparer du monde, de nous, ni du Père.

En effet, le Christ a connu à Gethsémani un abîme de solitude qui reste un mystère. Les textes évangéliques laissent cependant entrevoir quelque chose de cette solitude déchirante. Marc parle d'effroi et d'angoisse. Jésus est broyé. Lui qui est venu réunir, rassembler, a abouti au résultat contraire: à la division. Le «rassembleur» est devenu source de division. Lui qui est venu prêcher le Royaume se heurte au refus du Royaume de la part d'Israël. C'est l'échec, la solitude de la solitude. Le silence de Dieu répond au silence des hommes. Mais Jésus continue à proclamer la présence de Celui qui paraît absent: *Abba, Père*, fidèle au mystère de son être de Fils. Chargé des péchés du monde, devenu lépreux, le Christ vit la solitude affreuse, l'absence déchirante que crée le péché entre l'homme et Dieu.

Si quelqu'un méritait de réussir, c'est bien le Christ. Et, pourtant, il a connu l'échec, la haine, le rejet. Dans l'horreur de cette solitude, dans ces ténèbres plus opaques que la nuit, il dit cependant *oui* à la volonté du Père: «Ta volonté, et non la mienne.» Dans ce *oui*, le Christ reste tourné vers son Père, comme une main qui tient une main qui sauve, mais sans laisser voir le visage de qui sauve. La solitude du Christ, pour démesurée et atroce qu'elle soit comme expérience humaine, ne saurait le couper du Père. L'abîme de la solitude coïncide avec l'abandon total au Père. Voilà *son discours* sur la solitude: une *attitude, un comportement*.

La solitude créatrice dans l'Esprit

La solitude radicale, native, que nous portons avec notre être de créature, ne nous quittera jamais, sinon lorsqu'elle sera comblée par Celui qui n'est que plénitude. Mais il y a une forme de solitude qui nous guette chaque jour, pour nous détruire: c'est la solitude de l'abandon, de l'incompréhension, de l'oubli, de l'échec immérité. Nulle existence ne saurait échapper à cette solitude qui s'apparente à celle du Christ. Elle peut devenir atroce, comme un martyre du cœur. Elle peut nous rencontrer, et nous pouvons la rencontrer autour de nous, vécue par les autres, parfois sans même la soupçonner. Alors, c'est le noir, la paroi froide, dure et abrupte de la falaise. On ne voit plus rien: rien que la nuit! C'est alors que la solitude peut devenir mauvaise et se retourner contre nous, contre les autres et contre Dieu. Mais c'est aussi le moment où la solitude, assumée dans la foi et dans l'amour, peut devenir chance de dépassement, de saut par en haut! Nous devons croire, en effet, que Jésus, fidèle au Père jusque dans l'abîme de l'abandon et du silence de Dieu, nous a mérité la force de dire avec lui, après lui, dans l'horreur de la nuit: «Oui, Père, je ne vois pas, je ne comprends pas (car humainement il n'y a rien à comprendre), mais je te choisis, je choisis ta volonté; je l'accepte, je l'embrasse, où qu'elle me conduise. Je suis ton fils, ton fils à jamais.» Adhésion crucifiante, mais rendue possible par la grâce de la solitude agonisante et crucifiée.

Cette solitude, douloureusement et amoureusement acceptée, est la solitude féconde qui nous sort de l'isolement. Quiconque a reconnu et accepté une telle solitude n'est plus jamais seul. Il échappe au vide et au dégoût de la vie, à toutes les formes de scepticisme, de désabusement, d'amertume, de hargne et de haine. Quand la solitude assume une telle sublimité de sens, elle rend crédible la Révélation qui en propose une telle vision. Cette solitude féconde et comblante est celle du curé d'Ars, de François d'Assise, du P. de Foucauld, d'Isaac Jogues, du P. Kolbe. Mais ne cherchons pas trop loin. Évoquons plutôt les personnes connues qui ont vécu cette plénitude de joie et de sérénité dans la solitude: des personnes qui ont traversé la vie avec leur lot d'épreuves, parfois plus lourd qu'il ne fallait, mais qui ont conservé néanmoins toute leur fraîcheur d'âme, capables de s'émouvoir, de compatir, d'écouter, de s'oublier, de réconforter ceux et celles qu'elles côtoyaient, par leur sourire inoubliable de douceur, de bonté, lumineux, éclairé du dedans par l'unique Présence qui comble toute solitude. Vécue ainsi, cette solitude s'apparente à celle des «souffrants» et des «orants», la plus puissante énergie spirituelle du monde. Elle est supplication perpétuelle vers le Fils et vers le Père, dans l'Esprit. À ce niveau, on ne parle plus de «faillite», mais de «réussite» de la vie.

13

Nouvelle évangélisation

Questions de terminologie

Dans l'usage courant, les termes de seconde évangélisation, ré-évangélisation, nouvelle évangélisation, sont considérés comme interchangeables. Or, si nous sommes plus attentifs à la réalité que recouvre chacun de ces termes, nous constatons qu'ils ne sont pas de purs synonymes.

Les termes de seconde évangélisation ou de ré-évangélisation se réfèrent, au début, à l'Europe entière et à l'Occident, pour désigner des populations qui ont été façonnées par l'Évangile, qui ont vécu de son esprit et de ses valeurs, mais l'ont peu à peu délaissé pour sombrer dans l'indifférence et un néopaganisme. Cette seconde évangélisation ne concerne évidemment pas les Églises naissantes qui viennent au Christ avec une ferveur de néophyte; ni les chrétientés de fraîche date, qui vivent de leur foi nouvelle; ni, enfin, les Églises persécutées qui témoignent de leur foi jusqu'au martyre. L'expression s'adresse d'abord à l'Occident, invité à retrouver ses racines et sa vocation chrétiennes.

Jean-Paul II, s'adressant aux présidents des conférences épiscopales d'Europe, le 2 janvier 1986, parle aussi d'une «nouvelle qualité d'évangélisation», faisant ainsi allusion «aux mutations profondes et complexes d'ordre culturel, politique, éthique et spirituel» de la société contemporaine. Plus que de répétition de la première évangélisation, il s'agit cette fois d'un *nouveau type* d'évangélisation qui sache proposer à l'homme contemporain l'identique message du Christ, mais actualisé, dans un contexte multireligieux et multiculturel. Pour plus de clarté, caractérisons chacune des réalités en cause.

Première évangélisation

La première évangélisation s'adresse à des groupes qui n'ont jamais entendu la Bonne Nouvelle du salut. L'Esprit du Christ, toutefois, agissait en eux, à leur insu, promouvant des valeurs authentiques qui étaient des pierres d'attente de l'Évangile prêché, proclamé. Les prototypes de cette première évangélisation sont connus: saint Paul, saint Irénée, Clément d'Alexandrie et Origène dans le monde grec, saint Patrice pour l'Irlande, saint Remi de Reims pour les Francs, saints Cyrille et Méthode pour les peuples slaves, saint François Xavier pour Malaka, l'Inde et le Japon, les jésuites de la Nouvelle-France pour les Amérindiens.

Cette première évangélisation s'adresse à des groupes relativement homogènes, appartenant aux religions traditionnelles. Leur cohésion vient de leur parenté commune, de leur mentalité animiste, de leur attachement à la terre et aux traditions ancestrales. Cette première évangélisation, apparemment plus facile, l'est de moins en moins, surtout depuis que les peuples indigènes, notamment en Afrique et en Amérique, prennent conscience de leur culture et de leurs valeurs propres, plus fraîches et moins corrompues que celles du monde occidental.

Cette première évangélisation se révèle particulièrement difficile dans les pays de grande culture et de longue tradition, comme l'Inde, la Chine, le Japon, et dans les milieux islamiques. Ces collectivités, malgré des siècles d'activité missionnaire, ne considèrent pas la foi chrétienne comme nettement supérieure à leur expérience religieuse multiséculaire, axée sur l'intériorité et sur une sagesse dont l'Occident semble incapable.

Dans tous ces cas, une évangélisation soucieuse d'inculturation ne peut faire l'économie des étapes suivantes. Dans un premier temps, l'action missionnaire consiste à écouter, à dialoguer, à observer, à s'efforcer de comprendre la culture rencontrée. Le missionnaire se fait *autre* pour accueillir tout ce qu'il y a en cette culture de bon, de recevable, suivant l'unique critère de la conformité à l'Évangile. Tout ce qui est conforme à ce critère (par exemple: culte des morts, croyance à une survie, à un être supérieur, respect de la nature) peut être conservé, et tel qu'il s'exprime dans le code de la culture. L'évangélisateur cherche les vestiges de Dieu, les marques visibles ou latentes de son amour salvifique dans l'histoire des peuples. Dans ce premier temps, il reçoit plus qu'il ne donne.

Dans une deuxième étape, à l'exemple du Christ, qui a assumé la culture et les traditions de son temps en corrigeant ce qui était dévié ou perverti, l'activité évangélisatrice consiste à détecter les incompatibilités absolues (situations de violence, d'injustice, d'oppression) ou relatives (par exemple, position de Jésus sur le sabbat).

Dans les cas de perversions dues au péché, le missionnaire s'applique à les identifier clairement pour amener la culture à les éliminer. Dans le cas des incompatibilités relatives, il s'agira le plus souvent de corriger et de réorienter la culture. C'est à ce niveau que les erreurs de discernement sont les plus fréquentes. Ces erreurs sont légion, comme l'atteste l'histoire des missions.

La troisième étape consiste à proclamer ouvertement l'Évangile comme message de salut pour toutes les nations. Cette annonce, les missionnaires l'ont faite suivant les méthodes de leur époque, avec un radicalisme qui heurtait souvent les indigènes. Mais les meilleurs d'entre eux, après avoir tâtonné, ont confessé leurs limites, voire leurs erreurs, et modifié leur pédagogie pour s'ajuster à la réalité.

Dans une dernière étape, l'accueil de l'Évangile se prolonge normalement par l'entrée dans la communauté ecclésiale et la sacramentalisation. À ce moment, la foi inculturée se développe suivant son dynamisme spécifique et trouve à s'exprimer dans un langage original. La culture évangélisée devient elle-même créatrice. Bien plus, d'évangélisée, elle devient elle-même évangélisatrice: c'est le cas de l'Amérique latine qui compte plus de 3 000 missionnaires répartis sur tous les continents. Ainsi, l'Évangile apporte de l'inédit dans la culture, et la culture évangélisée à son tour apporte du neuf à la richesse de l'Évangile.

Notons que cette première évangélisation est loin d'être terminée. Dans bon nombre de nations considérées comme évangélisées, se pose avec acuité le problème de la profondeur de cette première évangélisation. Des peuples dits *traditionnellement catholiques* vivent d'une foi superficielle, à peine enracinée; baptisés certes, mais élevés à peine au niveau d'une catéchèse élémentaire, plus préoccupés de pratiques routinières que d'approfondissement doctrinal et spirituel. Cette foi, privée d'intériorité et de solides motivations, s'est affadie, puis éteinte. Ces groupes sont passés d'une pratique «coutumière» à la non-pratique, puis ont rejoint la masse des indifférents. Dans ces cas, il faut parler plutôt de *première* évangélisation, car l'authentique Évangile du Christ est encore à découvrir. Chez d'autres groupes, le christianisme subsiste, mais cohabite avec des superstitions qui contredisent l'Évangile: héritage tenace d'anciennes croyances qui refont toujours surface. Cette fois encore, il y a lieu de s'interroger sur la qualité de la première évangélisation.

Nouvelle évangélisation: son partenaire au niveau des personnes

Quand nous parlons de «nouvelle évangélisation», nous pensons aux nations qui ont été christianisées et qui ont vécu, durant des siècles, des valeurs chrétiennes solidement implantées. Il s'agit d'une foi qui a engendré ces chefs-d'œuvre d'humanité que sont les saints et les martyrs; d'une foi qui a fait surgir des milliers de monastères et d'abbayes, dont les membres ont essaimé sur tous les continents; qui a nourri l'enseignement des collèges et des grandes universités d'Europe et d'Amérique; qui a inspiré l'architecture, la peinture et la poésie; d'une foi qui a suscité ces géants de la théologie qui s'appellent Bonaventure, Thomas d'Aquin, Robert Bellarmin, Pierre Canisius, Jean de la Croix, Thérèse d'Avila, sans oublier les théologiens du XXe siècle, au nom prestigieux, qui nous ont valu Vatican II.

Or, ces mêmes chrétientés présentent aujourd'hui le paysage d'un champ de ruines, comme si un ouragan nucléaire avait tout détruit et pulvérisé. Les populations de l'ancien Occident vivent dans un air privé d'oxygène, où l'on meurt dans l'indifférence et le vide religieux. Les survivants sont condamnés à la marginalisation ou, pire encore, ridiculisés par les médias. Nous vivons sur une terre brisée et stérile.

Le plus grand défi du monde présent, c'est «l'indifférence religieuse du premier monde [...] on se trouve parfois devant un vide total» (Peter-Hans Kolvenbach). Il s'agit en effet d'un abandon total des valeurs chrétiennes, remplacées par les puissances de l'argent, du pouvoir, d'un hédonisme universel et planifié. Seul subsiste un vague souci de transmettre à nos descendants une planète encore habitable.

Le partenaire de la nouvelle évangélisation, c'est l'*indifférent*, à savoir l'homme qui est passé en deux siècles d'une religion en apparence ferme et fondée à la contestation, puis de la contestation à l'émancipation, et enfin à l'indifférence. Cette crise de l'Occident révolté, amer ou déçu, est la crise de toute une civilisation, façonnée par le christianisme, mais devenue exsangue, d'une ignorance abyssale, qui ne voit plus ce que le christianisme pourrait lui apporter, car elle ne comprend même plus ce qu'il est pour l'homme, à savoir la seule interprétation authentique de son existence. On se trouve face à un manque total d'intérêt pour les questions religieuses, à une évacuation de la dimension religieuse.

Nous n'avons pas tracé ce portrait de l'indifférence par souci morbide d'étalage, mais pour illustrer le contexte immédiat de la nouvelle évangélisation au niveau des personnes. Un nouveau type d'homme est apparu, caractérisé par le rejet de toute tradition, par le culte d'un moi égoïste et arrogant qui a déclassé Dieu pour se revêtir de ses attributs, par une indifférence léthargique, pire que l'agressivité, car rien ne la trouble: le pouls a cessé de battre, le froid a gagné le cœur et l'esprit.

L'optimisme de commande, ici, ne peut rien résoudre, pas plus que le mirage des espoirs à court terme, mais seuls un regard lucide, une formation religieuse plus poussée que jamais, un témoignage de vie plus contagieux, et surtout beaucoup de prière et d'espérance: une espérance qui s'appuie sur Dieu, qui se manifestera à son heure.

Le partenaire collectif de l'évangélisation: les «multi»

Comme si cette rencontre avec l'indifférence ne suffisait pas à qualifier la nouvelle évangélisation de généreuse utopie, elle doit encore affronter un *collectif* plus dangereux, parce que omniprésent et difficile à identifier, à savoir le *pluralisme multiforme* de la société occidentale.

Pour une foule de raisons, le pluralisme caractérise la société occidentale. La philosophie occidentale a mis l'accent sur le rôle du sujet dans l'acte de connaissance: il en résulte qu'on prête surtout attention aux aspects personnels et situationnels de cet acte, à l'évolution des points de vue et des perspectives plutôt qu'à la stabilité et à la permanence de certaines vérités et valeurs. L'histoire et l'herméneutique soulignent de plus en plus que les sujets (émetteurs ou récepteurs) sont toujours conditionnés par le temps, le lieu, la culture et, par suite, qu'il est toujours plus difficile, voire impossible, d'en arriver à une vraie compréhension des personnes. Ainsi, la distance temporelle et culturelle qui nous sépare de Jésus nous interdirait l'accès à sa personne, à son message, à son projet. Enfin, l'habitude de la libre enquête sur tout et sur tous a contribué au pluralisme du langage, des options, de la religion.

Dans une même nation, voire dans une même ville, coexistent toutes les religions: christianisme, bouddhisme, hindouisme, islam, comme aussi toutes les formes de christianisme dérivées de la réforme protestante, dans ses structures les plus intransigeantes, tel le fondamentalisme, ou les plus libérales, représentées par Bultmann. À ces religions, historiquement définies, s'ajoutent les sectes, qui prolifèrent par milliers, minuscules et fermées, ou dévorantes et acharnées. Le Nouvel Âge est la marmite où bouillonnent religions, cultures et sciences occultes, où chacun puise ce qui lui plaît, étant d'abord entendu que les forces cosmiques anonymes remplacent tout Dieu personnel.

À ce pluralisme religieux s'ajoute le pluralisme *culturel*, engendré par les migrations massives des peuples, imposées ou choisies. Maints pays d'Occident (France, Allemagne, Angleterre, États-Unis, Canada) ont subi une telle métamorphose, par suite de cette afflux culturel, qu'ils sont menacés de perdre leur identité première. Ces ethnies arrivent avec leur culture et leur religion d'origine; même les ethnies chrétiennes (Portugais, Hispanophones, Italiens, groupes d'Amérique latine) vivent un christianisme déjà inculturé que nous devons respecter.

À ces déplacements culturels et religieux s'ajoute l'interférence des médias qui mettent fin à l'isolement culturel et livrent leur marchandise dans la plus totale incohérence, sans évaluation critique, de l'aberration au délire, de l'ésotérisme à l'excentricité.

Tous ces *multi* en interaction continuelle tendent à placer sur un pied d'égalité tous les points de vue et toutes les religions. Le *spécifique chrétien* est aboli. Toutes les religions se valent. Le christianisme n'est qu'une voie de salut parmi tant d'autres aussi valables. On en arrive ainsi à un christianisme aplati, délavé, insignifiant à force de vouloir retenir ses fidèles en dérive: bref, une sorte de planète perdue dans la galaxie des religions, des sectes et des idéologies.

Conditions d'une nouvelle évangélisation

Avant de nous engager dans l'examen des conditions de la nouvelle évangélisation, rappelons que la grande Église a pris elle-même l'initiative de cette opération par un Concile, Vatican II, la plus vaste opération de réforme jamais accomplie dans l'Église. Pour la première fois, à une crise de dimension planétaire l'Église a répondu par un Concile de dimension également planétaire. Les seize documents produits représentent un renouveau de l'ecclésiologie, de l'anthropologie, et surtout de la christologie.

Retour à l'esprit du Concile

Après trente ans, qu'en est-il du Concile et de son impact sur la vie ecclésiale? Au synode de 1985, les évêques eux-mêmes avouaient qu'ils ne connaissaient souvent du Concile que des morceaux choisis, et qu'en maints pays on ne connaissait que le fait brut de l'événement. Mais alors, si on ne connaît ni les textes du Concile, ni les commentaires qui ont suivi, comment peut-on percevoir et revivre ce souffle de Pentecôte destiné à renouveler l'Église? Comment comprendre que le Concile a voulu une Église *ressourcée et en dialogue adapté* avec le monde contemporain; bien plus, qu'il a été lui-même une Église *en exercice de dialogue* avec le monde et avec les sciences, avec les autres cultures, avec les autres religions et les autres communautés chrétiennes?

Il est vrai que Vatican II a été un point d'arrivée, de rattrapage après des siècles de retard, mais aussi un point de départ vers de nouveaux horizons, une disposition d'ouverture face aux mutations d'une société soumise elle-même à des défis sans précédent. Des traits du Concile ont pu vieillir, mais ses attitudes de dialogue, de service, de quête de sens, n'ont rien perdu de leur actualité. Pour tous ceux qui ont vécu l'événement, le Concile a été un mouvement de libération formidable, une puissance de renouvellement animée par l'Esprit. La Parole de Dieu a éclaté comme la Bonne Nouvelle du salut en sa puissance originelle, comme une nouvelle plénitude des temps. Il serait tragique d'ignorer un événement de vie coïncidant avec une crise de survie dans la société contemporaine.

Une évangélisation adaptée à la société présente

Nous avons déjà présenté les traits de cette société: désabusée, éclatée, indifférente, moralement décadente. Ce contexte général se retrouve, avec des variantes, d'un continent à l'autre, d'un pays à l'autre. La nouvelle évangélisation ne saurait donc suivre un modèle uniforme; il lui faut s'adapter au niveau du langage et de la présentation, aux conditions de chaque milieu: c'est à quoi s'appliquent les conférences épiscopales et les synodes diocésains.

La nouvelle évangélisation ne saurait encore moins reproduire le modèle catholique de la Contre-Réforme, à l'époque du protestantisme. Car si les racines judéo-chrétiennes sont communes aux deux époques, il existe aujourd'hui au moins trois facteurs qui nous en séparent et nous en distinguent; *a)* les acquis de la science, notamment de l'informatique; *b)* l'expérience de la démocratie pluraliste; *c)* la coexistence de plusieurs cultures et de plusieurs religions sur un même territoire.

Le Concile a déjà reconnu tout ce qu'il doit à la société du progrès moderne (GS 44). Il reconnaît également que, si la communauté politique et l'Église sont indépendantes l'une de l'autre, elles travaillent toutes deux «au service de la vocation personnelle et sociale de tous les hommes. Elles exercent d'autant plus ce service [...] qu'elles recherchent une saine collaboration» (GS 76). À cet égard, la démocratie, en favorisant la libre expression des idées et des convictions, permet à une Église qui se veut en dialogue de dialoguer elle-même au bénéfice de l'Évangile, à l'extérieur comme au-dedans, sous forme de consultation et de concertation, incluant clercs et laïcs. Le Concile reconnaît, enfin, la réalité et la diversité des cultures, avec le patrimoine de valeurs qu'elles véhiculent (GS 53). S'il est vrai que la nouvelle évangélisation ne peut plus compter sur une culture de soutien comme autrefois, qu'elle doit même souvent affronter une culture d'opposition ou d'indifférence qui relativise toutes les croyances, la culture pluraliste peut toutefois offrir à l'évangélisateur la possibilité d'annoncer l'originalité et la spécificité du message chrétien.

Nécessité absolue d'identifier le «spécifique chrétien»

C'est au niveau du pluralisme religieux — dialogue interreligieux et dialogue œcuménique — que surgit la plus grave difficulté de la nouvelle évangélisation. La tentation est grave, en effet, sous prétexte de favoriser le dialogue et de rendre le christianisme acceptable par tous, d'en émousser les arêtes et d'en détruire l'*unicité*, pour en arriver à un dénominateur commun, affadi jusqu'à l'insipidité. Le christianisme apparaît alors comme une voie de salut, parmi les autres, toutes aussi valables: manifestations différentes des cultures diverses de l'humanité. Les faits l'attestent: à cette tentation n'échappent ni les simples fidèles, ni même les théologiens et les exégètes.

Il faut le déclarer haut et clair: un dialogue avec les croyants des autres religions exige de l'évangélisateur chrétien un *approfondissement de sa propre foi et de son engagement*, car un vrai dialogue ne saurait s'établir qu'entre personnes *solidement enracinées dans leur propre identité*. Cet approfondissement exige un *recentrage sur la personne et le mystère du Christ*.

Dans les synodes, cet approfondissement du «spécifique chrétien» est souvent considéré comme un *acquis* sur lequel il est inutile de s'attarder. Là est le piège de la nouvelle évangélisation: *considérer comme un acquis ce qui ne l'est pas*. Pour ne pas rester dans le vague, indiquons ce que nous entendons par le «spécifique chrétien».

La nouvelle évangélisation suppose au départ une théologie de la *révélation*, qui souligne sans ambiguïté son double caractère d'historicité et d'Incarnation: ce qui permet déjà de l'identifier et de la distinguer des autres religions qui se disent révélées. La révélation chrétienne s'effectue dans un événement ponctuel et contextualisé, dans la chair et le langage de Jésus Christ, Fils de Dieu et Seigneur, égal au Père, seul Sauveur de l'humanité, et non un sauveur parmi les autres, Révélateur et Révélé, objet de foi comme Dieu lui-même. La grande pierre d'achoppement de l'homme contemporain, c'est l'Incarnation. Toute atteinte à ce mystère central de l'irruption dans notre histoire du Verbe fait chair, détruit aussitôt la spécificité chrétienne. À ce mystère de la divinité du Christ, Verbe incarné, se rattache le mystère central du christianisme, la Trinité. En effet, si le Christ révèle le Père et se révèle lui-même, il faut, pour adhérer à la parole du Christ, une attraction intérieure (*Jn* 6, 44), une «illumination» (*2 Co* 4, 4-6), un «témoignage» de l'Esprit (*1 Jn* 5, 6). Il n'y a pas deux révélations, deux Évangiles, mais une seule et unique Parole de Dieu qui interpelle l'homme tout entier: au-dehors et au-dedans. Cette parole intérieure conserve l'incognito, mais elle est adressée à tout homme venant en ce monde. Dans la nouvelle comme dans la première évangélisation, il y a toujours quelqu'un qui agit le premier et amorce l'accueil de la révélation par la foi. L'évangélisateur peut toujours compter sur cette grâce de salut.

Si le Christ est la Plénitude de la révélation, Dieu-parmi-nous, il s'ensuit qu'il est la seule interprétation authentique de toutes les formes de salut, antérieures, contemporaines et ultérieures à sa venue historique. Sous l'action de la grâce, les hommes cherchent, comme à tâtons, pressentant vaguement un mystère de salut. Les grandes religions historiques (par exemple, l'hindouisme et le bouddhisme) sont des essais d'interprétation de cette grâce, qui agit à leur insu; mais parce qu'elles manquent d'un *critère de discernement*, l'interprétation qu'elles donnent de l'incognito du salut comporte, avec des éléments valables, des ingrédients humains, des ambiguïtés, des déviations, des erreurs. Les grandes religions de l'histoire entretiennent un rapport positif avec la révélation chrétienne, mais la qualité et l'exactitude de leur contenu doivent être précisées. Seul le Christ rend possible la parfaite intelligence de l'Ancien Testament, comme aussi de toutes les expériences religieuses de l'humanité.

Il faut être naïf pour instaurer un dialogue interreligieux, ou un dialogue avec les sectes, les distants et les indifférents, sans un point de référence et un critère de discernement qui ne saurait être que le Christ. Sinon, l'évangélisateur lui-même ira s'échouer dans un christianisme sans visage ou, tout simplement, dans le syncrétisme. Pour dialoguer, il faut avoir un contenu, ou mieux Quelqu'un à proclamer: il faut être *experts* en la connaissance du Christ, par une étude austère, exigeante, comme aussi par une connaissance savoureuse acquise par la prière. Or, croyons-nous, dans maintes rencontres où il est question de nouvelle évangélisation, on parle beaucoup plus de structures que de contenus, ou, si l'on parle de Jésus Christ qu'il faut *dire*, le discours est beaucoup plus bref quand il s'agit d'expliciter ce *dire*.

Répétons-le: sans une solide théologie de la révélation, de la christologie, de l'ecclésiologie et de l'anthropologie, telle qu'elle est esquissée dans les quatre grandes Constitutions du Concile, véritable *réhabilitation* de la Parole de Dieu, du Christ, de l'Église et de l'homme lui-même, la nouvelle évangélisation ne sera qu'un second vernissage, aussi vite défraîchi que le premier.

Cet approfondissement du mystère chrétien s'adresse non seulement aux professionnels de la théologie et de l'exégèse, mais aussi à tous les pasteurs, dans leurs homélies, à tous les agents de catéchèse ou de pastorale et à tous les laïcs responsables de l'enseignement religieux. Le recyclage, ou la formation continue, n'est pas l'objet d'un vœu pieux, mais une exigence même de la nouvelle évangélisation en contexte de pluralisme culturel et religieux.

Une évangélisation traversée par le mystère pascal

Le but de la nouvelle évangélisation est d'aider une société qui a trahi le Christ à renouer avec lui. Or, nous le savons par l'expérience de maints peuples, ce retour est long et mortifiant. Les artisans les plus passionnés du dialogue avec les distants et les indifférents font tous les jours l'expérience de leurs limites, de leur incapacité d'entamer certaines résistances. La nouvelle évangélisation ne doit pas compter sur des changements spectaculaires, engendrés par l'infaillible efficacité des changements de structures. Les délais, les épreuves et les échecs font aussi partie de l'histoire du salut. Le Christ, le premier, a connu cette brûlure de l'échec apparent. C'est ici qu'il faut se tourner vers une théologie du mystère pascal: de la croix et de l'espérance.

Nous ne savons pas les germinations qui s'opèrent au fond des cœurs. Mais nous savons que l'amour est plus fort que la mort. Nous semons dans la peine, conscients que nous ne verrons peut-être jamais le couronnement de nos efforts. Les parents qui éduquent leurs enfants et les enseignants qui prennent la relève ne connaîtront peut-être que la révolte et l'éloignement du prodigue, mais ils espèrent. Ils se *fient* à Dieu, ils *se confient en lui*. Les artisans de la nouvelle évangélisation doivent s'y engager en toute lucidité, avec l'intrépidité des premiers apôtres et l'espérance de Paul qui espère contre toute espérance.

L'Église ne peut pas *dire Dieu* autrement que le Seigneur l'a fait. Elle commence par l'écoute, par la marche silencieuse, comme le Christ aux côtés des disciples d'Emmaüs. Le dialogue débouchera peut-être un jour... mais le dialogue n'épuise pas la rencontre. Un jour, le pain rompu, les bras étendus, le flanc percé, l'épuisement de la parole dans le silence de la mort finiront par vaincre les ultimes résistances. Laissons à Dieu de se manifester à son heure qui n'est pas la nôtre. À nous, il est demandé seulement d'écouter, de dialoguer, de soutenir, d'annoncer, de témoigner et d'espérer. En définitive, le gagnant sera toujours l'Amour.

14

De la morosité à l'espérance

Si je parle de l'espérance, c'est qu'elle est en crise et qu'elle met en crise la foi elle-même, minée par la morosité, un vocable aujourd'hui à la mode pour qualifier le climat dans lequel nous vivons.

Rapprochés l'un de l'autre dans le titre du présent article, la morosité et l'espérance évoquent le récit de Luc sur les disciples d'Emmaüs (*Lc* 24, 17-21). Luc nous dit, en effet, que ceux-ci étaient moroses et sans «espérance»! Oui, ils espéraient que le Christ allait délivrer Israël et instaurer un royaume politique. Or la belle aventure s'achevait sur la plus retentissante des faillites. La vérité est que ces disciples vivaient aux antipodes de l'espérance chrétienne: d'un espoir purement humain qui n'était que mirage. Aussi le Christ doit-il redresser leur perspective. Si la morosité est à définir, l'espérance reste encore à découvrir.

La morosité comme phénomène de civilisation

De tous côtés, on entend dire que la société est morose, que les politiciens et les économistes sont moroses, que les chrétiens eux-mêmes sont moroses. La morosité est un phénomène de civilisation qui affecte aussi bien les individus que les collectivités. L'Église elle-même en est affectée, voire infectée.

La morosité est un état de dépression, d'accablement et de résignation face à une situation apparemment sans issue, en contraste flagrant, si l'on veut un exemple tiré de la vie de l'Église, avec le dynamisme de l'époque conciliaire. Les hommes se sentent dégonflés, vidés, sans tonus vital, incapables de se ressaisir, de créer un projet, comme impuissants devant le nombre et l'ampleur des mutations du siècle finissant. Ils éprouvent comme un arrêt cardiaque. Rien ne peut susciter l'espérance. Remarquons que la morosité est bien plus profonde qu'un spleen à la Baudelaire, bien plus grave aussi que la perte d'un emploi dû à la récession économique. C'est la fibre même de l'être qui est atteinte, le sens même de la vie. Le mal ne touche pas seulement le psychique: il envahit le social, le culturel, le politique, le moral et le spirituel. Il s'agit d'un regard désabusé, désenchanté, sur tout et sur tous. Il n'existe aucune force de propulsion par en avant, ni aucune force d'attraction par en haut. Dans cet état de léthargie chronique, rien ne sourit, car «le futur n'a pas d'avenir».

De fait, le XXe siècle se termine sur un constat de rupture avec le passé, d'une dimension telle que nous avons l'impression de vivre sur une autre planète. Le déclin de l'Occident, déjà amorcé au XVIIIe siècle, s'est ensuite approfondi, puis accéléré au XXe siècle pour atteindre un point de chute apparemment irréversible. Au moment où l'Église s'est ressaisie pour effectuer sur elle-même une sévère autocritique, la société a continué sa course vers l'abîme: si bien qu'il existe un profond décalage entre l'Église du Concile et la société actuelle. Le Concile serait-il arrivé trop tard? Chose certaine, les mutations de cette société ont été si rapides que le Concile s'est trouvé incapable jusqu'ici d'en freiner le rythme et les effets désastreux.

D'entrée de jeu, soulignons que la société ici décrite est la société occidentale, à savoir l'Europe et l'Amérique du Nord. Dans un survol rapide, essayons de cerner les traits dominants de cette société. Si les ténèbres y abondent, elles n'occultent cependant pas d'authentiques foyers de lumière et de sainteté. Insistons: le présent exposé est d'abord un appel à l'espérance. D'autre part, nous ne pensons pas faire œuvre utile en pratiquant un optimisme de commande. Nous estimons au contraire que seule une prise de conscience ferme et lucide sur la décadence de l'Occident peut autoriser un espoir de régénération.

L'écroulement de la société occidentale

Les mutations de la société occidentale ont pris de telles proportions qu'elles affectent toutes les valeurs, au point de mettre en question leur existence même. La morosité a vraiment de quoi s'alimenter.

L'Occident est affligé par des phénomènes de cassure, de rejet et d'oubli de toutes les valeurs qui ont fait sa dignité et sa grandeur. Cette société est mortellement atteinte, en voie d'implosion et de dégénérescence. Après avoir substitué à l'Absolu un subjectivisme délirant, elle gère sa propre mort, car elle n'a aucun point de référence pour s'évaluer, aucune valeur qui puisse lui assurer un minimum de stabilité. Elle a détruit le mariage, la famille, le droit à la vie, l'éducation, l'autorité, la vérité, l'altérité. Dans cette société, ce qu'il y a de plus sublime dans l'homme, à savoir ce qui le fait à l'image et ressemblance de Dieu, l'*amour*, est trop souvent réduit à des formes perverses de jouissance: inutile ici de dénombrer. Comment reconnaître des signes de santé dans un monde où l'avortement, le divorce, la toxicomanie, le suicide et l'euthanasie sont acceptés comme phénomènes inéluctables? Après les catastrophes d'Auschwitz, de Dachau, Treblinka, Hiroshima, Tchernobyl, il n'y a plus de place pour les constructions idéalistes de l'histoire. Impossible aussi de penser au XXe siècle finissant sans parler de la violence comme expression d'une psychologie pervertie. Est-il besoin d'évoquer les horreurs du Rwanda ou du conflit de la Bosnie? La violence s'inscrit en lettres de feu sur l'histoire de notre siècle. Le culte du corps est un autre trait essentiel de la société occidentale. À vrai dire, le corps s'identifie à la personne. Il devient un objet de culte: un culte qui se manifeste dans la plus-value accordée aux millionnaires du hockey, du baseball, du soccer ou de la boxe, et dans le déferlement cyclonique de la pornographie. L'idéal de la culture est de s'abandonner aux pulsions et aux déterminismes du corps.

Si nous entrons dans les détails, nous avons honte de dénombrer les manifestations de décadence de la société occidentale: discrimination dont sont victimes les migrants, les réfugiés, les minorités sociales et religieuses, les personnes de couleur; pratique de tortures de plus en plus sophistiquées grâce aux appoints de la science; massacre systématique des sans-abri, considérés comme des ordures, ou de tous ceux et celles qui ne sont pas du même sang; commerce des femmes et des mineurs; prostitution organisée comme seule forme de survie pour leurs victimes; mondialisation du commerce de la drogue, avec toutes les formes de terrorisme et de corruption qui l'accompagnent; commerce des organes, comme l'ablation des yeux et des reins au bénéfice de riches sans scrupules; despotisme des démocraties, dans la république des satisfaits. La gangrène est partout... l'Occident reproduit en grand l'absence de système immunitaire qui caractérise le sida.

Cette description par langage allusif ressemble à un film d'horreur. Et pourtant, ces faits, nous les connaissons par les journaux, les revues, les magazines; nous les voyons au cinéma et à la télévision. La vérité est que l'Occident est hideux, que son sourire est grimaçant et tordu par la volupté et l'hypocrisie. Tout ce qui fait la dignité de l'homme paraît aboli. L'homme a-t-il encore espoir de sortir de l'abîme qu'il a lui-même creusé?

L'Église elle-même, en dépit du vigoureux redressement opéré par Vatican II, n'a pas su traverser indemne cet univers en décomposition. Le premier monde, malgré une connaissance privilégiée du Concile, manifeste une désaffection toujours plus grande à l'égard de l'Église. À une surabondance de biens matériels correspond une ignorance religieuse opaque, une pauvreté spirituelle et morale qui s'apparente au vide. Aussi les sectes les plus farfelues prolifèrent-elles à un rythme affolant. Au contact des religions orientales, la vision du spécifique chrétien, à savoir l'irruption de Dieu dans l'histoire, la chair et le langage de Jésus, a perdu ses contours définis, ses traits distinctifs. On en arrive ainsi à un christianisme délavé, aplati, sans attrait: une planète perdue dans la galaxie des religions, des sectes et des idéologies.

Dans le monde des exégètes et des théologiens, même catholiques, la christologie est devenue le terrain privilégié d'un processus d'abord souterrain, puis, à ciel ouvert, de grignotage et de sabotage. Autrefois, on entendait dire: «Le Christ, oui... mais l'Église, jamais». Aujourd'hui, on en arrive à dire: «Le Christ, un homme, un prophète, oui, [...] mais le Christ, vrai Dieu, comme le Père au sein de la Trinité, ce discours est trop dur à entendre!» La grande pierre d'achoppement pour le subjectivisme contemporain, c'est l'*Incarnation*. Sur ce point comme sur tant d'autres, Dieu doit régler ses initiatives sur les paramètres de l'homme.

À cette crise doctrinale s'ajoute la diminution numérique des vocations sacerdotales et religieuses, fulminante en Europe et en Amérique du Nord. En outre, les forces catholiques existantes se dressent les unes contre les autres en camps farouchement opposés, de gauche et de droite, au nom de positions doctrinales durcies à l'extrême. Le vieillissement des effectifs de l'Église s'accompagne d'un état d'ignorance qui affecte tous les niveaux. Dans cette ménagerie, où les positions les plus contradictoires cohabitent sans troubler, comment le peuple des baptisés peut-il s'orienter? À qui peut-il faire confiance? Enfin, nombreux sont les chrétiens qui estiment que l'élan donné par le Concile s'est épuisé. Le terrain est prêt pour l'entrée au terminus habituel: l'indifférence.

Il serait superficiel de penser que les facteurs ici mentionnés sont l'explication ultime du climat de morosité et de désespérance qui envahit la société occidentale et même l'Église. Derrière ces mutations trop visibles se cache une mutation beaucoup plus profonde. Un type d'humanité, avec toutes les valeurs qu'il véhiculait, disparaît pour faire place à un nouveau type d'homme, dont on peut cibler les traits dominants. Au niveau des nations, ces traits apparaissent en proportion variable, en équilibre instable, assez définis toutefois pour identifier un spécifique nouveau.

Composantes de l'être humain occidental en déclin

Nous pouvons ramener à trois les composantes essentielles de l'être humain occidental en déclin.

D'abord, le rejet et la honte du passé. Cette rage de destruction n'est pas une nouveauté: elle remonte au XVIIIe siècle, le siècle des Lumières, de la Raison déifiée. L'inédit, toutefois, c'est qu'elle s'en prend à toutes les valeurs et qu'elle se retrouve aussi bien chez les croyants que chez les incroyants. Elle s'oppose violemment à toute forme de tradition, à toute apparence de contrainte, à toute idée de transcendance. Les liens se déchirent ou éclatent entre les générations et les civilisations. Nous avons honte de nos origines.

Second trait: le règne du *Moi*. Au lieu de sociétés centrées sur des valeurs, ou tout au moins des intérêts communs, nous nous trouvons devant des monades isolées, hermétiques les unes aux autres. Tout part du Moi... si tant est qu'on puisse parler de départ. Dans ce monde où la subjectivité triomphe jusqu'au paroxysme, il n'y a évidemment plus de place pour les autres, et encore moins pour l'Autre. Il ne reste plus que le Moi, promu au rang de valeur suprême. Le symbole des années quatre-vingt-dix, ce n'est ni Prométhée, ni Sisyphe, mais *Narcisse*. «Moi, c'est moi! Toi, tais-toi!», peut-on lire dans un wagon de métro. Nous assistons au surgissement d'un type d'homme inédit, caractérisé par la désertion des valeurs et par un surinvestissement du moi. Chacun vit dans son bunker, insensible aux autres, incapable d'être affecté ou interpellé.

Nous arrivons ainsi au troisième trait: l'homme du vide et de l'indifférence. Toutes les valeurs ayant été évacuées, nous vivons dans un vide aussi bien affectif, émotionnel, qu'intellectuel et spirituel: en somme, dans un espace désaffecté. Ce vide n'engendre ni le cri, ni la révolte, ni le désir de le remplir ou d'en sortir, mais une totale indifférence, une sorte d'hébétude. Vrai ou faux, beau ou laid, sublime ou monstrueux se banalisent et ne troublent plus. Les émissions de télévision livrent leur marchandise, sans autre logique que l'incohérence. On passe d'une séquence de Shakespeare à une séquence de porno sans que personne sursaute et encore moins proteste. Les téléphones, qui devraient hurler devant un tel étalage de charcuterie, demeurent silencieux. Nietszche disait: «N'importe quel sens vaut mieux que pas de sens du tout.» Aujourd'hui, le besoin de sens a été aboli, et l'on y voit un synonyme de liberté.

Le présent à la lumière du passé

Il est temps d'entreprendre notre remontée vers la lumière. À ce point de notre exposé, nous pouvons légitimement nous demander comment des chrétiens et des chrétiennes en santé ont pu se laisser contaminer par ce climat de morosité et se sentir impuissants, comme si la décomposition de l'Occident était trop avancée pour qu'on puisse compter sur une régénération. Est-il possible que nous en soyons arrivés à ne voir que la falaise sans songer à la contourner ou à l'escalader? Le christianisme est pourtant la religion de l'espérance et du dépassement. Le Christ est toujours source de vie, et l'Évangile, toujours Bonne Nouvelle du salut. Si nous sommes victimes de cet état dépressif qui affecte la société et même l'Église, ne serait-ce pas d'abord parce que nous manquons de perspective, parce que nous avons les yeux fixés sur les difficultés présentes, comme si le passé ne recelait aucune crise d'égale, voire de plus grande dimension, et pourtant surmontée?

À la fois mystère et institution temporelle, le christianisme, et plus encore l'Église, dans sa rencontre avec le temps et l'histoire, sont constamment menacés par deux périls dont on se demande lequel est le plus grave: risque d'une religion absorbée par la temporalité et digérée par elle, ou risque d'une religion coupée du monde et finalement réduite au silence? Insertion trop profonde ou absence d'insertion? L'histoire atteste que cette double menace a toujours pesé sur l'Église et sur le christianisme lui-même. Pour ne pas rester dans le vague, rappelons quelques-uns de ces moments où la tension entre un excès d'insertion et une absence d'insertion a atteint un point critique.

Au temps de la féodalité, les seigneurs, après avoir enrichi et comblé l'Église, cherchent à l'asservir. De fait, pendant un siècle, à partir de 962, avec Otton 1er, empereur d'Allemagne, les rois s'attribuent la nomination des souverains pontifes eux-mêmes. L'Église devient une annexe de l'État. Jusqu'à la réforme des XIe et XIIe siècles, l'Église est ravagée par la simonie et l'immoralité, par une ignorance ténébreuse, par les sectes et l'hérésie. Rappelons que c'est au XIe siècle que se produit le grand schisme qui sépare l'Occident de l'Orient byzantin et slave.

L'Église, pourtant, se ressaisit grâce à des hommes comme saint Bernard et le pape Grégoire VII, qui réussit à se libérer de la domination de l'État. Bien plus, durant trois siècles, l'Église semble avoir construit sur terre une demeure de Dieu: la chrétienté. Cette fois, le souverain, ce n'est plus l'empereur, mais le pape, arbitre suprême, docteur des docteurs, même profanes: il peut déposer l'empereur. Après avoir été dominée par l'État, l'Église à son tour devient dominatrice. Le Moyen Âge a plongé l'Église dans une double ambiguïté: entre pouvoir spirituel et pouvoir temporel, entre la foi et la science. L'affaire Galilée et l'Inquisition sont les tristes symboles de cet héritage.

Avec la Renaissance, qui se définit un nouvel élan de l'esprit face à l'époque médiévale, l'homme s'affirme avec véhémence. L'humanisme est la composante culturelle de cette révolution. L'Église, dans sa hiérarchie surtout, accepte ce monde nouveau. Malheureusement, avec l'art et le culte de l'Antiquité, elle en absorbe aussi l'esprit. Les effets désastreux de ce changement de mentalité se manifestent chez les papes eux-mêmes, tels Sixte IV, Innocent VIII et Alexandre VI. Durant quelques décennies, la cour pontificale donne l'exemple des plus grands scandales de luxure et de faste provocant. À Florence, Savonarole réclame une réforme et annonce les châtiments de Dieu sur l'Église adultère. La réforme viendra, avec le concile de Trente, mais trop tard: elle coûtera à l'Église la perte de la moitié de l'Europe.

Après une période d'insertion excessive dans la vie des nations, l'Église du XIXe siècle et du début du XXe connaît un nouveau danger, mais plus subtil: celui de l'absence d'insertion. Dans les idées laïques du XIXe siècle — liberté, égalité, séparation du politique et du religieux — il y avait incontestablement, avec des ingrédients douteux, des éléments valables et parfaitement assimilables. Mais, devant les attaques, l'Église a tout refusé en bloc. Durant un siècle et plus, si l'on ajoute l'époque du modernisme avec Pie X, l'Église multiplie les condamnations. En même temps, elle se replie sur elle-même, elle s'isole, de plus en plus absente au monde et, par suite, sans aucun impact sur celui-ci. L'absence d'insertion n'est pas moins grave que l'excès d'insertion. Nous pressentons déjà l'urgence et le sens de Vatican II.

De ces quelques exemples, retenons au moins une conclusion, à savoir que l'Église n'a jamais été sans crises, toutes plus menaçantes les unes que les autres. Ces crises avaient mille chances de l'étouffer ou, pour le moins, d'éteindre toute espérance. Or, par un paradoxe qui semble bien déboucher sur un mystère, c'est l'espérance qui a triomphé.

Vatican II: jaillissement d'espérance

Il n'en reste pas moins que l'Église ne pouvait maintenir son attitude de méfiance, d'isolement et de mutisme face à une société en mutation vers une structure de dimension planétaire. Un *aggiornamento* était nécessaire.

Fort heureusement, un événement se produisit, inespéré et surtout inattendu dans sa forme: un concile et le plus grand de l'histoire, annoncé par Jean XXIII le 25 janvier 1959, inauguré le 11 octobre 1962 et achevé le 8 décembre 1965, sous Paul VI.

Vatican II est sans doute la plus vaste opération de réforme jamais accomplie dans l'Église, non seulement en raison du nombre des Pères conciliaires (2540 dès le début, comparativement aux 258 du concile de Trente), mais aussi et surtout à cause du nombre et de l'ampleur des thèmes traités. Pour la première fois, un concile a pu se prévaloir d'une représentation vraiment universelle.

Avant d'être une collection de seize documents, le Concile a d'abord été un événement vécu. Impossible d'imaginer l'impact qu'il a eu sur les participants et les témoins. Vatican II a été un mouvement de libération formidable, d'un potentiel inouï. Les évêques ont pu s'exprimer avec une liberté jamais éprouvée auparavant, Paul VI lui-même ne faisant que de très rares apparitions dans l'Aula conciliaire. La Parole de Dieu qui vivait dans l'Église, ou plutôt y végétait, a éclaté comme la Bonne Nouvelle du salut au matin de la Pentecôte.

Si nous nous demandons quel est le centre autour duquel s'ordonne le Concile, la réponse spontanée, celle du moins que suggèrent les documents, sera: l'Église et l'homme contemporain; en somme, une ellipse à deux foyers. Et cependant, pour qui s'y arrête un peu, le Concile n'est pas d'abord ecclésiocentrique, ni anthropocentrique. Son vrai centre, son pôle d'attraction, c'est le Christ. En cherchant à approfondir son être propre et le mystère de l'homme, l'Église a compris qu'elle ne pouvait se comprendre ni comprendre l'homme qu'en retournant à Jésus Christ; si bien que, malgré l'absence d'un document portant directement sur le Christ, la clé d'interprétation du Concile, c'est le Christ. L'homme du troisième millénaire ne sortira de sa morosité et de son vide que s'il *se re-fonde* sur le Christ, seul capable de le régénérer et de lui redonner son dynamisme de propulsion. Le Concile, à cet égard, n'a rien perdu de son actualité. Il demeure la plus grande grâce de notre époque. Aussi Jean-Paul II, en situant le jubilé de l'an 2000 dans le prolongement de Vatican II, répond-il aux aspirations profondes des chrétiens et des chrétiennes les plus sérieux, qui attendent une réactivation du Concile, une réanimation de ses préoccupations pour vivifier le millénaire qui vient.

Germes d'espérance dans la société civile et dans l'Église

Avant de parler des germes d'espérance suscités par le renouveau conciliaire, nous ne pouvons, sous peine d'être injustes, ignorer les ferments actifs au cœur de la société civile. Nous pensons notamment à l'organisation des Nations Unies (ONU) et à sa prodigieuse contribution au maintien de la paix et du respect de la personne; à Amnistie internationale qui s'élève contre la plus monstrueuse des atteintes au caractère sacré de la personne, la torture; au mouvement écologique qui lutte contre le gaspillage démentiel des ressources naturelles et contre la pollution accélérée de l'environnement humain; enfin, aux formes innombrables d'aide humanitaire au niveau international comme au niveau de chacune des nations. Pour le Canada seulement, mentionnons: Centraide, Care, Suco, ACDI, Conseil canadien pour la coopération internationale, Développement et Paix, Aide à l'enfance, Fondation cardinal-Léger. Toute cette activité en faveur de l'homme est orientée vers l'idéal évangélique.

Il va toutefois sans dire que notre attention se porte avant tout sur les signes d'espérance qui surgissent au sein même de l'Église. Les changements les plus profonds se rattachent tous au Concile, demandés ou inspirés par lui. Et tout d'abord, au niveau des attitudes: dialogue, service, quête de sens.

A-t-on véritablement saisi, par exemple, le saut qualitatif que représente le Concile comme acte *dialogal*? Était-il possible, avant le Concile, de concevoir une fraternité entre les Églises catholique, protestante et orthodoxe? Qui pouvait prévoir que, après quatre siècles de querelles, d'insultes, de persécutions jusqu'aux bains de sang, l'Esprit susciterait chez ces Églises le désir de se réunir, de se parler, de travailler et de prier ensemble? Comment imaginer le dialogue avec les juifs, les musulmans et les autres grandes religions historiques (bouddhisme, hindouisme, islam)? Qui pouvait espérer une reconnaissance des torts de l'Église catholique dans le schisme protestant et dans les rapports entre Rome et Constantinople? Paul VI n'aurait pu dire à l'ONU: «Nous n'avons qu'un désir à exprimer [...], celui de pouvoir vous servir avec désintéressement, humilité et amour.» Comment concevoir la rencontre du même pape avec l'archevêque anglican Ramsey et avec le patriarche Athénagoras pour implorer son pardon? Comment concevoir la prière en commun de Jean-Paul II avec le rabbin de Rome? La reconnaissance des torts faits à Galilée et sa réhabilitation? Les paroles fortes prononcées à Santo Domingo, en 1992, sur l'urgence de rapports nouveaux entre pays pauvres et pays riches des deux Amériques?

Le Concile ne s'en est pas tenu à des textes: il a exigé et obtenu des réformes. Révision des livres liturgiques (missel romain, rituels des sacrements, nouveau bréviaire, nouveau code de droit canonique, latin et oriental), création des synodes, reconnaissance des conférences épiscopales, création d'organismes nouveaux pour favoriser le dialogue interreligieux, réforme des études ecclésiastiques, création de la Commission théologique internationale. Bref, plutôt que de morosité, il faut parler de créativité et d'accomplissement.

Mais, par-delà les textes, les institutions et les structures, il faut rejoindre la source même de l'espérance allumée par le Concile, à savoir, l'Écriture, Parole de Dieu et, plus précisément, Parole incarnée. Aussi la constitution *Dei Verbum*, justement appelée la «grande Charte de l'Écriture», a-t-elle connu un impact qui ne cesse de croître. Mais, pas plus que le Concile lui-même, elle n'est le fruit d'une génération spontanée. Elle a été préparée par toute une génération de grands exégètes, comme le père Lagrange, dominicain. Rappelons aussi que la Bible de Jérusalem, accueillie dans les milieux catholiques comme un signe des temps, a été publiée en 1955, donc bien avant le Concile.

C'est sur ces acquis que le Concile a pris position pour encourager, stimuler et confirmer. Un souffle de printemps est passé sur l'Église: traduction de la Bible dans toutes les langues, naissance de cette merveilleuse édition qu'est la TOB, ou traduction œcuménique de la Bible, surgissement par milliers des centres d'études bibliques, en liaison avec la liturgie et la pastorale.

Plus que les faits, toutefois, il faut souligner le renouveau qui atteint la conception même de l'exégèse. Ici, il faut joindre à la constitution *Dei Verbum* du Concile le récent document de la Commission biblique sur *l'interprétation de la Bible dans l'Église*, rendu public le 2 janvier 1994. Au niveau de l'interprétation, le Concile, tout comme le document de la Commission biblique, oriente l'exégèse vers un élargissement de ses horizons. On a justement parlé, pour définir cet effort, d'exégèse *intégrale*, c'est-à-dire que, sans négliger la dimension littéraire et historique des textes, l'exégèse doit devenir plus théologique, plus spirituelle, plus pastorale, notamment dans la catéchèse et la prédication, plus œcuménique aussi, car la plupart des problèmes du dialogue œcuménique sont en rapport avec l'interprétation de l'Écriture. Le Concile affirme donc la nécessité d'une exégèse en état d'*actualisation*, si bien que l'Église ne cesse, surtout dans sa liturgie, «de présenter aux fidèles le pain de vie, de la table qui est aussi bien celle de la Parole de Dieu que celle du Corps du Christ» (DV 21).

Cette actualisation de la Parole de Dieu prend tout son sens dans le contexte actuel de la ré-évangélisation, ou de la nouvelle évangélisation, s'adressant à des sociétés de tradition chrétienne, mais qui l'ont peu à peu délaissée pour s'enliser dans l'indifférence. Aussi faut-il voir plus qu'une coïncidence entre le renouveau biblique, inspiré par le Concile, et l'urgence actuelle d'une nouvelle évangélisation. Un même esprit anime les deux mouvements et nourrit une même espérance.

Venons-en à un signe d'espérance particulièrement réconfortant, et cependant peu connu, à savoir les nouvelles formes de vie consacrée. En France seulement, on estime à 10 000 le nombre des membres de ces communautés et à un demi-million le nombre de personnes qu'elles atteignent par leur apostolat. Ce qui les distingue, ce ne sont pas les structures, mais le fait qu'elles répondent aux besoins spirituels de notre époque. Aucune de ces communautés n'a été prévue, ni mise en place par la hiérarchie. Elles sont nées sous le souffle de l'Esprit. Leurs fondateurs viennent de tous les milieux. Aucun d'eux n'a eu l'idée de fonder une communauté, mais tous se sont sentis comme contraints par Dieu. Ce qui caractérise ces communautés, c'est la redécouverte de l'Esprit Saint, de la prière, de l'Écriture comme moyen de relation privilégiée à Dieu, de l'eucharistie qui, pour chacun de ces groupes, est au cœur de la journée. Ces communautés ont un nom. Par exemple: l'*Arche* de Jean Vanier, qui compte 80 foyers, prend soin de 2 500 personnes affectées de déficience mentale, qui vivent en permanence avec leurs assistants; la communauté *Bordine*, qui accueille des voleurs et des bandits aux dossiers judiciaires bien nourris; la communauté *Pain et Vie* qui reçoit des drogués, des clochards, des prostituées. Quelques-unes de ces communautés ont essaimé au Canada: par exemple, l'Arche, la communauté de Bethléem, les foyers de charité de Marthe Robin.

Parlons aussi de la vitalité des jeunes chrétientés. Les missionnaires qui nous reviennent d'Afrique, d'Asie ou d'Amérique latine sont attristés, voire scandalisés par le contraste qu'ils observent entre la prodigieuse vitalité des nouvelles chrétientés et la léthargie d'un trop grand nombre de nos communautés occidentales. À peine arrivés, ils songent à repartir, pour fuir notre néo-paganisme et pour retrouver leur chère mission.

Pensons à l'Afrique. Quand on découvre l'étonnante fécondité de cette Église, on a le souffle coupé. Églises, séminaires et noviciats ne suffisent plus à recevoir les nouvelles recrues. Une armée de 247 000 catéchistes, soit 67% des catéchistes du monde entier, dispensent aux catéchumènes une préparation au baptême qui s'étale souvent sur trois ans. Ce qui explique cette merveille, c'est la place prépondérante du laïcat dans l'activité évangélisatrice. Cette Église est peut-être celle de demain.

Et comment oublier l'Amérique latine que l'on a appelée le continent de l'espérance missionnaire? La grande nouveauté de cette Église est son passage de communauté *évangélisée* à communauté *évangélisatrice*. On estime actuellement à 3 000 les missionnaires latino-américains œuvrant sur les cinq continents. Ces pauvres apportent avec eux la richesse de leur foi.

Les signes que nous avons reconnus jusqu'ici, parmi tant d'autres, sont suffisants pour évacuer l'attitude de morosité. La vertu du chrétien en route est l'espérance et le dépassement. L'homme n'est pas condamné à la dépression et au suicide, mais appelé à la vie qui est en Dieu et dans le Christ, source de *sens* et *d'espérance*.

Le Christ, don et plénitude de sens

C'est à dessein que nous parlons du Christ d'abord comme *source de sens*, avant d'en parler comme source d'espérance, car comment parler d'espérance si la vie est un pur non-sens? Or, l'homme occidental nous est apparu comme une épave à la dérive, dans un monde *apparemment* dépourvu de sens. Certes, on ne saurait nier que le règne du sens n'a jamais existé. Mais l'originalité du monde présent face au problème du sens est unique dans l'histoire, car il a rejeté non seulement une ou plusieurs valeurs, mais il les a toutes abolies, toutes jetées à la mer. Il ne suffit plus, cette fois, de parler d'affaiblissement ou d'obscurcissement du sens, mais d'avènement du non-sens, de déroute totale de la raison.

C'est délibérément toutefois que nous disons: la vie *apparemment* n'a plus de sens, car nous pensons que ce vide de sens masque un appel désespéré, comme un cri que l'homme ne parvient pas à étouffer. La vie *semble* dépourvue de sens, mais l'heure cependant n'est pas éloignée où l'Occident ne supportera plus le vide sur lequel débouche la question du sens. Le rejet des valeurs raréfie l'oxygène dont l'homme a besoin pour respirer: ou bien il s'éteint par asphyxie, ou bien il cherche par en haut l'air qui lui manque. Aussi l'homme occidental qui, sous tant d'aspects, nous apparaît minable, peut-il devenir candidat à l'Évangile. Sa situation de crise peut l'inciter à effectuer un saut en avant et par en haut.

Quand nous parlons de recherche de sens, de quête de sens, nous entendons parler du sens *ultime* de l'existence humaine. Et par sens ultime, nous entendons une réalité supérieure, capable de rallier la pensée et l'agir de tous les humains, de donner intelligibilité et raison d'être à notre vie. Or nous estimons que ce sens ultime existe, bien plus, qu'il réside dans le christianisme et dans le Christ, et qu'il faut l'accueillir comme un *don*, révélé et offert. «Le mystère de l'homme ne s'éclaire que dans le mystère du Verbe incarné» (GS 22). Mais le drame est que, pour bon nombre de chrétiens, et davantage d'anciens chrétiens, le Christ, tout comme le christianisme, est une terre inconnue, encore à découvrir et à explorer.

«Que nous le voulions ou non, dit Pascal, nous sommes tous embarqués.» Qui sommes-nous? Pourquoi existons-nous? Où allons-nous? Qu'est-ce que la souffrance, le mal, la mort? L'homme ne saurait éliminer ces questions sans renoncer à être. Dans la plupart des cas, le sens de la vie nous est remis comme un héritage par le milieu familial, social et religieux qui nous a vus naître. On peut dire alors qu'il y a des milliers de sens depuis les origines de l'humanité jusqu'à nos jours. Devant cette myriade de sens, qui souvent se contredisent, on en vient à se demander: mais n'y aurait-il pas un sens qui finit par s'imposer? Or, dans l'éventail des positions historiquement offertes à l'homme, le christianisme se présente comme le point le plus dense de cette concentration de sens, comme aussi celui qui a tenu le mieux ses promesses, à en juger par ses fruits, à savoir les milliers de saints et de saintes qui appartiennent à l'histoire de l'humanité dans ce qu'elle a de plus sublime.

Dans un monde insensé, à la recherche du sens perdu, le Christ apparaît en effet comme médiateur de sens, bien plus, comme plénitude de sens. Le Christ, en effet, n'est pas seulement irruption de Dieu dans l'histoire humaine, mais encore irruption *massive de sens*. Il faut ici relire Pascal: «Non seulement nous ne connaissons Dieu que par Jésus Christ, mais nous ne nous connaissons nous-mêmes que par Jésus Christ. Nous ne connaissons la mort, la vie que par Jésus Christ» *(Pensées)*. Le message du Christ atteint l'homme au plus intime de son être, là où la science et les discours se taisent, sans voix parce que sans réponse. Ce message, certes, est mystérieux, mais source de sens, intarissable et toujours jaillissante. L'essentiel de ce message, c'est que l'être humain, laissé à lui-même, n'est que haine et péché, mais que, par grâce, l'Amour absolu s'est introduit au cœur de l'homme afin de lui conférer, si l'homme y consent, sa propre vie et son propre amour.

Oui, le sens ultime de l'homme, qu'il le sache ou non, c'est que l'amour de Dieu le couvre; c'est que l'homme est aimé et sauvé par le Père, dans le Christ et l'Esprit. Et c'est seulement lorsque l'homme a découvert ce mystère qu'il peut être révélé à lui-même dans sa grandeur: fils de Dieu, destiné à partager sa vie. La clé du mystère de l'homme, c'est que Dieu, en Jésus Christ, veut ré-engendrer en chaque homme un fils, et lui inspirer, lui insuffler son esprit d'amour. Lorsque l'homme prend conscience que le mystère du Christ fait écho à son propre mystère et le rejoint dans cette zone de son être plus intime à lui-même que lui-même, pour l'éclairer et la réchauffer jusqu'au point de fusion et de fission, alors il comprend qu'il n'a rien compris, car le sens de sa vie ne vient pas de lui, mais du Christ, don de sens, plénitude de sens, mais révélée par celui qui est Parole de Dieu, l'Infini du sens. À tous les hommes chercheurs de sens, mais plus encore recherchés par ce chercheur qu'est le Christ, celui-ci répond: «Je suis la lumière, la voie, la vérité, Je Suis.»

Le Christ, notre espérance

On le voit, crise de sens et crise d'espérance sont intimement associées. Quand la foi est évacuée, parce que le Christ est éliminé, du même coup le sens est aboli et l'espérance croule. L'espérance dont nous parlons ici est évidemment l'espérance chrétienne, une vertu encore à découvrir, même par beaucoup de chrétiens et de chrétiennes qui n'arrivent pas à décoller de la terre. Tout comme les non-chrétiens, leur vie coule dans la morosité, l'indifférence ou la désespérance.

Il n'a pourtant pas manqué d'initiatives en notre siècle pour contrer cette crise. Parmi toutes, Vatican II émerge d'emblée comme la plus puissante, proposée dès le début comme un grand signe d'espérance pour les hommes et les femmes du XXe siècle. Soulignons ici que, par une coïncidence stupéfiante, à une crise de société sans précédent répond un événement ecclésial sans précédent: Vatican II.

Comme la foi, l'espérance s'appuie sur Dieu. Les deux sont intimement liées. «La foi est une manière de posséder déjà ce qu'on espère, un moyen de connaître des réalités qu'on ne voit pas» (*He* 11, 1). L'espérance suppose qu'on a d'abord cru en la promesse du salut, mais c'est elle qui dynamise, qui énergise la foi, car elle est tendue vers la promesse du salut en Jésus Christ. Elle est l'élan qui nous porte vers ce que l'œil n'a pas vu, ni l'oreille entendu, ni le cœur pressenti de tout ce que Dieu prépare pour ceux qu'il aime (*1 Co* 2, 9). Le fondement de l'espérance, c'est Dieu lui-même qui promet et se donne lui-même dans sa promesse. À la révélation accueillie par la foi, le croyant répond par l'espérance; il se fie à Dieu, il se confie en lui de façon absolue, inconditionnelle, tout comme Abraham prêt à sacrifier son fils, tout comme saint Paul qui espère contre toute espérance. Il suffit que Dieu soit Dieu.

Saint Pierre et saint Paul condensent comme suit tout l'essentiel de l'espérance chrétienne: notre espérance est dans le Christ ressuscité, premier-né d'entre les morts, assurance et garantie de notre résurrection et de la plénitude de gloire qui nous attend. Dans le Nouveau Testament, l'espérance a un nom. L'espérance, dit saint Paul, c'est le Christ en nous, «espérance de la gloire» (*Col* 1, 27).

De notre point de vue humain, l'essentiel de l'espérance réside dans la remise totale de notre vie au Dieu d'amour et de pardon révélé en Jésus Christ; nous renonçons à toute prétention de salut par nous-mêmes. L'autosuffisance, l'orgueil, tout comme le désespoir, sont une même négation de l'espérance, car, par ces attitudes, nous refusons de reconnaître notre impuissance et le pouvoir absolu de Dieu. L'espérance suppose donc une *conversion* fondamentale par laquelle nous sortons de ces fausses sécurités, mises en nous et dans le monde, pour nous en remettre au mystère de grâce et de salut révélé en Jésus Christ, dans l'Amour crucifié. Attitude aux antipodes de celle de l'homme du XXe siècle qui se glorifie de ses prouesses techniques pour s'établir dans le royaume du *moi*, où Dieu est absent.

Ce n'est pas au loin, mais dans le quotidien que l'espérance chrétienne déploie toute la puissance de son dynamisme. Qui d'entre nous, un jour ou l'autre de sa vie, n'a pas connu ces moments d'épreuve où tout semble crouler? Nous avions tout misé sur le Christ. Or, voici que nos intentions les plus pures sont livrées à des interprétations malveillantes. Des efforts soutenus durant des années sont jugés comme fruits de vanité, recherche de vaine gloire. Au barrage qui nous vient des autres s'ajoute parfois la rencontre brutale de l'échec, de l'inutilité apparente. Nous sommes labourés par l'épreuve, retournés comme des sacs, expulsés de nous-mêmes. Tout craque! Mais où est Dieu? Il semble nous demander une superespérance au-dessus de nos forces. Or, c'est à ce moment, au creux de l'abîme, que surgit l'espérance, par grâce, par *don*. Il faut d'abord reconnaître que nous sommes pauvres de tout, surtout d'intelligence. La conversion à l'espérance passe par ce dénuement total, par un aveu sans équivoque de notre insuffisance. C'est alors que Dieu déploie sa puissance, que la force du Christ prend la relève et supplée à nos forces épuisées. De sa plénitude, il comble notre vide.

L'espérance dans le quotidien est inséparable des situations limites vécues par l'humanité, dans les communautés ecclésiales et civiles. Nous pensons ici aux millions d'êtres humains injustement arrêtés, condamnés, incarcérés et torturés. Nous pensons à la croix douloureuse des peuples d'Haïti, de l'Angola, de l'Afghanistan, du Cambodge, du Soudan, de la Somalie, du Rwanda et d'un trop grand nombre de pays d'Amérique latine. Devant tant d'horreur, quand l'agneau est conduit à la boucherie, est-il encore possible de parler d'espérance au Dieu d'amour et de justice? Suffit-il de projeter sur écran géant l'image d'un bonheur eschatologique? La vérité est que nous sommes devant un drame dont le mystère doit nous être révélé. L'essentiel nous échappe. Si nous pensons que la totalité du réel est dans ce que nous voyons présentement, nous voyons le monde à l'envers: nous demandons à l'inexpliqué d'être l'unique expliquant. Nos perspectives doivent être redressées.

Le Christ lui-même a dit: «Ma royauté n'est pas de ce monde» (*Jn* 18, 36). Et saint Paul commente: «Du moment que vous êtes ressuscités avec le Christ, recherchez les choses d'en haut, où se trouve le Christ» (*Col* 3, 1-4). Est-ce à dire que les chrétiens, face aux horreurs du temps présent, doivent vivre dans une résignation stérile en attendant béatement le triomphe eschatologique? Tout au contraire. Un chrétien dont l'espérance se limite à un regard pétrifié sur l'au-delà, n'est ni chrétien, ni humain, et son espérance est dévoyée, car en vertu même du sens révélé du destin de l'humanité, il est tenu de travailler à la transformation du monde. Il s'applique à éliminer l'injustice, la misère, la violence, la corruption, l'hypocrisie, car il sait que tout cela est contraire au Royaume et que lui-même sera jugé sur son engagement dans le présent.

Cette première réponse aux expériences limites de l'humanité nous dispose au dévoilement de la plénitude de l'espérance chrétienne. C'est l'Apocalypse de saint Jean, le grand livre de l'espérance, qui nous ouvre à la réalité totale dont l'histoire d'ici-bas n'est qu'un trait partiel et fugitif. Par-delà les Églises locales de son temps qui vivent en période de persécution, Jean s'adresse aux chrétiens et aux chrétiennes de tous les temps. Il écrit à une époque qui ressemble étrangement à la nôtre. Tout comme l'Occident actuel qui s'écroule dans l'indifférence, la corruption et le vide, l'Empire romain, pourri jusqu'à la moelle, est à la veille d'être encerclé et broyé par les Barbares.

Que devient l'espérance face à un cataclysme d'une telle dimension, hier comme aujourd'hui? Dans une vision prophétique, Jean est rendu présent aux crises spirituelles que l'Église aura à traverser avant sa transformation en Jérusalem céleste. Chaque fois que l'Église se verra plongée dans la persécution, elle y reconnaîtra son avenir à la fois douloureux et glorieux. Mais le Christ lui sera toujours présent. Au terme de l'histoire humaine, Jean voit l'humanité enfin rassemblée par la venue en gloire du Christ ressuscité: «Voici la demeure de Dieu avec les hommes. Il [...] sera le Dieu qui est avec eux [...] La mort ne sera plus. Il n'y aura plus ni deuil, ni cri, ni souffrance, car le monde ancien a disparu» (*Ap* 21, 3-4). Nous marchons vers la plénitude de cette réalité. La planète peut éclater; les hommes peuvent tuer les hommes: rien n'est compromis, car notre avenir est en Dieu. Nous sommes promis à Dieu. Tel est le mystère de l'espérance qui ne peut être connu que par révélation. Cette espérance n'est pas un rêve, mais une certitude, car elle repose sur la Parole de Dieu, qui ne trompe pas. L'espérance chrétienne n'est pas une futurologie. Elle ne porte pas sur le futur de la prévision humaine, de l'extrapolation, mais sur l'irruption de l'inattendu, qui est celui de Dieu. L'espérance chrétienne sait que cet avenir envahit déjà le présent, y opérant par l'Esprit du nouveau et de l'imprévisible.

Dans un monde où règne la désespérance par manque de sens, l'espérance chrétienne doit se montrer plus conquérante, plus contagieuse, pour rendre visible aux hommes et aux femmes de notre temps la présence de celui qui est porteur de sens et d'espérance. Et c'est ici qu'apparaît le rôle déterminant des saints et des saintes: de ceux et de celles qui ont vécu du Christ et de sa plénitude. L'homme occidental, en effet, a besoin de redécouvrir, plus justement de découvrir, ce qu'est le christianisme. Il ne sait pas, vraiment pas qui est le Christ, et encore moins ce que celui-ci pourrait apporter pour sauver l'homme.

Le Christ, en effet, étant la théophanie suprême, c'est-à-dire Dieu révélant et Dieu révélé, occupe une place unique qui distingue le christianisme de toutes les religions qui se disent révélées, y compris l'islam et le judaïsme. Dans l'ordre des valeurs, le Christ est l'homme nouveau, seul capable de sauver l'homme d'aujourd'hui et de le conduire à des cimes que nul ne peut concevoir. Cet homme nouveau, engendré par le Christ, qu'est le saint, représente un dépassement inaccessible à l'homme de la technique et du progrès. Mais le drame est que l'homme occidental, recroquevillé sur son *moi*, ne réalise pas que cet homme nouveau est son compagnon de tous les jours. Les saints, les saintes: c'est le Christ aujourd'hui parmi nous.

★ ★ ★

La morosité dépressive, avec l'indifférence, le vide ou le désespoir, qui en sont les séquelles ou les manifestations, sont aux antipodes du christianisme. La seule attitude qui réponde à la réalité du Christ, Verbe incarné, Seigneur et Sauveur de l'humanité, ressuscité et glorifié, anticipation et garantie de notre résurrection et de notre vie, pour de bon et à jamais, est l'*espérance*.

L'avenir n'est pas morose et stérile comme un désert. Il ressemble plutôt à un vaste monde en formation. Ou encore, pour utiliser des termes plus en accord avec l'Écriture, il évoque des sentiers de foi qui se transforment en opulentes allées, pendant que cheminent de nouveaux pèlerins d'Emmaüs, aux côtés de la grande

Présence, dessillant les yeux, ouvrant les cœurs à la Parole de nouveau interprétée pour les hommes et les femmes d'aujourd'hui. «Notre cœur ne brûlait-il pas en nous tandis qu'il nous parlait en chemin et nous ouvrait les Écritures?»

Remerciements

Bon nombre des articles ici groupés ont paru dans les revues suivantes:

Nouveau Dialogue (= ND)
L'Église de Montréal (= EM)
Pierres vivantes (= PV), Bulletin du Comité
des fondateurs de l'Église de Montréal.

Les autres textes — une dizaine — sont inédits. Nous remercions vivement la direction de ces revues qui nous a autorisés à reproduire les articles ici groupés.

Pour la première partie:
Un sens à trouver (EM, 13 avril 1989, 345-349) — Une question toujours pertinente: Qui est Dieu? (EM, 8 fév. 1990, 134-136) — Les alliances de Dieu avec l'humanité (EM, 24 fév. 1994, 213-220) — De Noël à l'Épiphanie: les voies qui mènent à Dieu (EM, 21 déc. 1989, 1108-1109) — Le «Fiat» de Marie (EM, 9 mai 1991, 463-465) — La fidélité de Marie (EM, 16 mai 1991, 494-496) — L'amour donné et perpétué: l'eucharistie (EM, 7 mars 1991, 225-228) — Le Christ transfigure la mort (EM, 12 avril 1990, 372-374) — Pâques, fête de la vie (EM, 21 mars 1991, 278-281) — Les grands axes théologiques de Vatican II (ND, n. 92, 1992, 13-17; ND, n. 93, 1993, 25-31).

Pour la deuxième partie:
Le témoignage comme confidence de Dieu (EM, 1er juin 1989, 519-523) — Pourquoi des saints et des saintes dans l'Église? (EM, 24 mars 1994, 314-320) — Héritage légué par les martyrs canadiens aux hommes et aux femmes d'aujourd'hui (PV 1994, 13-21) — Le témoignage comme engagement chrétien (EM, 18 juin 1989, 573-577) — Traits spécifiques de la révélation chrétienne: implications dans le domaine de la communication (EM, 19 oct. 1989, 859-863) — Qu'est-ce qu'un Évangile? (EM, 12 oct. 1989, 859-863) — Kérygme, catéchèse, parénèse (EM, 11 mai 1989, 447-448) — La solitude: vie en faillite ou vie réussie (EM, 27 avril 1989, 398-401; 4 mai 1989, 423-425) — De la morosité à l'espérance (ND, n. 94, 1994, 21-31).

Table des matières

Deuxième partie:
DON DU SENS

MARQUIS

Achevé d'imprimer en janvier 1996
sur les presses de
l'Imprimerie d'édition Marquis
Montmagny (Québec)